工程项目组织理论

陆 彦 著

成 虎 审

东南大学出版社
·南京·

内 容 提 要

本书内容涵盖了工程项目组织理论和组织文化的主要方面,具体包括工程项目组织概念、特点、基本原则、发展历程、相关者和环境的概述性介绍;工程项目组织全生命周期组织结构的变化;工程项目组织体系构成;工程项目组织形式;工程项目管理组织;工程项目组织制度建设;工程项目组织建设;中国传统文化下的工程项目组织。

图书在版编目(CIP)数据

工程项目组织理论/陆彦著．—南京:东南大学出版社,2013.12
　ISBN 978-7-5641-4794-5

　Ⅰ.①工…　Ⅱ.①陆…　Ⅲ.①基本建设项目—项目管理　Ⅳ.①F284

中国版本图书馆 CIP 数据核字(2014)第 046504 号

工程项目组织理论

出版发行	东南大学出版社
社　　址	南京市四牌楼2号　邮编　210096
出 版 人	江建中
责任编辑	曹胜玫
网　　址	http://www.seupress.com
电子邮箱	press@seupress.com
经　　销	全国各地新华书店
印　　刷	南京京新印刷厂印刷
版　　次	2013年12月第1版
印　　次	2013年12月第1次印刷
开　　本	700 mm×1000 mm　1/16
印　　张	14
字　　数	274 千
书　　号	ISBN 978-7-5641-4794-5
定　　价	35.00 元

本社图书若有印装质量问题,请直接与营销部联系。电话(传真):025-83791830

现代工程管理丛书

编审委员会

主任委员：李启明　王卓甫

副主任委员：（以姓氏笔画为序）

　　　　　王建平　成　虎　时　现　苏振民　张敏莉
　　　　　周　云　杨　平　谭跃虎

委　　员：（以姓氏笔画为序）

　　　　　王文顺　王延树　毛　晔　冯小平　孙　剑
　　　　　汤　鸿　杨会东　沈　杰　张　尚　张建坤
　　　　　李　洁　汪　宵　杨高升　佘跃心　陆惠民
　　　　　陈　群　郑文新　赵吉坤　段宗志　徐　迎
　　　　　夏保国　诸谧琳　黄有亮　龚德书　曾文杰
　　　　　韩　豫

工程管理前沿研究子丛书

编写委员会

主　　编：李启明　王卓甫

副 主 编：成　虎　杨　平　苏振民

委　　员：(以姓氏笔画为序)

　　　　　毛　鹏　邓小鹏　朱建君　孙　剑　吴伟巍

　　　　　李　洁　杨高升　佘健俊　吴翔华　周咏馨

　　　　　袁竞峰　韩美贵　韩　豫　简迎辉

序

近年来，工程项目组织问题逐渐成为项目管理领域的一个研究热点，得到越来越多的专家的关注。在现代工程项目管理研究和实践中，组织问题有独特的地位：

1. 在现代工程项目管理的诸多领域中，组织管理是最为困难的。由于项目组织是一次性、临时性、多企业合作、以合同作为纽带的组织，组织成员来自于不同的部门、不同的单位（组织），甚至不同的国家，这是工程项目区别于其他管理对象（如企业、生产运作过程、政府、军队等）的独特的标志。

2. 组织理论是项目管理理论的核心。在项目管理的诸多领域中，WBS、网络计划技术、成本管理、质量管理等，主要是"方法"，而项目管理的理论主要在组织方面。

3. 项目组织直接影响现代项目管理理论和方法应用的有效性。在任何项目的实施过程中，如果组织出现问题，无论管理理论多么完备，法律、管理体制、规章和程序多么健全，合同多么严密，方法和技术多么先进，都会是无效的。

我国近50年的工程项目管理的实践经历和效果证明，现代项目管理理论和方法的应用效果不仅仅在于它的科学性和成熟度，也不仅仅在于对该理论和方法的需求和实践平台，而在于使用这些理论和方法的人们的组织文化和观念。

4. 通常，在项目管理方法和工具方面，我国与发达国家差异是不大的，我们也很难创新新的项目管理方法和工具。但由于中国和西方的文化传统和社会环境不同，人们也必然有不同的组织方式和行为方式，这就造成了中国的项目管理与西方的项目管理有很大的区别。例如，人们对现代项目组织形式的评价也是基于一定的组织文化背景基础上的。我国目前常见的一些项目组织行为问题有其文化根源，有它们出现的动机和必然性。

所以，要研究和解决现代项目管理理论和方法在我国工程项目中的应用问题，必须要分析我国近几十年来工程项目管理的经验和存在的问题，探讨我国项目组织行为问题和它的历史文化根源，研究在我国的传统文化、社会政治和经济背景下的项目组织和人们的组织行为问题，以及对项目管理的影响，才能从根本上认识我国工程项目中许多问题的特殊性和必然性，才能真正把握我国工程项目管理的规律性，才可能有中国的工程项目管理理论和方法体系。

5. 虽然近三十年来，工程项目管理的研究和应用在我国蓬勃发展，但在工程项目组织方面的研究成果却很少，目前国内外还缺乏工程项目组织理论方面的专著。

本书包括了工程项目组织理论和组织文化的主要方面，如项目组织基本原理、全生命周期、体系构成、组织结构模式、制度建设、组织建设过程，以及中国传统文化下的工程项目组织。

在我国，工程项目组织还是一门新兴的交叉学科，其理论体系尚不完备，在这方面的资料还较少，较难进行规律性的研究。该书尚存在缺陷，例如，对于工程项目组织的基本原理、运作的规律性认识程度还不够。这些不足有待作者在今后努力去改进。同时，期待国内有更多的学者进行这方面的研究。

成虎　于东南大学

2013 年 10 月

前言

工程项目组织问题是项目管理学科中最难同时也是最有意思的一部分研究内容。项目管理学科边界膨胀主要在组织方面,项目管理的本土化也主要在组织应用方面。这是工程项目管理中偏向管理理论的部分,与管理学、组织行为学、组织生态学等都有一定的交叉。

从2006年开始,笔者在进行博士论文选题时就在关注工程项目组织问题,并以工程项目组织制度,结合制度经济学开始了对工程项目组织的研究。2007年博士毕业留校任教后,就一直有冲动想写一本工程项目组织方面的书。于是,把自己经历的工程实践、课题研究中和组织相关的内容逐步进行积累,留下了很多片段,但这些片段都比较零碎,主题分散。又因为感到这方面的研究比较困难,所以迟迟没有动笔进行写作。直到2011年,得到江苏省优势学科课题和土木工程学院的支持,才下定决心动笔进行本书的写作。写作过程断断续续,返工较多,也借鉴了相关学科的一些资料,特别是得到了我的导师成虎教授的很多支持和指导,本书的很多思想都是来源于与成老师的探讨。在反复修改后,本书最终形成了如下八章内容:

(1) 工程项目组织概念、特点、基本原则、发展历程、相关者和环境的概述性介绍。

(2) 围绕全生命周期项目组织展开,介绍了全生命周期项目组织的特点和生命曲线,研究了工程项目组织在全生命周期内的组织变迁的系统结构过程、一般机理和组织变迁图,工程项目组织全生命周期组织结构的变化,以及应用并行工程后得到的全生命周期集成化组织形式。

(3) 工程项目组织体系构成。包括价值体系、目标体系、责任体系和流程体系四部分,其中,价值体系包括项目目的、组织使命和组织文化;对目标体系的特征、内容、类型和实施进行了分析;将责任体系分解为社会责任体系和项目组织自身的责任体系;流程体系划分为战略层(包括战略决策和战略管理)、项目管理层和实施层。

(4) 工程项目组织形式。工程项目组织策划后,形成不同类型的组织形式,可以分为针对企业的组织和针对项目的组织两大类别。其中,针对企业的项目组织形式包括寄生、独立、矩阵和项目群组织。针对项目的组织形式包括线性、职能、矩阵式、PMO和虚拟项目组织。上述组织形式在具体应用时有不同的变形形式。

(5) 工程项目管理组织。属于工程项目组织的组成部分,重点是项目经理部和项目经理。

(6) 工程项目组织制度建设。任何项目组织都离不开组织制度。对组织制度框架进行构建,以轨道交通工程为例,对组织制度进行总体和详细分析。

(7) 工程项目组织建设。借鉴组织行为学、人力资源管理、管理学等学科知识,从组织行为、人力资源管理、团队建设、沟通管理、激励方面对工程项目组织建设进行分析。

(8) 中国传统文化下的工程项目组织。从中西方文化和人性假设角度,分析中西方文化的差别,得出中国传统文化与项目组织基本原则之间冲突和对组织行为的影响,并尝试构建中国式项目组织。

通过本书的写作,笔者希望能够达到以下目的:

(1) 在每章后面列出了复习思考题,这些题目不一定有标准答案,只是希望能为读者提供一些思考。

(2) 充实我国的工程项目管理学科,为工程项目组织理论的构建添砖加瓦。

(3) 本书所用的一些案例,主要是为了使本书能够更加生动一些,而且能够方便读者使用本书所提供的组织分析方法。

本书的写作过程历时良久,本书是在东南大学项目管理研究所的众多课题、博士论文、硕士论文研究基础上完成的,本书的完成离不开研究所各位老师和学生的支持。在此要特别感谢我的同门:林基础、纪繁荣、陈守科、张双甜,本书的有些内容借鉴了他们的毕业论文的相关内容。

工程项目组织问题的提出已有很长时间,但它的理论和方法体系尚不成熟,甚至一些名词和定义还不统一。由于笔者学术见识有限,本书的许多定义、观点、论述还不是很严密,书中难免有疏忽、甚至错误之处,敬请各位读者、同行批评指正,对此笔者不胜感激。工程项目组织问题是一个新的课题,还有待于我国工程管理专业和其他相关专业的人士进一步深入地研究。

本书在写作过程中参考了许多国内外专家学者的论文和著作,在参考文献中一并列出,笔者在此向他们表示衷心的感谢。由于组织相关领域颇多,国内外的研究成果文献可以说是浩如烟海,有许多参考文献可能会有遗漏,在此,向各位作者表示歉意。

东南大学 陆 彦

2013.10

目录

页码	章节
1	**第1章 工程项目组织基本原理**
1	1.1 工程项目组织的概念
1	1.1.1 组织的概念
3	1.1.2 工程项目组织的定义
4	1.1.3 工程项目组织的类型
5	1.1.4 工程项目组织的基本形式
7	1.2 工程项目组织的特点
7	1.2.1 目的性
8	1.2.2 一次性
8	1.2.3 完整性
8	1.2.4 与企业组织关系复杂
9	1.2.5 多种组织关系共存
10	1.2.6 弹性和可变性
10	1.2.7 受环境影响大
10	1.2.8 有明确的结束时间
11	1.2.9 难以建立组织文化
11	1.3 工程项目组织的基本原则
11	1.3.1 目标统一原则
11	1.3.2 责权利平衡
12	1.3.3 适用性和灵活性
13	1.3.4 组织制衡原则
13	1.3.5 保证组织人员和责任的连续性和统一性
14	1.3.6 管理跨度和管理层次适中
15	1.3.7 合理授权
15	1.3.8 沟通渠道畅通

15	1.3.9　集权与分权相结合
16	1.4　工程项目组织的历史发展
16	1.4.1　我国古代的工程项目组织
17	1.4.2　我国近代工程项目组织
20	1.4.3　现代工程项目组织
20	1.5　工程项目组织参与单位
21	1.6　工程项目组织的相关者
23	1.7　工程项目组织环境
23	1.7.1　项目组织内部环境
24	1.7.2　项目组织外部环境
26	1.7.3　工程项目组织内外环境分析
28	1.7.4　工程项目组织适应环境的过程
30	**第2章　工程全生命周期项目组织**
30	2.1　概述
30	2.1.1　基本概念和形式
32	2.1.2　全生命周期项目组织的特点
34	2.1.3　不同参与单位的生命曲线
34	2.2　工程全生命周期组织变迁
34	2.2.1　工程项目组织变迁定义及其系统结构过程
37	2.2.2　工程项目组织变迁的一般机理
39	2.2.3　工程项目全生命周期组织变迁图
42	2.2.4　工程项目全生命周期组织变迁一般规律
43	2.2.5　工程项目全生命周期组织变迁的特点
44	2.3　并行工程在全生命周期组织中的应用
44	2.3.1　并行工程的内涵
45	2.3.2　并行工程应用的必要性分析
45	2.3.3　基于并行工程的全生命周期集成化组织模式
48	**第3章　工程项目组织的体系构成**
48	3.1　概述
48	3.2　工程项目组织的价值体系
48	3.2.1　项目目的

49	3.2.2 组织使命
51	3.2.3 工程项目组织文化
57	3.3 工程项目组织目标体系
57	3.3.1 工程项目组织目标的特征
58	3.3.2 工程项目组织目标内容
59	3.3.3 工程项目组织目标类型
60	3.3.4 工程项目组织目标的实施
63	3.4 工程项目组织的责任体系
63	3.4.1 责任体系的目的、依据和结果
64	3.4.2 责任体系的分解
65	3.5 工程项目组织的流程体系
65	3.5.1 流程体系结构
67	3.5.2 战略层的流程
67	3.5.3 项目管理层和实施层的流程
70	**第4章 工程项目组织形式**
70	4.1 概述
70	4.2 工程项目组织策划
70	4.2.1 策划过程
71	4.2.2 策划依据
71	4.2.3 工程项目组织形式的主要影响因素
72	4.3 工程项目组织形式
72	4.3.1 针对企业的工程项目组织形式
80	4.3.2 针对工程项目的组织形式
87	4.4 组织形式的选择
87	4.4.1 针对企业的工程项目组织的选择依据
89	4.4.2 针对工程项目的组织形式选择依据
89	4.5 企业内项目组织的变形
90	4.5.1 前期和设计阶段隶属于专业部门的职能式组织
91	4.5.2 招标阶段的寄生式组织
92	4.5.3 施工阶段的小矩阵式组织
93	4.5.4 施工阶段的小矩阵式项目群组织
93	4.5.5 运行阶段变通的独立式组织

95	4.6 针对工程的项目组织的变形
95	4.6.1 传统的职能式项目组织
95	4.6.2 矩阵式项目组织形式
98	4.6.3 PMO组织形式
100	**第5章 工程项目管理组织**
100	5.1 概述
100	5.1.1 工程项目管理组织的概念
100	5.1.2 工程项目管理组织和工程项目组织的相关性
102	5.1.3 项目管理组织的团队建设
102	5.2 项目经理部
103	5.2.1 项目经理部结构
104	5.2.2 项目经理部运行准备阶段的主要工作
107	5.2.3 项目经理部运行阶段主要工作
111	5.2.4 项目经理部的生命周期
112	5.3 项目经理
113	5.3.1 项目经理的作用
113	5.3.2 项目经理的设置
115	5.3.3 项目经理的发展过程和特点
118	5.3.4 现代工程项目对项目经理的要求
121	5.3.5 项目经理的责权利不平衡
123	**第6章 工程项目组织制度建设**
123	6.1 工程项目组织制度系统
123	6.1.1 工程项目组织制度系统分解
124	6.1.2 工程项目组织制度系统的特征
127	6.1.3 项目组织制度系统的作用
128	6.2 工程项目组织的内部正式制度
128	6.2.1 内部正式制度与参与方企业内正式制度的关系
129	6.2.2 内部正式制度的主要影响因素
130	6.2.3 内部正式制度建立的原则
130	6.2.4 内部正式制度结构框架
131	6.2.5 各正式制度的相互关系

目录

- 6.3 内部正式制度分析准备工作 ... 132
  - 6.3.1 某轨道交通工程项目组织基本情况分析 ... 132
  - 6.3.2 内部正式制度的收集整理 ... 133
- 6.4 内部正式制度总体分析 ... 138
  - 6.4.1 完整性分析 ... 138
  - 6.4.2 适应性分析 ... 138
  - 6.4.3 详细程度分析 ... 140
  - 6.4.4 组织制度编码分析 ... 140
  - 6.4.5 内部正式制度进度分析 ... 142
- 6.5 内部正式制度详细分析 ... 142
  - 6.5.1 组织制度关联性分析 ... 142
  - 6.5.2 内部正式制度相关内容一致性检查 ... 142

第7章 工程项目组织建设 ... 147

- 7.1 概述 ... 147
- 7.2 工程项目组织行为 ... 147
  - 7.2.1 工程项目组织中的个体行为 ... 147
  - 7.2.2 工程项目组织中的群体行为 ... 149
  - 7.2.3 项目组织系统行为 ... 153
- 7.3 工程项目组织的人力资源管理 ... 154
- 7.4 工程项目团队建设 ... 155
  - 7.4.1 工程项目团队的特征 ... 155
  - 7.4.2 工程项目团队的类型 ... 156
  - 7.4.3 工程项目团队的生命周期 ... 157
  - 7.4.4 高效的工程项目团队建设 ... 159
- 7.5 沟通管理 ... 161
  - 7.5.1 沟通的概念 ... 161
  - 7.5.2 沟通的类型 ... 161
  - 7.5.3 项目组织中几种重要的人-人沟通 ... 167
- 7.6 工程项目组织中的激励 ... 170
  - 7.6.1 激励的基本原则 ... 171
  - 7.6.2 激励的主要方式 ... 171
  - 7.6.3 激励的实施 ... 174

第8章 中国传统文化下的工程项目组织 ... 176

- 8.1 概述 ... 176
- 8.2 中西方文化的对比分析 ... 177
  - 8.2.1 文化差异 ... 177
  - 8.2.2 人性假设角度 ... 180
- 8.3 中国传统文化的特点 ... 183
  - 8.3.1 外部形态特点 ... 184
  - 8.3.2 内部精神特点 ... 184
- 8.4 中国传统文化与工程项目组织基本原则的冲突 ... 186
  - 8.4.1 与管理跨度和管理层次适中的冲突 ... 186
  - 8.4.2 与合理授权的冲突 ... 190
  - 8.4.3 与沟通渠道畅通的冲突 ... 190
- 8.5 传统文化对项目组织行为的影响 ... 192
  - 8.5.1 权力的人格化倾向 ... 192
  - 8.5.2 传统的谋略文化和法家文化 ... 194
  - 8.5.3 传统文化下项目参与单位的企业文化 ... 195
- 8.6 中国式工程项目组织的构建 ... 196
  - 8.6.1 构建方法 ... 198
  - 8.6.2 中国传统文化和现代项目组织的融合 ... 198
  - 8.6.3 中国传统文化与学习型组织 ... 200

参考文献 ... 203

第1章

工程项目组织基本原理

1.1 工程项目组织的概念

1.1.1 组织的概念

1) 组织概念的起源

中国古代"组织"一词原指丝麻织成布帛。《辽史·食货志上》有"饬国人树桑麻,习组织"之说。有关组织活动的论述则更为古老,如《孙子兵法·势篇》有"凡治众如治寡,分数是也","斗众如斗寡,形名是也"。这里"众"、"寡"指组织形式,"治"、"斗"指组织方法。

从组织一词本身来看,它有两种形式,一是动词形式,指对一个过程的组织,对行为的策划、安排、协调、控制和检查,如组织一次会议,组织一次活动;二是名称形式,指在一定的环境中,为实现某种共同的目标,按照一定的结构形式、活动规律结合起来的,具有特定功能的开放系统。简单来说:组织是两个以上的人组成的,为某种共同目标,按照某些规则形成的集合体。

2) 管理学中的组织概念

人类对组织进行系统的研究,是从20世纪初开始的。管理学丛林中组织的概念层出不穷。

(1) 泰勒(Taylor)和法约尔(Fayol)等将组织视为一个围绕任务或职能而将若干职位或部门连接起来的整体。孔茨和韦里克(Koontz, Weihrich)则进一步具体化了这个思想,认为组织意味着一个正式的有意形成的职务结构或职位结构。

(2) 韦伯(Weber)在他的《经济行动与社会团体》一书中,将组织定义为:"一种通过规则对外来者的加入既封闭又限制的社会关系……就其秩序而言,为特定个体的行动所支配,这个特定个体的功能通常是作为一个领导或'头领',有时也可以是一个管理团体。"简单来说就是,组织是组织成员在追逐共同的目标和从事特定的活动时,成员之间法定的相互作用方式。

(3) 巴纳德(Barnard)关于组织的定义在某些方面受到韦伯的影响,不同的是,他以系统观念为依据,将组织看做一种"开放式系统",认为组织和组织中的所有人员都是寻求取得平衡的系统,强调内部和外部的各种力量以维持一种动态的平衡,所以他把组织定义为:"将两个或两个以上人的活动或力量加以有意识地协调的系统。"从而将组织的责任结构特性与人类行为特性结合起来。

(4) 西蒙(H. A. Simon)进一步发展了巴纳德的思想,从组织决策的角度为组织下定义。他说:"组织一词,指的是一个人类群体当中的信息沟通与相互关系的复杂模式。它向每个成员提供其决策所需的大量信息,许多决策前提、目标和态度;它还向每个成员提供一些稳定的、可以理解的预见,使他们能够料到其他成员将会做哪些事,其他人对自己的言行将会有什么反应。"

(5) 20世纪70年代末期,卡斯特和罗森茨韦克(Kast, Rosenzweig)在《组织与管理:系统方法与权变方法》一书中,将组织定位为:组织是一个开放的社会技术系统,它是由目标与价值分系统和管理分系统组成的大系统。它从外部接受能源、信息和材料的投入,经过转换,向外部环境输出产品。甚至可以说,组织是围绕各种技术的人类活动的构成和综合。

3) 经济学中的组织概念

经济学家讲究契约,威廉姆森(Williams)将组织视为一种契约的链接,具体来说,就是一种特定的治理结构,他将组织和制度这两个概念混淆在了一起。经济学家诺斯(North)则主张将组织与制度区分开来,他认为制度是游戏规则,而组织则是游戏的参加者,组织是在现有制度所致的机会集合下有目的地创立的,为达到目标而受到某些共同目的约束的由个人组成的团体。

另一位经济学家科斯(Roald H. Coase)认为,在交易执行中,市场和组织是一种相互替代的关系。在市场上,价格体系是协调的工具,而在组织内部,权威命令代替了价格成为协调机制。为了适应环境,市场和组织之间相互替代,而其中根本的决定因素就是交易成本。

在经济学领域,目前出现了组织经济学,组织经济学的研究对象为组织,包括企业组织与非企业组织。在《组织经济学》一书中,塞特斯和海因(Sytse Douma, Hein Schreuder)认为理想组织能够通过所有那些不使用价格在交易各方之间传递信息的交易协调形式来表现它的特性,绝大多数组织在其内部也是使用价格(如交换价格)来交流信息的。

4) 生物学中的组织概念

细胞分化产生了不同的细胞群,每个细胞群都是由许多形态相似,结构、功能相同的细胞和细胞间质联合在一起构成的,这样的细胞群称作组织。生物学中的组织(Tissue)是介于细胞及器官之间的细胞架构,由许多形态相似的细胞及细胞间质所组成,因此它又被称为生物组织。它跟器官不同的地方,是它不一定具备某种特定的功能。人体的组织分为上皮组织、结缔组织、神经组织和肌肉组织四种。组织是构成器官的基本成分,上述四种组织排序结合起来,组成具有一定形态并完成一定生理功能的结构,称为器官,例如胃、肠等。

5) 组织生态学中的组织概念

借鉴生物学、生态学、社会学等学科的知识,结合新制度经济学和产业经济学等学科的理论,出现了组织生态学(Organizational ecology),它是在组织种群生态理论基础上发展起来的一门新兴交叉学科,主要研究组织个体的发展以及组织之间、组织与环境之间的相互关系,经过20多年的发展,组织生态学已成为组织理论的一个重要分支。

组织生态学将组织的设立理解为生态化过程和制度化过程两个基本的方面,并认为这两个过程具有不同的空间效应。生态化过程主要分析组织种群密度、组织生态位与组织设立率之间的相互关系;制度化过程强调合法性、社会支持等因素对组织设立成功率的影响。

吉布莱特定律(Gibrat's law)是组织生态学中经典的组织成长理论,该定律认为:一个企业的规模在每个时期预期的增长值与该企业当前的规模成比例,在同一行业中的企业,无论其规模大小,在相同的时期内,其成长的概率是相同的,即企业的成长率是独立于其规模的变量。两个基本推论为:(1)企业的成长是个随机过程,即影响企业成长有诸多因素,难以对其进行准确预测;(2)不同规模的企业,其成长率并不因为各自的规模不同而有所差异。

在组织的死亡方面,组织生态学将个体组织的死亡视为组织种群的自发调节的结果,当组织数量低于最小能生存种群水平时,现存的组织都将死亡,个体组织的死亡是组织种群的一种自我保护机制和进化机制。

总之,由于研究兴趣与研究视角的不同,对组织的定义也各不相同。甚至可以说,有多少个学科,有多少个研究者,就会有多少关于组织概念的界定。

1.1.2 工程项目组织的定义

按照 ISO 10006,项目组织是从事项目具体工作的组织,是由项目的行为主体构成的,为完成特定的项目任务而成立的一次性的临时组织。工程项目组织是针对工程建立的项目组织形式。因此,工程项目组织可以定义为:为完成整个工程项目分解结构图中的各项工作的行为主体,按一定的规则或制度构成的一次性组织。从定义可以看出:

1) 工程项目组织是一个一次性的组织形式

这是由工程项目的一次性决定的,因为工程项目是一次性的,因此,完成工程项目各项工作的工程项目组织也是一次性的。

2) 工程项目组织是由完成工程项目分解结构各项工作的行为主体构成的

不论工程项目组织采取何种组织结构形式,其组织成员都需要完成工程项目分解结构的各项工作。

3) 工程项目组织的建立有一定的规则或制度

根据不同的规则或制度,会形成不同结构的工程项目组织。当然,这些规则和制度会受到参与单位的企业制度、工程项目规模大小等的影响。

4) 工程项目组织是由行为主体构成的系统

工程项目是由一系列的行为完成的,而行为主体,即人,构成了工程项目组织。这些人需要完成项目分解结构的各项工作。从这个方面来看,和工程项目有关,但是没有完成项目分解结构对应工作的人只是项目的利益相关者,不属于工程项目组织的范畴。

1.1.3 工程项目组织的类型

工程项目组织的定义可以根据不同的依据进行分类。

1) 按照承担的项目任务进行分类

工程项目组织通常包括投资者、业主(建设单位)、设计单位、施工单位、项目管理单位(如监理单位)和供应单位。每一个参与者都从事工程项目的一部分工作,如项目管理工作、设计工作、施工工作、项目管理工作、供应工作等,需要建立相应的"项目组织"。如:设计单位承担工程设计任务,其组织即为"设计项目组织";施工单位承担工程施工任务,其组织即为"施工项目组织"等。

2) 根据工程项目全生命周期进行分类

按照工程项目的全生命周期进行分解,工程项目组织可以认为是由工程项目的前期策划、设计和招投标、施工和运行阶段的任务承担者构成的组织系统,可以划分为前期策划项目组织、设计和招投标项目组织、施工项目组织和运行项目组织。在工程项目全生命周期的不同阶段,其组成是不同的。

3) 依据项目管理职能进行分类

按照工程项目管理的职能,工程项目组织主要包括成本管理小组、进度管理小组和质量管理小组,以及合同管理(合约管理)小组、风险管理小组等。这些小组成员所从事的项目工作是贯穿整个生命周期的。

4) 依据项目的组织结构进行分类

工程项目组织主要可以分为直线式组织、职能式组织、矩阵式组织、寄生式组织、独立式组织等结构形式,除此之外,在实际运用时,还可能出现两种组织结构的混合形式,例如在职能式组织中,将其中的几个职能部门组成一个小矩阵的组织形式。这部分内容在第四章会详细介绍。

5) 依据项目组织规模进行分类

工程项目组织可以分为小型项目组织、中型项目组织、大型项目组织和特大型项目组织。国家计委、国家建委、财政部对大、中、小型建设项目有具体的划分标准，不同工程类型是不同的，可以据此对工程项目组织进行划分。同时，我国还有一些特大型项目，如三峡工程，其项目组织为特大型项目组织，有些专家也称此为巨项目组织。

6) 依据构成群体的原则和方式进行分类

这在管理学中是常见的分类方式，可以分为正式组织和非正式组织。

(1) 正式组织是组织设计工作的结果，是由项目管理者通过正式的筹划，为了实现项目目标，借助组织结构图等文件予以明确规定的组织形式，具有严密的组织结构，是具有一定结构、同一目标和特定功能的行为系统。它有明确的目标、任务、组织结构、组织职能、成员的权责关系以及成员活动的规范。

(2) 非正式组织是指项目组织成员由于某种共同的需要而自发形成的群体，成员关系没有明确的规定，但带有明显的心理倾向，即多以个人的喜爱、好感为基础建立起来。非正式组织成员心理上相容，相互了解深刻，人际关系密切，感情交流频繁，认同感、归属感和群体促进作用都比正式组织强烈得多。每个成员都自觉遵守群体的规则，没有强迫性。

非正式组织对正式组织起着补充和限制的作用。在一个工程项目组织中，正式组织和非正式组织是共存的，其人员组成是重复的。

1.1.4 工程项目组织的基本形式

工程项目是由目标产生工作任务，由工作任务决定承担者，由承担者形成项目组织的。按照工程项目的范围管理和系统结构分解，在工程项目中有两种性质的工作，即专业性工作和项目管理工作，工程项目组织成员需要完成这两种性质的工作，从而形成相应的组织基本形式，如图1-1所示。

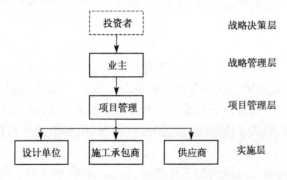

图1-1 工程项目组织的基本形式

图 1-1 中,工程项目组织的基本形式分为四个层次,即战略决策层、战略管理层、项目管理层和实施层。其中,前三个层面主要以项目管理工作为主,而实施层以专业性工作为主。

1) 战略决策层

这一层面主要是指项目的投资者或发起者,包括项目公司的母公司、对项目投资的银团、参与项目融资的单位等。战略决策层居于项目组织的最高层,在项目的前期策划和实施过程中进行战略决策和宏观控制工作。其组成由项目的资本结构决定。由于战略决策层通常不参与项目的实施和管理工作,所以一般不出现在项目组织中。

2) 战略管理层

战略管理层主要是指工程项目的业主,是投资者所委托的项目主持人或项目建设的负责人,以所有者的身份进行工程项目全过程总体的管理工作,以保障项目目标的实现。其主要承担如下工作:

(1) 确定工程项目的建设规模,选择施工方案;

(2) 确定总体实施计划和项目组织战略;

(3) 批准项目目标和设计文件,批准实施计划等;

(4) 委托项目任务,选择承包单位和项目经理;

(5) 审定和选择工程项目所用材料、设备和工艺流程等;

(6) 提供项目实施的场地、水、电等施工条件,负责与环境的协调和必要的官方批准;

(7) 对项目进行宏观控制,给项目管理层以持续的支持。

3) 项目管理层

项目管理层承担在项目实施过程中的计划、协调、监督、控制等一系列具体的项目管理工作,通常由业主委托项目管理公司或咨询公司承担,也可以由总承包单位和监理单位共同承担,通过制定项目管理规则,为业主提供有效的项目管理服务。其主要责任是实现战略决策层的投资目的,保护战略管理层的利益,保障工程项目整体目标的实现。

4) 实施层

实施层主要是工程项目的专业性工作任务,包括工程设计、施工、安装、设备和材料的供应、技术鉴定等。这些工作一般由设计单位、专业承包单位、供应商、技术咨询单位等承担。他们通过投标取得工程承包和供应资格,按合同完成工程项目任务。他们在项目中的工作范围、责任和持续时间由相关的合同规定。他们的主要任务和责任有:

(1) 完成合同规定范围内的工程设计、供应、服务、施工和保修责任;

（2）按合同规定的工期、成本、质量完成各自承担的项目任务，为完成自己的责任进行必要的管理工作，如做各种计划和实施控制，进行质量管理、安全管理、成本管理、进度管理等；

（3）向战略管理层和项目管理层提供信息和报告；

（4）遵守项目管理规则。

对"设计—施工—供应"总承包方式，或"设计—管理"，或"施工—管理"等承包方式，承包商还承担一些项目管理工作。

在工程项目全生命周期的不同阶段，上述四个层面承担项目的任务不一样：

（1）在项目的前期策划阶段，主要由战略决策层进行目标设计和高层决策工作，在该阶段的后期（主要在可行性研究中）会有战略管理层和项目管理层人员的参与；

（2）在设计和招投标阶段，工作的重点就转移到项目管理层和实施层的设计单位，战略管理层也要参与方案的选择、审批和招标的决策工作；

（3）在施工阶段，项目管理层及实施层进入工作高峰；

（4）在交工和试运行阶段所有四个层面都有较大的投入；

（5）在运行阶段，项目可能会转交给专业的运行单位，这也属于实施层的工作，也可能是由战略管理层的下属单位承担运行工作。

1.2 工程项目组织的特点

工程项目组织不同于一般的企业组织、社团组织和军队组织，它具有自身的组织特殊性。这个特殊性是由工程项目的特殊性决定的，同时它又决定了工程项目组织设置和运行的原则，在很大程度上决定了项目组织成员在项目中的组织行为，决定了工程项目的沟通管理、协调管理和项目信息管理。

1.2.1 目的性

工程项目组织是为了完成工程项目总目标和总任务而设置的，所以具有目的性，工程项目的目的、使命和目标是决定工程项目组织结构和组织运行的最重要因素，工程项目的目的、使命和目标是贯穿于工程项目组织全生命周期的主线。

由于工程项目组织成员来自不同的企业或部门，各自有独立的经济利益和权力。它们各自承担一定范围的项目责任，按合同和项目计划进行工作，他们的目标之间具有一定的矛盾性，但总体目标只有和工程项目的目的、使命和总目标一致，才能确保项目组织的顺畅运行。

1.2.2 一次性

这是由工程项目的一次性所决定的。每一个工程项目都是一次性的、暂时的,所以工程项目组织也是一次性的和暂时的,具有临时组合性特点。工程项目组织的生命与它所承担的项目任务(由合同规定)的时间长短有关。项目结束或相应项目任务完成后,工程项目组织就会解散或重新构成其他项目组织。即使有一些经常从事相近项目任务或项目管理任务的机构(如项目管理公司、施工企业),尽管项目管理班子或队伍人员未变,但由于不同的项目有不同的目的性、不同的范围、不同的对象、不同的合作者(如业主、分包单位等),则也应该认为这个组织是一次性的。当然,现在也有一些大型项目,由于其运行期很长,其项目组织在运行阶段会转变成企业组织形式。

项目组织的一次性和暂时性,是它区别于企业组织的一大特点,它对项目组织的运行、参加者的组织行为、团队建设、沟通管理有很大的影响。

1.2.3 完整性

这是由工程项目的工作结构分解的完整性所决定的。

工程项目组织系统由工程项目行为系统决定,即任务决定组织。工程项目的组织设置应能完成项目范围内的所有工作任务,即通过项目结构分解得到的所有单元,都应无一遗漏地落实完成责任者。所以项目系统分解结构(WBS)对项目的组织结构有很大的影响,它决定了项目组织成员工作的基本分工,决定了组织结构的基本形态。每个参加者在项目组织中的地位是由他所承担的任务决定的,而不是由他所在的企业规模、级别或所属关系决定的。

工程项目组织同时也应追求结构的最简单化和最少组成。增加不必要的机构,不仅会增加项目管理费用,而且常常会降低组织运行效率。

1.2.4 与企业组织关系复杂

工程项目组织与企业组织之间有复杂的关系。这里的企业组织包括所有工程项目成员所属的相关企业组织。工程项目的组织成员实质上是各个参加企业的委托授权机构。项目组织成员通常都有两个角色,即既是本项目组织成员,又是原所属企业中的一个成员。研究和解决企业对项目组织的影响,以及它们之间的关系,在项目管理和企业管理中都具有十分重要的地位。

无论是企业内的项目,还是由多企业合作进行的工程项目,企业和项目之间存在如下复杂的关系:

(1) 由于企业组织是现存且长期的稳定的组织,项目组织常常依附于企业组织,项目组织成员通常是由企业提供的,有些项目任务直接由企业所属部门完成。一般项目组织必须适应而不能修改企业组织。企业的战略、运行方式、企业文化、责任体系、运行和管理机制、承包方式、分配形式会直接影响它的项目组织成员的行为。而企业组织机构对项目组织的抵抗常常是项目失败的主要原因之一。

(2) 项目组织和企业之间存在一定的责权利关系,这种关系决定着项目组织的独立程度。项目运行常常受到上层组织的干预。既要保证企业对项目组织的控制,使项目组织的实施和运行符合企业战略和总计划,防止失控,又要保证项目组织的自主权,使项目组织有活力和积极性。这是项目组织顺利成功的前提条件。

(3) 由于企业资源有限,在企业与项目组织之间及企业同时进行的多个项目组织之间存在十分复杂的资源优化配置问题。

(4) 企业管理系统和项目组织的管理系统之间存在十分复杂的信息交往。

(5) 项目组织成员通常都有项目的和自己原部门工作的双重任务,甚至同时承担多项目任务,不仅存在项目和原工作之间资源分配的优先次序问题,而且工作中常常要改变思维方式。

1.2.5 多种组织关系共存

工程项目组织关系主要有以下两种:

(1) 专业和行政方面的组织关系

这与企业内的组织关系相似,上下之间为专业和行政的领导和被领导的关系,在企业内部(如承包商、供应商、分包商、项目管理公司内部)的项目组织中,主要存在这种组织关系。

(2) 合同关系或由合同定义的管理关系

不同隶属关系的项目组织成员之间以合同作为组织关系的纽带。如业主与承包商之间的关系由合同确立,合同签订和解除(结束)表示组织关系的建立和脱离。所以一个项目的合同体系与项目的组织结构有很大程度的一致性。工程项目组织按照合同运行,其组织联系是比较松散的。虽然承包商与项目管理者(如监理单位或项目管理公司)没有合同关系,但他们责任和权力的划分、行为准则仍由管理合同和承包合同限定。

在工程项目组织的运行和管理中,合同或由合同定义的管理关系十分重要。项目管理者必须通过合同手段运作项目,必须通过合同、法律、经济手段而不能通过行政手段解决遇到的问题。项目组织成员的任务、工作范围、经济责权利关系和行为准则均由合同规定。由于在工程项目中有许多合同,容易造成项目组织成员行为准则的不统一。

(3) 其他组织关系

除了合同关系外,项目参加者在项目实施前通常还订立项目管理规则,使各项目参加者在项目实施过程中能更好地协调、沟通,使项目管理者能更有效地控制项目。这也是常见的一种组织关系。

工程项目组织中存在的多种组织关系,使得其管理更为困难,缺乏统一的准则。

1.2.6 弹性和可变性

工程项目组织是柔性组织,具有高度的弹性和可变性。

(1) 工程项目组织成员随项目任务的承接和完成,以及项目的实施过程而进入或退出项目组织,或承担不同的角色,成员是流动的,组织是动态变化的。

(2) 采用不同的项目组织策略、承发包模式、不同的项目实施计划,则有不同的项目组织形式,组织形式具有多样性。

(3) 在工程项目全生命周期的不同阶段,工程项目组织形式是可变的。通常在工程项目早期组织比较简单,在实施阶段会十分复杂。甚至在实施阶段的不同时期,组织形式都不一定完全相同。

1.2.7 受环境影响大

工程项目组织是一个开放的系统。在工程项目组织存在期间,会有许多系统输入和系统输出。环境对于工程项目组织的影响很大,包括自然环境、社会环境、经济环境、技术环境这类大环境,也包括参与企业组织这类小环境的影响,而且这种影响是明显大于环境对企业组织的影响的。

1.2.8 有明确的结束时间

工程项目的特点之一是"有约束条件",时间限制是其约束条件之一,而且是需要重点考虑的限制条件。工程项目的一次性和时间限制决定了工程项目组织是一次性的,且工程项目组织有明确的开始和结束时间,从开始组建就已知预期解散的时间,工程项目组织追求按期解散,因为这意味着工程项目的任务按期完成,这是与一般企业组织明显不同的地方。虽然一般企业组织也会经历生命周期,经历从产生到消亡的过程,但一般企业组织都追求组织存在时间的长期性,即存在时间越长越好。存在时间是衡量一般企业组织是否成功的一个关键因素,因为企业组织结束即企业组织解散,往往意味着企业组织运行的失败。

1.2.9　难以建立组织文化

由于工程项目组织的上述特点,使它很难像企业组织一样建立自己的组织文化,即工程项目成员很难构成自己的较为统一的、共有的行为方式、信仰和价值观。这带来工程项目组织管理的困难。即使工程项目组织建立了自己的组织文化,也会受到参与企业组织文化的干扰。

1.3　工程项目组织的基本原则

工程项目组织结构合理、简单易行,只有高效率和低成本运行,才能确保组织目标的实现。工程项目组织的设置和运行必须符合组织学的基本原则和规律,但这些基本原则在工程项目中有一定的特殊性。

1.3.1　目标统一原则

一个组织要有效的运行,各参加者必须有明确的统一的目标。但是工程项目是分阶段实施的,项目组织成员隶属于不同的企业,具有不同的利益和目标。所以在工程项目组织中存在着项目总目标与阶段性目标以及不同利益群体目标之间的矛盾,使工程项目组织运行的障碍较大。工程项目组织成员各自的目标不同却又存在高度的相互依存性,这是工程项目组织的基本矛盾。

为了使工程项目组织达到项目总目标,必须实现以下几点:

(1) 工程项目组织成员应就总目标达成一致;

(2) 在工程项目组织规则、项目管理制度等文件中必须贯彻总目标;

(3) 在工程项目组织的全生命周期中必须承认并顾及参加企业和项目相关者的利益,达到各方满意;

(4) 工程项目组织全生命周期的各阶段都必须有统一的指挥、统一的方针和政策以及统一的管理规则;

(5) 工程项目组织的建立应能考虑到项目的特殊性,能统一反映在项目实施过程中各参加单位之间的合作、项目任务和职责的层次、工作流、决策过程和信息流。

1.3.2　责权利平衡

在工程项目组织的设置过程中应明确投资者、业主、项目管理公司、承包商,以及其他相关者之间的经济关系、职责和权限,并通过合同、计划、组织规则等文件定义。这些关系错综复杂,形成一个严密的体系,它们应符合责权利平衡的原则。

（1）任何组织单元都应有相应的目标责任，没有目标责任就没有管理的积极性。

（2）权责对等。在项目组织中各个组织单元的目标责任与资源运用的权力和经济利益相联系。对于合同任何一方，有一项权益，则必然有与此相关的一项责任。同样，当要求组织成员承担一项工作任务或责任时，应赋予他为完成该任务所必需的条件，以及由此责任延伸的权力。

（3）权力的制约。如果项目组织成员有一项权力，该权力的行使必然会对项目和其他组织成员产生影响，则该项权力应受到制约，以防止他滥用这项权力。这个制约常常体现在，如果他不恰当地行使该项权力就应承担相应的责任。

（4）一个组织成员有一项责任或工作任务，则他应有相应的为完成这项责任所必需的，或由这项责任引申的权力。参加者各方责任和权力有复杂的制约关系，责任和权益是互为前提条件的。

（5）应通过合同、组织规则、保险、保函、奖励政策加强对项目相关者各方的权益保护。

（6）按照责任、工作量、工作难度、风险程度和最终的工作成果给予相应的报酬，或给予相应的奖励。

1.3.3 适用性和灵活性

工程项目的组织形式是灵活多样的，即使在同一个企业内部，不同的项目也有不同的组织形式；在一个项目的全生命周期的不同阶段也有不同的授权和不同的组织形式。工程项目组织结构的各种形式没有好坏之分，关键是要保证工程项目组织运行的有效性、适用性和灵活性。

1) 应确保工程项目组织结构适合于工程项目的具体情况，如项目的类型、项目的范围、环境条件及业主的项目策略。

2) 工程项目组织结构应考虑到原企业组织（业主和/或承包商和/或设计单位和/或供货商和/或咨询单位等的企业组织）的特点，并与它们相适应，应顾及下列四层关系：

（1）工程项目组织结构的设计应有利于所有项目参加者和相关者的交流和合作。

（2）应按业主的组织方针确定项目的组织结构，特别要顾及业主负责项目的进度计划、质量和成本监控的职能部门的组织设置。

（3）要顾及前期策划、设计和计划、建设、运行过程的规律性和一体化要求，兼顾原组织中专业工作和职能部门的工作要求。

（4）综合考虑上层管理体制、组织文化、工程项目的数量和难度、目标的紧迫性等问题。

3) 充分考虑业主和项目管理者的项目管理经验,选择最合适的组织结构。

4) 工程组织机构简单、工作人员精简,项目组织要保持最小规模,并最大可能地使用现有部门中的职能人员。

在工程项目全生命周期,项目组织是动态变化的。灵活的工程项目组织有利于获得和充分使用人力资源,永久性的组织会造成僵化和管理的困难。

1.3.4 组织制衡原则

由于工程项目组织的特殊性,要求工程项目组织的设置和运作必须有严密的制衡,包括:

(1) 权责分明,任何权力须有相应的责任和制约。应十分清楚地划定组织成员之间的任务和责任的界限,这是设立权力和职责的基础,如果任务界限不清会导致有任务无人负责完成、互相推卸责任、权力的争执、组织摩擦、弄权和低效率。

(2) 设置责任制衡和工作过程制衡。由于工程活动或管理活动之间有一定的联系(即逻辑关系),因此工程项目参加者各方的责任之间必然存在一定的逻辑关系,所以应加强过程监督,包括阶段工作成果的检查、评价、监督和审计等。

(3) 加强组织各阶段工作的监督,包括阶段工作成果的检查、评价、监督和审计工作。

(4) 通过组织结构、责任矩阵、合同、项目管理规则、管理信息系统设计保持组织界面的清晰。

(5) 通过其他手段达到制衡,例如项目管理规则等。

但是过于强调组织制衡和过多的制衡措施会使工程项目组织结构复杂、程序繁琐,会产生沟通的障碍,破坏合作气氛,容易产生"高效的低效率"。即工程项目组织运作速度很快,但产出效率却很低,有许多工作和费用都消耗在组织制衡中,例如:

(1) 过多的责任连环造成责任落实的困难和争执;

(2) 制衡造成管理的中间过程太多,如中间检查、验收、审批,使工期延长,管理人员和费用增加;

(3) 许多制衡措施需要费用,如保险和担保需要费用,为了制衡监理工程师所设置的争执裁决人,也会增加花费。

在市场经济发达,人们讲究诚实信用,项目组织成员资信很好的情况下,可以适当减少制衡,以达到最佳的经济效益。

1.3.5 保证组织人员和责任的连续性和统一性

由于工程项目存在阶段性,项目组织任务和组织人员的投入是分阶段的,且是不连续的,容易造成责任体系的中断,在项目阶段的界面上出现信息衰竭,所以应尽可能保持项目管理人员、组织、过程、责任、信息系统的连续性、一致性和同一性。

(1) 工程项目工作最好由一个企业或部门全过程、全面负责。目前推行的"设计—施工—采购"总承包就是一种全过程负责的较好形式。

(2) 工程项目的主要承担者应对工程项目的最终结果负责,应使他的工作与项目的最终效益挂钩。例如桥梁工程中的建管养一体化管理,就可以让工程的建设单位对运营和养护负责,将施工和运营的效益挂钩。

(3) 防止责任盲区。责任盲区是指出现问题或造成损失无人负责的情况,或有工作但无人承担责任。在工作结构分解中,各工作之间的界面就是责任盲区的多发地带,在进行项目组织设计时,要重点对此进行防护。

(4) 减少责任连环。在工程项目中,过多的责任连环会损害组织责任的连续性和统一性。

(5) 尽量保证工程项目组织的稳定性。包括项目组织结构、人员、方针政策、组织规则和程序的稳定性。但过于稳定的组织结构和程序又会使组织僵化。

1.3.6 管理跨度和管理层次适中

管理跨度是指某一项目组织单元直接管理下一层次的组织单元的数量,管理层次是指一个工程项目组织总的结构层次。通常管理跨度小会造成组织层次多,反之管理跨度大会造成组织层次少。图1-2是大跨度组织和多层次组织的示意图。

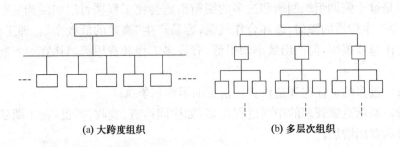

(a) 大跨度组织 　　　　　　(b) 多层次组织

图1-2 管理跨度和管理层次

按照组织效率原则,应建立一个规模适度、组织结构层次较少、结构简单,能高效率运作的工程项目组织。由于现代工程项目规模大,参加单位多,造成组织结构非常复杂。组织结构设置常常要在管理跨度与管理层次之间进行权衡。

目前,大跨度组织,即组织的扁平化是发展趋势,但在采用扁平式组织,如矩阵组织时,必须制定明确的组织运作规则和政策,否则很容易会产生失控。

1.3.7 合理授权

工程项目的组织设置应该形成合理的组织职权结构和职权关系,没有合理授权和分权,会导致项目组织没有活力或者失控,项目的很多不重要的问题会被提交高层进行决策和处理,使高层人员陷于日常的琐碎事务中,无法进行重要决策。

(1) 在企业和项目组织之间,业主授权项目管理公司管理承包商和供应商;施工企业授权施工项目经理负责施工项目的管理。这是授权管理。

(2) 项目组织成员是实现总目标的一个角色,有一定的工作任务和责任,他必须拥有相应的权力、手段和资源去完成任务。项目鼓励多样性和创新,只有分权,才能调动下层的积极性和创造力。

1.3.8 沟通渠道畅通

工程项目组织良好运用的基础是相互信任,而信任的基础是沟通渠道的畅通。工程项目需要众多参与方参加,项目组织内部有大量需要通过沟通解决的问题。在业主方内部、设计单位内部、工程咨询单位内部、施工单位内部、供货单位内部以及各单位之间都有许多沟通的需求。沟通是否有效和畅通直接关系到工程项目组织的运行。

(1) 建立各方面良好的协作关系,创建团队合作的组织氛围,组织内部从决策层到基层都应该开放性处理各类问题,强化成员的组织认同感,相互信任,相互尊重。

(2) 组织信息的公开化,促进有效的沟通。尽量减少信息孤岛和信息不对称问题带来的对工程全生命周期的影响。提供无障碍的沟通方式,使组织内部的沟通经常化。

(3) 提供良好的外部环境,要与政府、周边居民和社区组织、用户建立良好的沟通渠道,使相关者满意。

1.3.9 集权与分权相结合

集权化(Centralization)考虑的是工程项目组织中决策制定权力的分布。在一些工程项目组织中,决策是高度集中的,问题自下而上传递给项目经理,由他们选择合适的行动方案。而另外一个工程项目组织中,其决策制定权力会授予项目经理部中的管理人员,这被称做分权化(Decentralization)。在进行项目组织结构设计和组织设计时,要考虑到组织的集权与分权设计,这与责权利平衡原则、组织制衡原则是直接关联的。

在工程项目组织中,最好采取集权和分权相结合的形式,即在决定项目长远发展战略等关系组织生存发展命运的问题时,集中统一决策;为了调动积极性和责任心,一般工作的计划、实施分权为项目管理层和实施层决策。这样既提高工作效率,又防止独断专权。

1.4 工程项目组织的历史发展

1.4.1 我国古代的工程项目组织

我国古代的工程项目组织目前没有系统的资料可以查询,但是我国古代的工程项目组织中技术工人已有明确的工种划分,也存在施工组织和项目经理。

(1) 我国古代的工种

我国古代的建筑材料主要有:土、石、木、砖、瓦、漆,不同的材料,其加工、制作和安装工艺不同,从而形成不同的工种,在《营造法式》中,列出了以下13种工种:壕寨、石作、大木作、小木作、雕作、旋作、锯作、竹作、瓦作、泥作、彩画作、砖作、窑作。其中,"作"就是工种的意思。

如果将《营造法式》中的工种与材料形成对应关系,可以得到图1-3。

由图1-3可以看出,在建筑中占主导地位的木结构,其工种也相应比其他的工种要多。随着建筑技术的发展,更多的材料和工艺加入到建筑的范畴内,工种得到进一步扩展,增加了土作、搭材作、琉璃作、雕鉴作、裱作、画作、镀金作、铜作等,发展到30多个工种。

(2) 我国古代的施工组织"水木作"

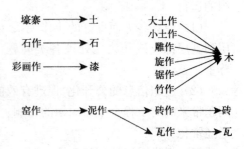

图1-3 我国古代工种和材料对应一览表

最早的工匠是没有组织的,以服役的形式来建造建筑,称为匠役制度。明朝工匠制度分为"轮班"、"住坐"两类,木匠五年一班,锯、瓦、竹、油漆等四年轮赴京师从事无偿劳动,就连往返的盘缠钱也得自理。

明成化二十一年(1485年),"以银代役"法令出台:"轮班工匠有愿出银价者,每名每月南匠出银九钱,免赴京,北匠出银六钱,到部随即批放,不愿者,仍旧当班"。1595年,海瑞到松江府任职,推行"一条鞭"法,提倡以纳税来代替繁重的徭役,一批建筑工匠便通过缴纳赋税来换取经营活动的自由,他们或走街串巷,或伫立桥头,或会集茶馆,等待业主的招雇。明万历至崇祯年间,上海县城内纳税的建筑工匠已达520名。

从事建筑的匠人，在历史的发展过程中，逐渐形成了一个专业组织来承接建筑工程，称为"水木作"，以师徒或家族、同乡为主体。第一次有文字记载的"水木作"出现在清道光二十五年(1845年)，"重塑黄婆像……结用共五百八十六千五百七十六文，……水木作：八十四千"。其中砌墙粉刷的泥工称为"水作"；建造木构架、做门窗的木工称"木作"。

水木作大多没有固定工匠。"作头"，即施工组织的牵头者(类似现在的包工头)承接到工程后，一方面包揽全部收入，另一方面要临时召集原来走街串巷或闲散在茶馆桥头的工匠。这些工匠称为"点工"，做一工拿一工的钱，包括各种不同的工种。各工种工匠的费用都由水木作坊主"作头"分派给各工种的"档手"，档手下面还有小包头。一个比较大的工程，可能需要不同工种的许多工匠。据记载，曾于嘉庆三年(1798年)在上海城内建造规模宏大的小九华新寺的孙南来，在道光六年(1826年)又承接城隍庙戏台重建工程。只用半年时间，他就设计并指挥工匠们完成了装饰精致的戏台。上海有文字记载的建筑史上，孙南来是第一位有史可据的"作头"。

水木作是由古代施工组织发展为近代施工组织的一种过渡形式，处于一种临界阶段，这个阶段持续了整整五十年。

1.4.2 我国近代工程项目组织

我国近代工程项目组织中的参与方和现代项目组织开始接近，施工单位主要由营造厂担任，设计单位由建筑事务所(工程司)担任，出现了和现代施工工种接近的营造业工人。整个工程项目组织，也会经由投标过程而形成。

1.4.2.1 营造厂(施工单位)

(1) 营造厂的出现

一些水木作的作头们在租界承建西式建筑的过程中逐渐成熟起来，开始承接一些规模较大的建筑。1880年，一位名叫杨斯盛的上海川沙籍泥水匠开设了第一家由中国人开办的营造厂——杨瑞泰营造厂。从水木作主过渡到营造厂商，要有一个资本积累的过程，学习西方先进建筑技术的过程，对当局管理建筑业手段熟悉的过程等。此外，还要学会讲洋文等多种因素。1895年左右上海已出现了一批营造厂，如上海籍的"顾兰记"、"江裕记"、"王发记"、"张裕泰"、"赵新泰"，宁波籍的"魏清记"、"余洪记"，等等。杨斯盛于1894年至1895年间主持重修鲁班殿，并于1898年邀集顾兰洲等十来位知名营造厂主商议筹建水木工业公所，以取代于1823年由水木作头们创办的带有浓厚封建行会色彩的"鲁班殿"。

据1946年数据统计，上海合资经营的甲级营造厂占到27.8%，走出了传统的独资小本经营的圈子。即使是独资经营的营造厂内，也设有账房、估价、看工等专职人员,较师傅带徒弟的水木作取得了巨大的进步。甚至出现了像"馥记营造股份有限公司的大型企业,担任总经理的陶桂林股份只占 29.4%,其余股份来自几十个人、商号和银行"。

(2) 营造厂的发展

一批具有远见卓识的建筑家投资创办建材工业,与西方进口建材抗衡,促进了中国建材构成的变化。1921 年,姚新记营造厂主姚锡舟与荣宗敬等上海实业界巨头合资,在江苏龙潭创办中国水泥股份有限公司(今中国水泥厂),姚锡舟任总经理,"泰山牌"水泥畅行内地,并饮誉香港和南洋。1920 年左右,申泰营造厂创始人钱维之在江苏昆山独资创办振苏砖瓦厂。一次世界大战期间,当时上海营造业同业公会理事长、久记营造厂主张效良投资创办和兴钢铁厂(今上钢三厂前身),上海江海关大楼、沙逊大厦等重大建筑都曾采用过该厂生产的竹节钢。

1.4.2.2 营造业工人(施工人员)

(1) 营造业工人的出现

中国古代建筑传统中的设计和建造,大都掌握在以木匠为主的传统工匠手中。而到了近代殖民化时期,这些传统工匠在沿海租界城市中,在建造那些所谓"西方式样"房屋的过程中,又逐步转化为新式的营造业工人。有关记录表明,工匠们仅用了很短的一段时间,便顺利地完成了这个转变,并颇有实力地争取到了一些国内最重要的建筑合同,"中国人办的营造厂与外商营造厂在建筑业市场竞争中表现出强大的活力。中国近代建筑工人和建筑技术人员很快掌握了新的一整套施工工艺、施工机械、预制机械、预制构件和设备安装的技术,形成了一支庞大的、具有世界一流水平的施工队伍"。事实证明,工匠们以极短时间内的成功转型,顺利回应了这次历史的挑战。

(2) 营造业工人队伍的形成

一些完全为建筑西式房屋而配置的专业施工的建筑工人也很快掌握并形成了自己的专业队伍。如擅长吊装的史惠记营造厂,20 世纪 30 年代国际饭店施工时的吊装工程就由该厂分包。在基础打桩行业,由于沈生记、陈根记的崛起,形成了与著名丹麦籍打桩企业康益洋行分庭抗礼的局面,江海关、百老汇大厦、永安公司、中国银行等重大建筑的打桩工程均由他们承揽。即使在外商占优势的水电、卫生安装行业,上海的队伍也占有不可忽视的地位,抗战胜利后,这支队伍的组成已达 80 余家商行。

近代还出现了多工种合成的营造工人队伍,最典型的是"国华工程建设有限公司"所属的营造工人队伍,可以从事混凝土搅拌、运输、打桩、吊装等。

(3) 营造业工人的培养

1907 年杨斯盛在浦东六里桥出资二十余万两银子兴建浦东中学,为此,他几乎倾尽全部家产,被誉为"毁家兴学","情事与武训略同,而捐款且逾十倍,成绩更远过之",不少营造业的子弟在此念书成材。20世纪30年代初,由上海市建筑协会主办的正基工业补习学校更是培养出一批营造业的骨干力量。

据1948年资料统计,在甲等营造厂的厂主或经理中,具有大学学历者占8.3%,配备有主任技师的厂家占30%,其中甚至出现了从国外留学归来的厂主(如大昌、六合)。不少厂主、经理本身还取得了经实业部考核认可的技师、技副职称,有20余人是中国工程师学会上海分会会员。与传统的建筑工匠相比,这实在是一个令人刮目相看的转变。

1.4.2.3 建筑事务所(设计单位)

有恒洋行是中国最早的西洋建筑师事务所,1858年初金斯密(Thomas William Kingsmill)在汉口英租界设建筑师事务所,1860年怀特菲尔德(Whitfield)和金斯密(Thomas William Kingsmill)在上海合伙建立事务所,西名 Whitfield & Kingsmill。很多洋行同时承担设计和测绘工作,如顺祥洋行(1860年在汉口成立)、惠生洋行(1864年成立)、德和洋行(1863年在上海成立)等。

1915年左右,从业光地产公司学徒出身的上海第一位中国建筑师周惠南率先开办建筑事务所"周惠南打样间",设计了爵禄饭店、一品香饭店、中央大戏院、旧天瞻舞台及1917年的大世界等建筑。1921年,中国建筑师吕彦直创办了"彦记建筑事务所"。1920年,关颂声自美国麻省理工学院和哈佛大学留学回国,于1921年在天津成立"基泰工程司",朱彬、杨廷宝分别于1923、1927年加入。基泰工程司(Kwan, Chu and Yang)是中国近代建立较早、规模较大的建筑事务所,在其成立后的二十六七年时间里,在中国有很大影响,天津、上海、南京等地的许多重要工程均出自基泰之手。

1922年,柳士英、朱士圭、刘敦桢和王克生创办了"华海公司建筑部",其设计作品遍布于上海、南京、长沙、武汉等地。1914年从美国伊利诺伊大学留学归国的庄俊、1922年从美国归国的范文照、1927年从美国归国的董大酉,也分别组建了以自己的名字命名的"庄俊建筑事务所"、"范文照建筑事务所"(1927年)、"董大酉建筑事务所"(1930年)等。

1930年,赵深开办"赵深建筑师事务所";1931年改名为"赵深陈植建筑事务所"后,童寯不久来上海加入,赵深陈植建筑事务所于1933年1月1日改称"华盖建筑事务所"(The Allied Architects Shanghai),亦是中国近代一支极为重要的建筑设计力量,在上海、无锡、桂林、贵阳、昆明等地主持设计了许多建筑项目。1930年、1932年徐敬直、李惠伯先后自美国密歇根大学留学归国后,同杨润钧一起三人合伙组建"兴业建筑师事务所"。三四十年代,奚福泉的"启明建筑事务所",陆谦受、黄作、王大闳的"五联",李宗侃的"大方",黄元吉的"凯泰",以及"伟成"、"东亚"、"华信"、

"大地"、"信怡"、"天工"等建筑事务所(或名"建筑工程司")也陆续出现。

据不完全统计,二三十年代在上海、天津、北平、南京、重庆、成都、贵阳等地建立的具有一定水平的建筑事务所约有三十余家。中国近代建筑史上第一代建筑师设计创作的许多重要建筑物,都成为今日中国的宝贵财富。

1.4.3 现代工程项目组织

现代工程项目组织是伴随着现代工程项目管理的发展而逐步发展起来的。现代项目管理是 20 世纪 50 年代发展起来的。整个 20 世纪 70 年代,企业组织中项目组织的应用都是研究的热点。企业管理中的职能式组织、矩阵式组织被应用到项目管理中,逐渐形成了工程项目特有的组织形式。

现代工程项目组织方面的热点问题很多,如:
(1) 工程项目组织的目标和组织战略研究;
(2) 工程项目组织环境,以及环境对组织结构和行为的影响;
(3) 工程项目组织设计;
(4) 工程项目组织的流程管理(实施工作流程和管理流程);
(5) 工程项目组织责任体系;
(6) 项目组织中的团队建设;
(7) 工程项目组织的演变、创新和变更管理;
(8) 国际化和社会高度开放对工程项目组织的影响;
(9) 学习型组织和虚拟组织等;
(10) 信息化和网络化对工程项目组织的影响等。

1.5 工程项目组织参与单位

工程项目组织常见的参与单位包括投资者,业主(建设单位)和项目任务的承担者,包括承包商、设计单位、供应商、咨询单位(如项目管理公司、监理单位)和技术服务单位等,以及工程项目运行阶段的运营单位。

1) 投资者

投资者属于战略决策层,是为项目提供现金或财务资源的个人或集体,如项目的直接投资单位、参与项目融资的金融单位、或项目公司的控股公司。在现代社会,工程项目的融资渠道和方式很多,资本结构多元化,可能有政府、企业、金融机构、私人投资,可能是本国资本或外国资本等。投资者为项目提供资金,承担投资风险,行使与风险相对应的管理权利,如参与项目重大问题的决策,在项目建设和运营过程中的宏观管理、对项目收益的分配等。

投资者的目标和期望可能有:以一定量的投资完成工程项目;通过工程项目的运营取得预定的投资回报,达到预定的投资回报率;承担较低的投资风险等。

2) 业主

"业主"一词主要应用在工程项目的建设过程中,相对于设计单位、承包商、供应商、项目管理单位(咨询、监理)而言,业主以项目所有者的身份出现。实施一个工程项目,投资者或项目所属企业必须成立专门的组织或委派专门人员以业主的身份负责整个工程项目的管理工作,如许多单位的基建部门、通常所说的建设单位。一般在小型工程项目中,业主和项目的投资者(或项目所属企业)的身份是一致的;但在大型工程项目中他们的身份常常是不一致的,这体现了工程项目所有者和建设管理者的分离,更有利于工程项目的成功。

业主的目标是实现项目全生命周期整体的综合效益,他不仅代表和反映投资者的利益和期望,而且要反映项目任务承担者的利益,更应注重项目相关者各方面利益的平衡。

3) 项目任务的承担者

他们接受业主的委托完成项目或项目管理任务。他们又可以分为两类角色:

(1) 项目管理(咨询或监理)公司。在现代工程项目中,业主通常将具体的项目管理工作委托给项目管理(咨询或监理)公司承担。他代表业主管理项目,协调承包商、设计单位和供应单位关系。所以他主要代表和反映业主的利益和期望,追求项目全生命周期的整体综合的效益。

(2) 承包商、供应商、勘察和设计单位、技术服务单位等。他们通常接受业主的委托在规定工期内完成合同规定的专业性工作任务,包括设计、施工、提供材料和设备。他们希望通过项目的实施取得合理的工程价款和利润,赢得信誉和良好的企业形象。

4) 工程项目运营单位

从工程项目全生命周期角度看,运营单位也属于工程项目组织的参与单位。运营单位在工程项目的运行阶段接受运营管理任务,直接使用工程生产产品,或提供服务。它的任务是使工程达到预定的产品生产能力或服务能力,以及质量要求等。运营单位(或员工)希望有安全、舒适、人性化的工作环境,且工程运行维护方便、成本低廉。

1.6 工程项目组织的相关者

工程项目组织的相关者(Stakeholder)有两层含义,从狭义上来说,是指与工程项目组织相关的其他组织，不包括工程项目组织；从广义上来说，工程项目组织的相关者包括工程项目组织本身和其他的相关组织。本书采用狭义的概念，即除了工程项目组织的参与单位之外，与项目组织相关的其他组织。

（1）工程项目产品的用户（顾客），即直接购买或使用或接受工程运营所提供的最终产品或服务的人或单位。例如，房地产开发项目产品的使用者是房屋的购买者或用户；城市地铁建设项目最终产品的使用者是乘客。有时工程项目产品的用户就是项目的投资者，例如，某企业投资新建一栋办公大楼，则该企业使用此大楼的职能科室是用户。

用户购买项目的产品或服务，决定项目的市场需求和存在价值。项目的产品和服务要有市场，就必须使"用户满意"，这也是工程项目组织的目标之一。通常用户对工程项目的要求有：产品或服务的价格合理；在功能上符合要求，同时讲究舒适、健康、安全性、可用性；有周到、完备、人性化的服务；"以人为本"，符合文化、价值观、审美要求等。

工程项目产品或服务的市场定位、功能设计、产品销售量和价格的确定必须从产品使用者的角度出发。在所有项目相关者中，用户是最重要的，因为他们是所有项目参加者最终的"用户"。当用户和其他相关者的需求发生矛盾时，应首先考虑用户的需求。

（2）工程所在地的司法、执法机构，以及为项目提供服务的政府部门、基础设施的供应和服务单位。他们为项目做出各种审批（如城市规划审批）、提供服务（如发放项目需要的各种许可）、实施监督和管理（如对招投标过程监督和对工程质量监督）。

政府注重工程项目的社会效益、环境效益，希望通过工程项目促进地区经济的繁荣和社会的可持续发展，解决当地的就业和其他社会问题，增加地方财力，改善地方形象，使政府政绩显赫。

（3）项目所在地的周边组织，如项目所在地的原居民、周边的社区组织、居民、媒体、环境保护组织、其他社会大众等。项目周边组织要求保护环境，保护景观和文物，要求就业、拆迁安置或赔偿，有时还包括对项目的特殊的使用要求。

（4）项目所隶属的企业的竞争单位，如房地产开发项目隶属于房地产开发公司，其竞争对手在该项目附近的房地产项目等会对该项目的房型、定价等产生影响。

对同一个工程项目而言，项目相关者的目标往往彼此相距甚远，甚至互相冲突。在项目管理中对项目相关者的界定，对他们的目标、期望、组织行为的研究和确定是十分重要的。项目管理者必须在项目的全过程中解决项目总目标和项目相关者需求间的矛盾，并一直关注项目相关者需求的变化，以确保项目的成功。

1.7 工程项目组织环境

工程项目组织环境,是指存在于项目组织的内外部并影响组织的各种力量和条件因素的综合。从系统的角度讲是指工程项目组织所从属的更大的系统。

工程项目组织不但是一个系统,而且是一个开放系统,任何一个开放系统总是在一定环境中存在和发展的,和环境之间存在着物质、能量和信息的交换。换句话说,项目组织存在于由其他多种体系组成的环境中,这些环境以各种不同的方式来要求与限制项目组织。若不注重研究环境的要求与限制,项目组织将无法生存下去。

项目组织环境是一个动态的概念,构成组织环境的要素经常处于不断变化之中。组织对其环境有一定影响,例如,项目组织可以通过改变或控制一些环境因素来改变环境的不确定性。

此外,项目组织环境具有复杂性,其复杂程度与其构成因素的多少及组织已拥有的对其环境的了解程度有关。根据环境的复杂程度,项目组织环境可以分为复杂环境和简单环境。项目组织环境构成因素越少,项目组织对这些因素的了解越多,其环境越简单,反之,项目组织环境构成因素越多,项目组织对这些因素越不了解,其环境越复杂。项目组织环境的复杂性也不是固定不变的,在工程项目组织生命周期的不同阶段,其环境的复杂程度会有明显的不同。例如,在前期策划阶段,环境构成因素较少,而到实施阶段,环境构成因素趋向复杂。不同类型的工程项目,其环境复杂程度也会不同,工程项目组织规模越庞大,组织结构越复杂,环境也趋向复杂性。

根据项目组织对环境因素的可控程度,可以把项目组织环境分为内部环境和外部环境。项目组织在很大程度上可以控制和改变其内部环境因素,但很难控制和改变其外部环境。外部环境存在于项目组织外部,它不仅影响一个项目组织的运作,还会影响其他项目组织。内部环境因素存在于项目组织内部,其影响范围基本上集中在一个特定的工程项目组织内部。为了提高工程项目组织的运作效率和实现组织目标,了解内部环境因素和外部环境因素是非常重要的,忽视任何一个环境因素都可能给项目组织带来致命的失误。

1.7.1 项目组织内部环境

项目组织内部环境具有内在的可控性,其诸因素的形成、发展、变化是在项目组织的影响和控制下进行的。一个工程项目组织可以根据外部环境的要求来进行内部环境发展和变化的决策。因此,对于一个工程项目组织而言,内部环境基本上

属于内生确定性变量,在适应外部环境的过程中,项目组织主要通过控制内部环境因素的行为来实现。

项目组织内部环境也是处于动态变化之中的,项目决策层如果仅仅专注于当前的内部环境因素而缺乏对未来变化的预见性,就可能在项目决策过程中产生失误,从而给项目组织带来严重损失。另外,项目组织工作是按照一定流程进行的,不能片面强调某些因素,而忽视各因素之间的协调发展。项目组织内部环境一般包括:

1)工程项目组织成员

工程项目组织成员包括业主、设计单位、承包商、咨询公司等企业中实际参与工程项目的人员。

(1)根据不同的承发包模式,参与单位在工程项目组织中的相互关系会有所不同,这从组织结构图上可以表现出来,组织结构图是反映内部环境的总体体现。

(2)在工程项目全生命周期的不同阶段,各参与方的具体参与人员也是动态变化的。

(3)组织成员的组织行为等也是内部环境的一种表现形式。因为工程项目组织成员众多,其组织行为研究也非常困难。

2)工程项目组织价值体系、目标体系、责任体系、流程体系

其中,工程项目组织的价值体系包括项目目的、组织使命和组织文化三个层面的内容。这部分内容在第三章将进行详细介绍。

3)工程项目组织的制度

工程项目组织的制度主要是指能书面表示的、约束组织参与单位的正式制度,包括合同、各种计划、招投标文件等。这部分内容在第六章将进行详细介绍。

1.7.2 项目组织外部环境

项目组织外部环境指存在于工程项目组织边界以外,并对工程项目组织产生影响的所有因素的总和。处于不同外部环境之中的工程项目组织,会表现出不同的组织行为。项目组织的外部环境可以分为一般外部环境和任务外部环境。

1.7.2.1 一般外部环境

一般外部环境是指可能对项目组织活动产生影响,但其影响方式和程度却不是很明确的各种因素的总和。这些因素一般不单涉及某个具体的工程项目组织,对项目组织的影响不是那么直接,但仍有可能对组织产生某种重大的影响,有时甚至关系到组织的生死存亡。一般外部环境包括政治、经济、法律、社会、技术等因素。

1)政治环境

政治环境包括政治制度、政治形势、执政党的路线、方针、政策等因素。具体说

来，包括：

（1）政治局面的稳定性，有无社会动乱、政权变更、种族矛盾和冲突，有无宗教、文化、社会集团利益的冲突。一个国家政治稳定程度对工程项目的各方面都会造成影响，而这个风险常常是难以预测和控制的，直接关系到工程项目组织的存亡。

（2）政府提供的服务，办事效率，政府官员的廉洁程度。

（3）与工程项目有关的政策，特别对项目有制约的政策，或向项目倾斜的政策。

2）经济环境

经济环境包括国家的经济制度、经济结构、物质资源状况、经济发展水平、国民消费水平等方面。具体包括：

（1）国民经济计划安排，国家的工业布局及经济结构，国家重点投资发展的工程领域和地区等；

（2）国家的财政状况，赤字和通货膨胀情况；

（3）国家及社会建设的资金来源，银行的货币供应能力和政策。

3）法律环境

工程项目组织的运行受工程所在地的法律的制约和保护，包括：

（1）法制是否健全，执法的严肃性，项目参与者能否得到法律的有效保护等；

（2）与项目有关的各项法律和法规的主要内容，如合同法、建筑法、劳动保护法、税法、环境保护法、外汇管制法等；

（3）与项目有关的税收、土地政策、货币政策等。

4）社会环境

社会环境包括人口数量、年龄结构、人口分布、家庭结构、教育水平、社会风俗习惯、文化价值观念等。这些因素直接反映了社会人力资源的数量和质量，以及对工程项目组织成员的整体需求状况。在工程项目组织中，社会风俗和不同文化价值观念对组织成员的影响较大。

5）技术环境

技术环境是指宏观环境中的技术水平、技术政策、科研潜力和技术发展动向等因素。在技术飞速发展、高新技术不断涌现的当下，技术进步的重要性越来越大。技术更新周期大为缩短，技术创新成为项目组织赢得竞争优势的重要源泉。

1.7.2.2 任务外部环境

任务外部环境因素是指对某一具体工程项目组织目标的实现有直接影响的外部因素。这些因素直接关系到组织的绩效高低。与一般环境因素相比，任务环境对组织的影响更为直接和具体，因此，绝大多数项目组织也更为重视其任务环境因素。

1) 项目组织的参与单位

(1) 项目参与单位(如业主企业、承包商企业等)状况,包括组织体系、组织文化、能力、战略、存在的问题、对项目的要求、基本方针和政策等;

(2) 投资者的能力、基本状况、战略,对项目的企求、政策等。

2) 项目组织的相关者

(1) 项目产品的用户需求、购买力、市场行为等;

(2) 主要竞争对手的基本情况;

(3) 周边组织(如居民、社团)对项目的需求、态度,对项目的支持或可能的障碍等。

3) 工程项目市场情况

(1) 拟建工程所提供的服务或产品的市场需求,市场容量,现有的和潜在的市场,市场的开发状况等;

(2) 当地建筑市场(例如设计、工程承包、采购)情况,如竞争的激烈程度,当地建筑企业的专业配套情况,建材、结构件和设备生产、供应及价格等;

(3) 建筑行业的劳动力供应状况及价格,技术熟练程度、技术水平、工作能力和效率、工程技术教育和职业教育情况等;

(4) 项目周围基础设施、场地交通运输、通信状况等;

(5) 与项目相关的物价指数。

虽然组织的外部环境可以分为一般外部环境和任务外部环境,但是一个特定的外部环境因素是属于一般外部环境因素还是任务外部环境因素,则取决于项目组织的定位。一个工程项目组织的一般外部环境因素可能是另一个工程项目组织的任务外部环境因素,反之亦然。即使对于同一类型的项目组织,它们所面对的外部环境因素也可能会有较大差异,对一个项目组织发展具有重大影响的外部环境因素,对于另一个项目组织可能根本不重要。

1.7.3 工程项目组织内外环境分析

1) 内部环境分析

工程项目组织由各参与单位的相关人员组成,这些人员构成了项目组织。各参与单位主要由合同作为纽带。平行发包模式下,合同纽带的中心是业主;EPC总承包模式下,合同纽带的中心是总承包商。然而,合同只能约束合同当事人的行为,对合同外的参与者没有任何约束能力,合同关系并不能完整地表现工程项目组织内部环境。

除了合同之外,没有合同关系的项目组织成员会按照项目的价值体系、目标体系、责任体系、流程体系、各项制度进行项目工作。具体工作过程中,会存在工作上的合作关系。按照工程项目的建设程序和各种专业工序,最终将形成工程实施的网络图。在关键线路上,紧前工作的完成情况将影响紧后工作的开始和结束时间。同时,非关键线路也有可能因工期的拖延变成关键线路。工作流程上不同组织之间的合作,将最终影响工程项目的工期,也直接影响工程项目组织的变迁。

各参与单位的人员进入工程项目组织工作之初,都带着各自的特征,在各个方面都会存在或多或少的差异,正是这种差异造成工程项目组织内部产生不同的冲突,这是无法避免的。能够进入工程项目工作的组织成员,在能力上是符合业主和工程项目建设要求的。然而,这远远不够,还要求各组织成员要有全局的观念,系统地观察问题、解决问题,作全面整体的计划和安排,减少系统失误。在采取措施、作出决策和计划并付诸实施时都要考虑各方面的联系和影响,追求项目整体的最优化,强调系统目标的一致性,强调项目的总目标和总效果而不是局部优化。只有在内部工作环境融洽、合作愉快且各方面都满意的前提条件下,工程项目组织的顺利变迁才能得以实现。

2) 外部环境分析

外部环境对工程项目组织的影响主要体现在:

(1) 工程项目组织是为了解决上层系统和外部环境的需求而建立的。工程项目组织需求的产生通常来源于外部环境系统变化导致的上层系统问题。

(2) 外部环境决定着项目的技术方案、实施方案及其优化,还决定工期和成本。项目的实施过程是项目与环境之间互相作用的过程,也是工程项目组织与外部环境的交互过程。项目组织的存在需要外部环境提供各种资源和条件,同时受外部环境条件的制约。如果项目组织没有充分地利用外部环境条件,或忽视外部环境的影响,必然会造成实施中的障碍和困难,增加实施费用,提高组织运行成本。

(3) 环境是产生风险的根源。工程项目组织处在一个迅速变化的环境中,在其全生命周期过程中,由于环境的不断变化形成对项目组织的外部干扰,这些干扰可能造成项目组织不能按计划实施或偏离组织目标。

影响工程项目组织变迁的外部环境因素越好,就越有利于工程项目组织的顺利变迁,反之亦然。例如,政治局面、经济环境和法律环境越稳定,政府对本项目提供的服务越多、办事效率越高,政府官员的廉洁程度越好,工程项目组织在实施工程建设过程中就可以避免社会和经济动乱、政权变更、种族矛盾和冲突,宗教、文化、社会集团利益的冲突等给工程项目造成的冲击,减少因国家政治、经济和法律稳定程度对工程项目的各方面造成的风险,这种风险常常是难以估计、难以控制的,直接关系到工程的成败。自然条件越好,可避免更多的地质问题和天气问题,从而避免更多的目标修改、设计成果修改和施工返工,避免因不可抗力造成的损失,从而促进工程项目组织的顺利变迁。

1.7.4 工程项目组织适应环境的过程

工程项目组织与环境具有复杂的关系,环境中的任何变化都有可能影响到组织的生存和发展。但是,在工程项目组织的全生命周期过程中,内部环境和外部环境是始终处于变化之中的,尤其是内部环境的变化,这和一般的组织不同。为了工程项目组织更好地生存,组织必须适应环境。这一过程是可以循环往复的,形成循环,如图1-4所示。

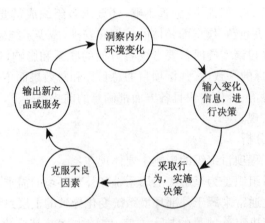

图1-4 工程项目组织与环境的适应过程

工程项目组织与环境的适应过程一般可以分为如下六个步骤:
(1) 洞察环境变化;
(2) 向组织的有关参与单位输入有关该项变化的确切信息,并进行科学决策;
(3) 根据决策改变项目组织不适应环境的想法和行为;
(4) 在决策实施过程中,尽量减少因改革带来的副作用;
(5) 输出符合环境变化的新思想和新做法,如新的项目管理制度、新的网络图、新的施工工法等;
(6) 通过反馈,进一步观察外部环境和内部环境符合的程度,验证之前的决策和改革是否成功。

复习思考题

1. 工程项目组织应该如何进行定义?请谈谈自己对工程项目组织的看法。
2. 工程项目组织的特点包括哪些?其中哪一个特点是最具代表性的?请谈

谈自己的理由。
3. 工程项目组织的基本原则和一般组织的原则有何差别？
4. 工程项目组织的参与单位一般有哪些？
5. 工程项目组织的相关者包括哪些？请举例说明某一个特定工程项目组织的所有相关者。
6. 工程项目组织的内部和外部环境中，哪一个对工程项目组织的影响比较大？请说明理由。
7. 你认为按照工程项目组织的历史发展，其发展趋势会有哪些具体表现？

第2章

工程全生命周期项目组织

2.1 概述

工程项目生命周期是指工程项目从构思开始到工程项目报废(或工程项目结束)的全过程。在全生命周期中,工程项目一般会经历前期策划、设计和计划、施工和运行四个阶段。这种定义是与目前国外许多对全生命周期项目管理的定义一致的。工程项目的时间限制和一次性决定了工程项目的生命周期是一定的,在这个期限中,工程项目经历由产生到消亡的全过程。不同类型和规模的工程项目生命期是不一样的,但它们都可以分为上述四个阶段。工程项目组织的生命周期和工程项目的生命周期是相互关联的。

2.1.1 基本概念和形式

根据工程项目的生命周期,工程项目组织在全生命周期内也是由前期策划、设计和计划、施工和运行阶段的工作任务承担者构成的组织系统,包括前期策划项目组织、设计和计划项目组织、施工项目组织和运行项目组织,如图 2-1 所示。

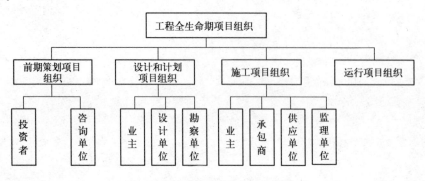

图 2-1 工程全生命周期项目组织

1) 前期决策项目组织

工程项目的前期策划工作的重点是对工程项目的目标进行研究、论证、决策，其工作内容包括项目的构思、目标设计、可行性研究和项目立项。这个阶段从项目构思开始到批准立项为止。

和前期策划的工作内容对应，一般由投资者组成临时性的前期策划项目组织并具体负责部分工作，部分工作如可行性研究等可以委托给相关咨询单位。前期策划阶段所需人员不多，但是涉及面比较广，一般需要市场经营、投资决策、经济、金融、环境和社会评价等方面的专业人员。

2) 设计和计划项目组织

设计和计划阶段的工作包括设计、计划、招投标和各种施工前准备工作。这个阶段从批准立项开始到现场开工为止。与此对应，设计和计划项目组织主要由负责完成工程项目设计、勘察、招标、各种审批、施工准备的人员组成，其核心是业主、设计单位和勘察单位，有时还包括招标代理公司的相关人员。

3) 施工项目组织

施工阶段从现场开工直到项目的可交付成果完成，工程竣工并通过验收为止，主要工作内容就是工程项目的施工。施工项目组织主要由负责完成施工工作的人、单位、部门组合起来的群体组成，通常包括业主、承包商、供应单位、监理单位等。

(1) 施工项目组织的参加单位不仅数量多，而且来自不同的企业。工程项目组织的超企业行为在这一阶段体现得最为明显。

(2) 施工项目组织的存在是为了完成项目总目标，具有强烈的目的性。所以，施工项目组织的设置应能完成通过工作结构分解得到的所有工作单元，工作分解结构决定了项目组织结构的基本形态和工作分工。

(3) 施工项目组织的范围很大，不仅包括业主本身的组织系统，还包括各参与单位(承包商、供应单位、监理单位)分别建立的针对该工程项目的组织系统，有各自的工作范围、项目组织和管理组织的结构和方式、工作任务分工、管理职能分工、工作流程组织、工作流程图等。

4) 运行项目组织

在工程项目的运行阶段，一般由业主的某个子公司或部门承担运行维护和管理工作，相对于生命周期的前三个阶段而言，该阶段比较稳定。一般运行项目组织阶段比较长，可能因为工程项目的更新改造、扩建、产品转向、工程产权变化等，使运行项目组织发生变化。

在工程生命周期的四个阶段，项目组织存在差异，因而很难构建统一的组织结构和统一的组织规则，将它们统一起来进行分析和研究。

2.1.2 全生命周期项目组织的特点

1) 全生命周期内组织形式的多变性

工程项目组织在其全生命周期内一般遵循着由"简单组织"到"复杂组织",再到"简单组织"的过程。工程项目全生命周期每一个阶段的任务都不同,其相应的组织形式也不同,这一过程中,会有大量的单位加入项目的全生命周期的各个阶段,在其工作结束后又会退出工程项目组织。这其中存在着工程项目组织的变迁过程,项目组织发生变迁是为了更好地适应工程项目全生命周期各阶段的工作需要。

2) 参与人员和责任的多样性

在工程项目全生命周期的不同阶段,工作性质和内容不同,必须由不同的单位和人员完成,也会由不同的人员来管理,导致任务承担者和责任的多样性。

（1）前期策划阶段

这一阶段需要对工程项目进行目标体系设计、可行性研究和评价,需要市场经营、投资决策、经济、金融、环境和社会评价等方面的人才。

（2）设计和计划阶段

这一阶段需要设计、审图、勘察、招投标组织人员、工程实施计划和组织人员等。

（3）施工阶段

这一阶段需要承包商、供应单位和监理单位等单位的相关人员等。该阶段参与单位（人员）最多,组织最复杂。

（4）运行阶段

这一阶段需要工程的运行、维护（养护）和健康监测等相关人员。

由于工程全生命周期较长,不同阶段的工作性质和内容又不同,因此,工程项目组织成员在生命期中不断更换是常态。

3) 总目标的统一和分项目标的矛盾

工程项目组织是为了完成工程项目总目标和总任务,所以具有目的性。工程项目组织在全生命周期中有统一的总目标和总任务,有工程全生命周期总体的要求。与此同时,工程项目组织在全生命周期的不同阶段,参加者来自不同企业或部门,各自承担一定范围的工程任务,各自既是独立的,又是相互冲突的经济利益和权利,存在着分项目标的矛盾性,而且全生命周期总目标和阶段性目标之间也存在冲突性。

如果不能处理好工程全生命周期中分项目标的冲突,不仅会损害全生命周期总目标,而且会损害参与各方的利益,最终陷入困境。

4) 组织责任体系存在缺陷

由于工程项目全生命周期的阶段性、项目组织的多变性、跨企业组合等特点,在工程项目组织中存在着责任体系的断裂和责任盲区。

（1）责任体系的断裂是指工程项目全生命周期过程中项目组织成员责任的不连续性，这是由于工程项目整体责任的不一致性和组织成员或参与单位的阶段性以及责任的分解造成的。例如工程项目的前期策划阶段、设计和计划阶段、施工和运行阶段一般是由不同的参与单位组织人员进行的，前期策划阶段组织成员的失误会对项目目标产生影响，但到了项目运行阶段，由于前期策划阶段的人员已不承担项目工作，很难追究他的责任，而运行阶段负责人也不愿意对由于前期策划人员失误造成的损失承担责任，这就导致许多类似的问题无人负责。

（2）责任盲区是指无人承担责任的工作、任务或情况，包括出现问题或事故无人承担责任，工作无人做，一些工作责任遗漏。如：

① 由于工程项目建设过程是一次性的，在规划和设计中很难将工作结构科学地分解，其中的遗漏和缺陷将造成责任盲区，如有些专业工程系统、工作任务没有列出，没有落实责任人，在合同中责任描述不完备。

② 工作分解结构中，任意两个项目单元之间都存在界面，这些界面会形成责任盲区。工作分解越细，实际工程项目中合同越多，这种盲区出现的可能性就越大，问题就越严重。所以，在工程项目中，社会化和专业化分工太细就会造成许多责任盲区。

5）缺乏全生命周期统一的组织结构和规则

工程项目组织是一次性的、暂时的，具有临时组合性特点。项目组织成员在项目中的持续时间与他所承担的任务（由合同规定）的时间长短有关。项目结束或相应项目任务完成后，项目组织成员就会退出，项目组织在全生命周期的各个阶段都是不同的。由于项目组织的一次性和可变性，很难构建统一的组织结构和统一的组织规则。

6）组织行为具有特殊性

由于工程参加者来自不同的企业，在不同的工程阶段中工作，有不同的隶属关系，他们各自有与工程的总目标和整体利益不一致、甚至相矛盾的自我目标和经济利益，所以人们容易有短期行为，即只考虑或首先考虑眼前的本单位（本部门）的局部利益，而不顾整体的长远的利益，组织成员之间利益冲突非常激烈，行为更为离散，协调和沟通更为困难，组织摩擦大。因此，基于全生命周期管理的组织不仅要从工程项目的整体利益出发，而且要顾及各参加者的利益，追求不同利益之间的平衡，构成一个共同的目标。

7）难以建立全生命周期的组织文化

由于工程项目是一次性的、暂时的，项目组织成员的组织归属感和安全感不强,项目组织的凝聚力很小。项目组织成员对工程全生命周期的责任的认识不足。因为项目组织成员来自不同组织文化的企业,而且工程项目又是一次性的,所以工程组织很难像企业组织一样建立自己的组织文化,即项目所有成员很难构成较为统一的、共有的行为方式、共同的信仰和价值观,即使在某一阶段建立了项目组织文化,也很难延续到全生命周期的下一个阶段。

在工程全生命周期内,工程组织成员来自不同的企业,有不同的隶属关系,所以工程全生命周期组织是一种"超企业"组织形式。在国际工程中还存在多民族的文化差异,这些不同的企业文化不可避免地会影响到工程组织文化。因此,这决定了项目组织文化是一种复合系统的跨组织文化。

由于各参与方来自不同类型的组织,与具有相同文化构成的组织(如企业)相比,其行为方式和交互方式是多种多样的。文化差异导致个体和团队的冲突和消极的影响,甚至对组织成员造成一些心理压力,导致工程有较高的组织风险。

2.1.3 不同参与单位的生命曲线

在工程项目中由于各个项目参与单位参与工程项目的时间不同,各个参与单位的生命曲线是不一样的。为了更清楚地表示各参与单位在工程项目全生命周期的参与阶段,把工程项目的生命周期按照关键节点、建设对象角度、工程项目审批角度和项目管理角度进行进一步的划分。此外,工程项目组织的生命曲线还与项目的承发包模式有关。在平行承发包模式和EPC模式下,工程项目组织的生命曲线如图2-2所示。

2.2 工程全生命周期组织变迁

2.2.1 工程项目组织变迁定义及其系统结构过程

工程项目组织变迁是指工程项目组织形成、发展、变化和解散的过程。工程项目组织变迁从时段上看是一个变化过程,从时点上看是从一种组织状态跃迁为另一种组织状态。就其变迁的内容而言,工程项目组织变迁主要体现在组织的目标、组织的内部结构和运行机制,以及组织的活动方式和特点等方面所产生的变化和迁移,其组织结构的变化是变迁的一种表现,也是最为明显的一种变迁现象。就其本质而言,工程项目组织变迁是指组织结构由非均衡状态向均衡状态的转变过程。从以上分析可知,工程项目组织变迁是一个多维的体系。一个完整的、全面的工程项目组织变迁至少应包括如下几个方面:

第2章 工程全生命周期项目组织

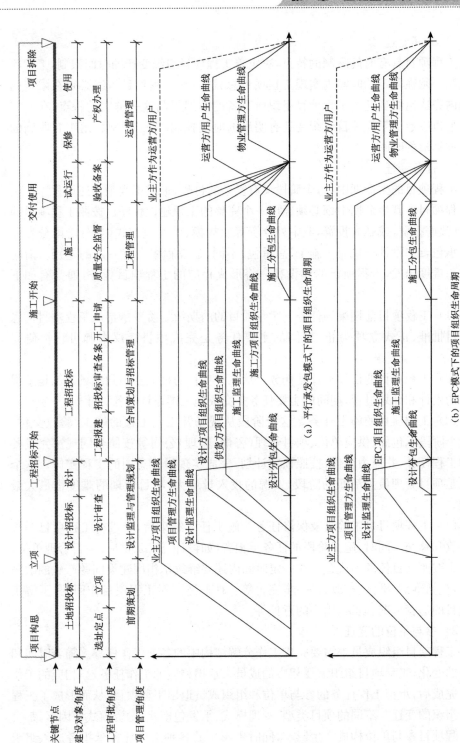

图 2-2 工程项目组织生命曲线图

1) 时间变迁

工程项目具有时间限制的特点,决定着工程项目组织变迁的时间限制,工程项目组织必须在限定的时间内实现工程项目总目标,即工程项目组织必须在限定的时间内完成组织变迁。工程项目组织所具备的时间限制这一鲜明的特点,在一定程度上也决定了工程项目组织变迁有明确的时间控制,即工程项目组织有明确的成立和解散的时间。

2) 任务变迁

工程项目的生命期中,每个阶段又有复杂的过程,形成工程项目建设程序。任何工程项目在其生命期中都必须经历一个完整的工程建设程序。按照工程项目的性质(政府投资,或私人投资,或中外合资等)、规模、承发包方式(如分阶段分专业平行承包,或"设计—供应—施工"总承包)不同,建设程序会有一定的差别。沿时间这一维度出发,工程项目的建设程序将形成相应的工程项目任务,通常有如下内容:

(1) 工程项目前期策划任务。工程项目的前期策划阶段是指从工程项目构思到项目批准、正式立项为止,期间的主要任务是完成项目建议书和可行性研究报告。

(2) 工程项目的设计和计划任务。从工程项目的批准立项到现场开工是工程项目的设计和计划过程,期间的主要任务是完成施工图设计和各种计划。

(3) 工程项目的施工任务。这个阶段从现场开工到工程的竣工,验收交付。在这个阶段承包商、供应单位、项目管理(咨询、监理)公司等按照合同规定完成各自的工程任务,并通力合作,按照预定计划,完成实现设计意图的工程实体。这个阶段是项目管理最为活跃的阶段,资源的投入量最大,项目管理的难度也最大最复杂。

(4) 工程项目竣工验收及保修任务。施工任务结束后,要进行工程项目的竣工验收和移交。同时,施工阶段的任务承担者(如设计、施工、供应、项目管理单位)和业主按照项目任务书或合同在一定时间内还要继续承担因建设问题产生的缺陷责任,包括维护、维修、整改、进一步完善等。他们还要对工程项目作回访,了解工程项目的运营情况、质量、用户的意见等。

3) 参与单位的变迁

工程项目组织成员都需要完成工作分解结构中的各项工作任务。随着时间和任务的变化,工程项目组织需要相应的成员来承担相应的工作任务,当相应的工作任务完成后,承担工作任务的参与单位和组织成员退出工程项目,从而形成了工程项目组织的变迁。不同的项目类型、管理模式、承发包模式、融资模式等因素,都会对工程项目参与单位构成产生影响,同时也影响着各种工作任务承担者进入组织的时间。通常而言,在平行发包模式下的工程项目建设过程中,会存在五大主体单位(组织):业主、勘察单位、设计单位、监理单位和承包商。总承包模式下,根据不同的总承包模式,工程项目组织的参与单位也会不同。同时,各参与单位在项目组织中工作的持续时间也有所不同。通常而言,业主持续时间最长,各项目任务承担者在工程项目中的工作时间由其承担的相应工作任务决定。

通过上面的分析,一个完整的工程项目组织变迁应将上述各方面融合成一个完整有序的整体,即在规定的时间内,随着时间的推进,按照工程项目建设程序和客观规律,形成相应时间阶段的工作任务,进而选择相应的项目任务承担者组织,完成工程项目的工作任务这一完整的组织变化过程,其系统结构过程如图2-3所示。

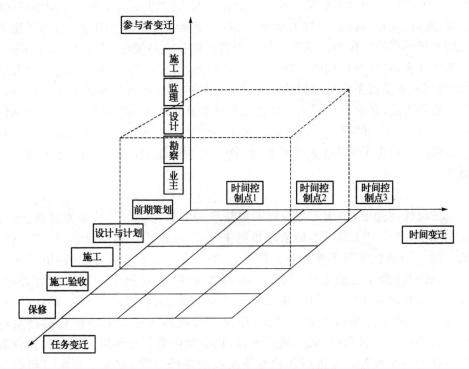

图 2-3 工程项目组织变迁的系统结构过程

2.2.2 工程项目组织变迁的一般机理

工程项目组织变迁过程的宏观描述模型,如图 2-4 所示。根据工程项目组织变迁的宏观描述模型,结合工程项目组织的特点,可知工程项目组织变迁的宏观描述模型中,包含工程项目组织形成机理、变化机理和解散(退出)机理。

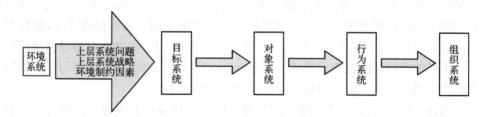

图 2-4 工程项目组织变迁过程的宏观描述模型

(1) 形成机理

任何工程项目都起源于项目构思,而项目构思来源于环境系统变化导致的上层系统问题。项目构思是对项目机会的寻求,它产生于为了解决上层系统(如国家、地方、企业、部门)问题的期望,或为了满足上层系统的需要,或为了实现上层系统的战略目标和计划等。在一个具体的社会环境中,上层系统的问题和需要有很多,这种项目构思可能是丰富多彩的,人们可以通过许多途径和方法(即项目或非项目手段)达到目的,所以对于那些明显不现实或没有实用价值的构思必须淘汰,在它们中间选择少数几个有价值和可能性的构思,并经权力部门批准,进行更深入的研究。进行构思选择的组织,是工程项目组织的雏形。工程项目的产生是为了解决上层系统问题,而工程项目组织的产生是为了实现这个目标。

(2) 变化机理

在现代社会中,由于工程项目的数量急剧增加、规模扩大、技术更新、参与人员众多,社会对工程项目的要求也越来越高,这使得工程项目管理越来越复杂。由一个企业组织完成全部工程项目建设任务几乎是不可能的,也是不经济的,按照社会分工的要求,从成本的角度考虑,专业化分工是历史的必然。在现代工程项目建设过程中,需要多个专业组织参与,从而形成一个具有"超企业"特性的工程项目组织。因此,现代工程项目建设需要专业化的勘察单位、设计单位、项目管理单位、施工单位、供应单位等企业组织为业主和投资者提供各种专业服务。业主对各种专业组织的选择过程,就是工程项目组织变化的过程。

(3) 解散(退出)机理

以合同作为纽带是工程项目组织的特色之一。在进入工程项目工作之前,承担相应工程项目任务的专业组织会与业主或者总承包商签订工程合同,合同双方的工作过程就是履行合同的过程。当合同任务承包方完成合同规定的工作内容,合同任务发包方履行完合同约定,任务承包方就会退出工程项目。

2.2.3 工程项目全生命周期组织变迁图

不同类型的工程项目,在其全生命周期内,工程项目组织的变迁存在较大的差异。根据实际工程调查资料得出以下四种常见工程项目全生命周期组织变迁图。

(1) 房地产项目全生命周期组织变迁图

单个房地产项目全生命周期的组织变迁图如图 2-5 所示。

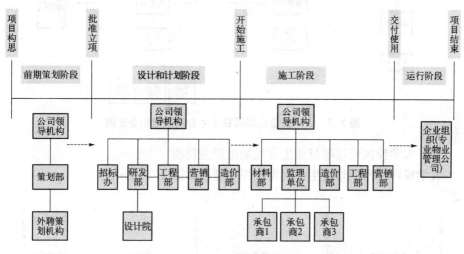

图 2-5 房地产项目全生命周期组织变迁图(单个项目)

当同时进行的项目较多时,其组织变迁图如图 2-6 所示。

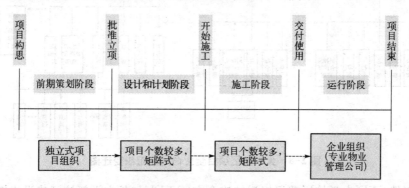

图 2-6 房地产项目全生命周期组织变迁图(多个项目)

(2) 自筹资金非出售工程项目全生命周期组织变迁图

自筹资金非出售(办公用房、厂房、医院等)工程项目全生命周期组织变迁图如图 2-7 所示。

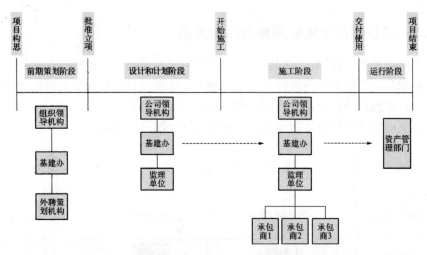

图 2-7 自筹资金自用项目全生命周期组织变迁图

(3) 大学校区建设项目全生命周期组织变迁图

大学校区建设项目全生命周期组织变迁图如图 2-8 所示。

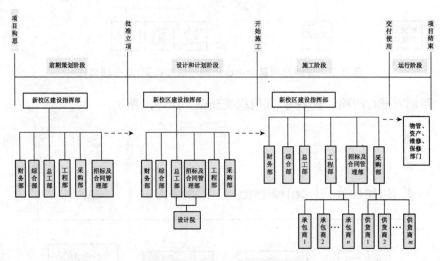

图 2-8 大学校区项目全生命周期组织变迁图

当然,不同大学校区项目组织结构会有所不同,如某大学新校区建设指挥部中就不包括财务部,财务工作由学校财务处的基建财务科承担,同时,招标及合同管理部中的招标工作也由学校招标办进行,只设合同管理部。

(4) 公路建设项目全生命周期组织变迁图

公路建设项目全生命周期组织变迁图如图 2-9 所示。

第2章 工程全生命周期项目组织

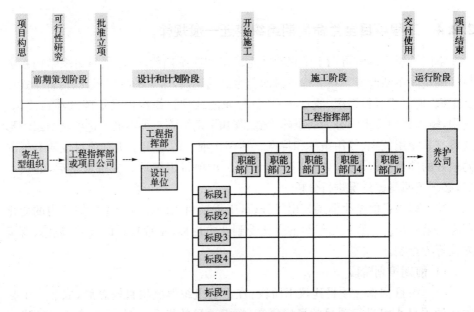

图 2-9 公路建设项目全生命周期组织变迁图

与工程项目一样,工程项目组织也存在着相应的生命周期。一般而言,在项目构思开始,会有数量较少的人员为这个构思服务。随着项目可行性加大,越来越多的组织参与项目,直至项目结束,形成固定资产,交由企业内部维护组织或者资产管理部门,也可以交由专业的物业管理公司进行管理,直到项目结束。根据生命周期理论,一个事物具有开始、成长、成熟、终结到再开始的发展序列,并具有普遍的、内在固有的规律性机制。结合上述四种常见工程项目组织全生命周期变迁图,可以得出工程项目全生命周期组织变迁图,如图 2-10 所示。

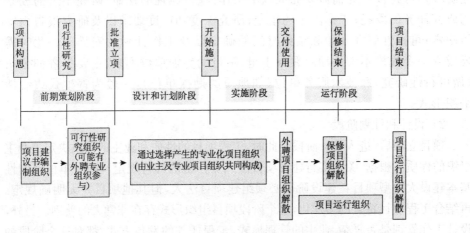

图 2-10 工程项目全生命周期组织变迁图

2.2.4 工程项目全生命周期组织变迁一般规律

不同的组织结构可用于工程项目生命周期的不同阶段,即项目组织结构在项目实施期间不断改变。在工程项目的全生命周期内,常见的组织形式有:寄生式项目组织、独立式项目组织、线性项目组织、职能式项目组织以及矩阵式项目组织。其中,矩阵式项目组织分为弱矩阵、强矩阵和平衡矩阵三种类型。这些项目组织形式各有其使用范围、使用条件和特点。不存在唯一的适用于所有项目或所有情况的最好的项目组织形式,即我们不能说哪一种项目组织形式先进或落后,好或不好,必须按照具体情况进行分析。

从工程项目的全生命周期出发分析,工程项目组织在其全生命周期内的变化存在一般规律。工程项目组织的变化受到业主性质、工程项目的性质、规模、筹资方式等的影响。

1) 前期策划阶段

(1) 项目构思—项目建议书阶段:在上层组织形成项目构思后,成立一个临时性的项目小组进行项目的目标研究,探索项目的机会,它仅为一个小型的研究性组织,没有专职的项目组织,一般由业主或投资者的一个部门承担。根据工程项目的性质、规模,以及业主的性质等,项目建议书之前的前期工作通常有以下三种完成方式:①业主负责完成;②外聘专家协同业主完成;③承包商提前介入完成。

这个阶段的组织形式的特点是:小型组织;松散型组织。仅有一个临时性的协调小组,属于寄生式项目组织。

(2) 项目建议书—可行性研究阶段:在提出项目建议书后,进入可行性研究阶段。可行性研究前需要完成以下工作:项目经理的任命;研究小组的成立或研究任务的委托;工作圈子的指定;研究深度和广度要求以及研究报告内容的确定;可行性研究开始和结束时间的确定以及工作计划的安排等。此时需要成立一个规模不大的项目领导小组,项目的参加单位不多,主要为咨询公司(做可行性研究)和技术服务单位(如地质的勘探单位),一般为寄生式或线性组织形式。

2) 设计和计划阶段

项目立项后,进入设计阶段。此时,工程项目的性质和业主的性质决定了业主组织的性质。根据《关于实行建设项目法人责任制的暂行规定》,国有单位经营性基本建设大中型项目在建设阶段必须组建项目法人,但其他项目并无明确规定。再结合工程项目特点的多样化,这个阶段项目组织形式存在非常大的差别。另外,设计工作管理是否复杂、业主的管理模式、工程任务的发包方式,都对这个阶段的工程项目组织形式产生影响。通常这个阶段的工程项目组织形式有线性或职能式项目组织形式。

3) 施工阶段

一般而言,施工阶段的组织规模要比设计阶段大,其组织形式也较为复杂。与设计阶段相同的是,业主的管理模式、工程任务的发包方式以及工程项目的规模都对这个阶段的工程项目组织形式产生影响。一般大型项目采用矩阵式居多,特大型可采用项目群组织,小型项目可采用线性或职能式项目组织形式。

4) 运行阶段

在交付使用后,根据工程项目不同的使用性质、工程项目筹资模式以及运行维护工作的分配模式,原工程项目组织会产生不同的变化。一般采用公司或者公司的某个子公司的组织形式进行运作。直到工程项目结束,工程项目组织解散。

虽然在工程生命期中,工程项目组织形式变化很大,甚至有时在表面上没有继承性,但由于它们都是面向同一个工程,有共同的目标,其变化有一定的规律性。工程项目全生命周期的不同阶段有不同的工程组织形式。不同类型的工程,在其全生命周期内,其组织结构存在较大的差异。一般来说,工程项目组织在全生命周期中的组织结构如图2-11所示。

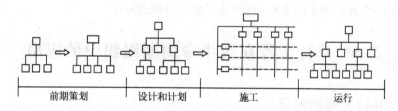

图 2-11 工程项目组织全生命周期组织变迁一般规律

根据以上分析,工程项目组织在全生命周期内的变迁存在以下规律:

(1) 工程项目组织在其全生命周期内遵循着"简单组织"到"复杂组织"再到"简单组织",最后随着工程项目的结束,工程项目组织解散的过程规律。

(2) 不同类型的工程项目,其组织变迁形式在全生命周期内存在较大的差异。

(3) 工程项目组织在其全生命周期内的变迁受到工程项目性质、业主性质、项目规模、筹资模式、业主管理模式及工程项目任务发包方式的影响。

2.2.5 工程项目全生命周期组织变迁的特点

工程项目组织是由项目的行为主体构成的系统。由于社会化大生产和专业化分工,一个项目的参加单位(或部门)可能有几个,几十个,甚至成百上千个,常见的有业主、承包商、设计单位、监理单位、分包商、供应商等。他们之间通过行政或合同关系联结而形成一个庞大的组织体系,为了实现共同的项目目标承担着各自的项目任务。项目组织是一个目标明确、开放的、动态的、自我形成的组织系统。从上面的分析可知,工程项目组织变迁必然存在以下特点:

(1) 目标明确性

工程项目组织变迁是有计划的变迁,其目标非常明确,即按照时间的安排,选择合适的工程项目任务承担者进入工程项目工作,并按时完成合同工作内容。

(2) 开放性

工程项目组织是一个系统,与环境有着复杂的边界,承担着环境中能量、信息、物质等输入的转换工作,环境无时无刻不对工程项目组织产生各种影响。

(3) 自我形成

工程项目组织作为一个独立的系统,外界环境对工程项目组织的能量、信息、物质等输入是平权输入,组织内的管理模式和组织形式都由业主决定,承包商的组织形式由承包商决定,体现出自我形成的特点。

(4) 复杂性

现代工程项目的特点以及专业化分工,使得参与工程项目建设的组织数量众多,这本身就体现了工程项目组织变迁的复杂性。同时,工程项目组织的变迁,还受到内外环境各种因素的影响,更增加了变迁过程的复杂。

2.3 并行工程在全生命周期组织中的应用

2.3.1 并行工程的内涵

并行工程(Concurrent Engineering,CE)的出现,源于全球经济一体化的形成和发展。20 世纪 80 年代,各国企业为了更好地适应市场的变化,赢得竞争优势,纷纷采用新思想、新方法、新技术来改善自己的产品开发模式。在 CAD(Computer Aided Design)和 CIMS(Computer Integrated Manufacturing Systems)技术基础上,制造业领域涌现出了一批先进的制造技术(Advanced Manufacture Technology,AMT)和方法,从根本上改变着企业传统的串行作业(Sequential Engineering,SE)模式。在此基础上,并行工程思想应运而生。

目前业内和学术界比较认可的并行工程定义是由美国国家防御分析研究所(Institute of Defense Analyze,IDA)于 1988 年在著名的 R-338 报告中提出的:指集成、并行的设计产品及其相关的各种过程(包括制造过程和支持过程)的系统方法。这种方法要求开发人员从一开始就考虑产品整个生命周期中(从概念形成到产品报废)的所有因素,包括质量、成本、进度计划和用户要求,等等。从并行工程的定义可以看出,并行工程不是对 CIMS 的否定,而是进一步的深化和发展。

从字面上去解读并行工程的内涵往往容易把其理解为设计和制造的同步。由于体制和制度的限制,加之一些活动的逻辑关系是无法突破的,这也必然导致这些活动之间存在着时序上的前后关系。正确的观点是并行工程要求在设计时尽可能地考虑到制造时的所有因素,而承担制造阶段作业任务的部门和组织也要尽可能早地把自己的意见反馈回来。由于任何产品的设计开发在宏观上都是串行的,微观活动可以通过过程的改进和信息的预发布来实现局部的并行,以减少不必要的等待时间。因此并行工程的核心思想体现在各种活动的协同上,而非简单的时间上的同步。

并行工程理论自提出以来,基本概念并没有发生太大变化,但其内涵却不断地深化,应用领域也在向多个行业拓展。并行工程已成为支持现代企业适应市场发展的重要方法之一。将其运用于工程项目组织也是可以考虑的。

2.3.2　并行工程应用的必要性分析

现代工程项目组织——特别是一些大型项目组织——通常都是非常复杂的组织系统,其全生命周期管理过程中,会呈现出以下特点:

(1) 实施周期长,参与单位、部门、人员众多,调用大量社会资源,且需要采取不同的专业技术;

(2) 同制造业相似,在实施过程中存在着许多重复工序和管理流程;

(3) 项目的实施在各个组织单元之间的相互作用与联系过程中实现,需要多部门、多专业之间的相互协作;

(4) 强调工程项目组织的全生命周期集成化管理理念以及质量、职业、健康、安全、环保等一体化管理体系的实施。

从控制和协调项目组织单元及项目的参与主体来说,可以借鉴并行工程的思想,建立一种基于并行工程的工程项目组织运作模式,从而将内容繁杂的项目组织活动与项目参与主体纳入一个整体系统中,通过信息流的反馈与循环,对项目运作进行管理和控制。

并行工程的推广,可以从工程项目组织层面上解决当前项目组织运作过程中存在的诸多弊端,达到提高项目组织效率的目的。

2.3.3　基于并行工程的全生命周期集成化组织模式

从并行工程的特性,以及对并行工程组织架构问题的研究可以看出,目前常见的项目组织形式并不能满足并行工程的实施需要。由于"并行化"的实施过程对项目组织的沟通、运作、协调、控制都提出了极高的要求,因此有必要重新审视面向并行工程的项目组织架构问题。而并行工程的推行实践也表明,组织模式的设计与改进是实行并行工程作业模式的重要前提。

并行工程的实施强调过程的集成与重组,要在工程项目的一开始就考虑到整个工程项目生命期内的各种因素。而要实现这一目标,需要参与工程项目组织的人员能够加强沟通,相互协调,紧密协作。从系统的观点来看,追求整体最优,须考虑到每一个参与主体对工程项目的贡献。现代工程项目的运作,涉及众多的企业组织和部门,要想提高工程项目的运作效率,各相关企业和部门的通力协作是非常必要的。因此,对于工程项目组织的集成,可以以业主(或业主聘请的项目管理公司)为中心进行集成,成立围绕项目运作的多功能、跨部门的集成化项目组织——IPO(Integrated Project Organization),如图2-12所示。

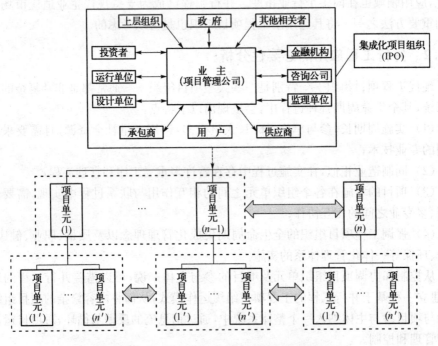

图2-12 基于并行工程的集成化项目组织

图2-12中所示的组织由上层组织和工程项目全生命周期所涉及的每个参与单位和相关者组成,是包括工程项目组织所有成员的松散的集合体。如此集成的工程项目组织是一个动态变化的团队,可随着项目实施过程中的阶段不同、任务不同而进行部门与成员的增删。在项目实施过程中,各个参与主体依靠合同关系联结在一起,并通过业主由两两对应关系变为多方对应关系,加强了各方的沟通,其

相互间协同工作的实现可依靠现代发达的通信、计算机与互联网技术。

集成化项目组织可纵向分为三个组织层次：

（1）决策层——以 IPO 领导为核心，负责制定项目战略方向和对重大问题做出决策。

（2）协调层——负责项目组织的协调管理，以及项目实施过程的监控与优化工作。

（3）执行层——负责实质性工作，直接面向市场、面向用户、面向项目。

其中，设计与施工组织由若干个功能互补的人力资源单元组成，是工程项目实施中最重要的基层团队。各项目单元服从于项目的共同目标、绩效要求和通用规则，共同为项目运作全过程负责。

如此构造的工程项目组织具有以下特点：

（1）快速响应，针对不同的项目任务迅速组建新的基层团队，生成相应的运作过程，迅速集成，对复杂多变的市场和业主新的需求做出快速响应。

（2）并行协同工作，实现资源优化，在每个运作阶段，随时安排和调用专业、技能互补的人力资源协同工作，最大限度地利用资源，充分发挥人才专业和经验方面的特长。

（3）全局优化，整个运作过程置于统筹管理之下，明确分工和进度，保证质量、成本、时间、环境、可靠性要求，实现建设项目全局优化。

复习思考题

1. 全生命周期项目组织的四个阶段各有哪些特点？
2. 不同类型的工程项目组织，在其变迁过程中具有相同点吗？如有，是哪些？
3. 举例说明某一类型工程的全生命周期组织变迁的规律。
4. 并行工程在工程项目组织中有必要应用吗？若有，请谈谈其必要性。

第3章 工程项目组织的体系构成

3.1 概述

工程项目组织是由不同的体系构成的。

(1) 工程项目组织的价值体系,是指导整个工程项目组织运行的一个整体系统。

(2) 工程项目组织的目标体系,除了传统的三大目标,现代工程项目组织还要满足更高层次目标的要求。

(3) 责任体系,与工程项目组织的价值、目标对应,形成不同职责的责任体系。

(4) 根据责任体系,进行工程项目组织流程体系的具体设计。

3.2 工程项目组织的价值体系

工程项目组织的价值体系(Value System)是工程项目组织在一定社会环境中形成和发展起来的,是在一定时代社会意识的集中反映。价值体系是一个整体系统,包含着丰富的内容和诸多要素,是逐渐形成和建立起来的,但一旦形成之后,它又具有相对稳定性。

对于工程项目组织而言,价值体系可以体现为三个层面,一是工程项目目的,二是组织使命,三是组织文化。

3.2.1 项目目的

目的是指想要得到的结果,工程项目的目的是取得成功的工程,即能够通过建成后的工程运营,为社会、上层系统提供符合要求的产品或服务。对于一个工程项目而言,其目的应该是唯一的,而且应该在工程项目构思阶段就得以确立。项目目的是组织使命、组织文化和组织目标的基础。

项目目的必须根植于社会和上层系统,因为工程项目和工程项目组织本身就是社会的一个组成部分,而且与社会紧密相关。工程项目组织虽然具有临时性和一次性的特征,但是在其存在的全生命周期过程中,需要一种持续性,一种超越个人或者组织的持续性,这种持续性就应该是项目目的所要达到的。项目目的和管理学大师彼得·德鲁克(Peter F. Drucker)于1974年提出的"企业的宗旨(Purpose)"有类似之处,德鲁克认为"只有明确地界定了企业的宗旨(Purpose)和企业的使命,才有可能确定清晰而现实的企业目标(Objectives)。企业的宗旨和使命是确定优先次序、制定战略、编制计划、进行工作安排的基础,是进行管理工作设计,特别是进行管理结构设计的出发点"。项目目的也是如此。一个工程项目组织应该是为了项目目的和特定的组织使命而存在的。

3.2.2　组织使命

使命的本义是指重大的责任。现代工程投资大,对社会的影响大,工程项目建成后的运营期长,所以工程项目承担很大的社会责任和历史责任。而工程项目的组织使命则代表着该工程项目组织对于社会的一份承诺,集中体现了该组织的价值目标。组织使命与工程项目组织的特殊性有很大关系。每个工程项目组织都必须有自己的组织使命。任何一个工程项目组织都是为完成一定的组织使命而建立和发展的,所以组织使命是一个工程项目组织存在和发展的根本动因和前提条件。

3.2.2.1　组织使命的内涵

(1) 满足上层系统的要求

工程项目最根本的目的是通过建成后的工程项目运营为社会和上层系统(如国家、地方、企业、部门)提供符合要求的产品或服务,以解决上层系统的问题,或为了满足上层系统的需要,或为了实现上层系统的战略目标和计划。

这个目的决定了组织使命首先是满足上层系统的要求,切实解决上层系统的问题。

(2) 承担社会责任

现代工程项目投资大、消耗的社会资源和自然资源多,对环境影响大。随着市场经济的充分发展,工程项目组织只有担负起更大的社会责任,才能赢得工程项目相关者和社会各方面的信任以及相对的竞争优势。工程项目组织必须以不污染、不破坏社会环境等方式来保护社会环境不受影响。因此,有必要建立基于社会责任的工程项目的组织使命理念,这种理念应该为工程项目组织的每一个成员所熟悉、遵循并努力去实现。

(3) 承担历史责任

一个工程项目的整个建设和运行(使用)过程有几十年,甚至几百年。所以,它不仅要满足当代人的需求,而且要承担历史责任,能够持续地符合将来人们对工程项目的需求,必须有它的历史价值。

工程项目的历史价值反映到工程项目组织的组织使命上就是要承担历史责任，即要对工程项目能持续地符合将来人们对工程项目的需求承担责任，这就要求工程项目组织的各参与者在设计、施工、运行各阶段都要承担这部分责任。

3.2.2.2 组织使命的作用

由于工程项目组织的特殊性，使得其组织使命具有特别重要的作用。

(1) 产生工程项目的组织文化

由于工程项目组织是一次性的，所以工程项目组织很难建立自己的组织文化。而工程项目组织使命的提出恰好解决了这一难题。工程项目组织使命体现了工程项目组织特定的价值目标，决定了工程项目组织的价值观，并以价值观为核心形成了工程项目的组织文化。

具体来说，工程项目组织使命使工程项目组织成员产生使命感，而使命感使工程项目组织成员的工作动机被捆绑在了一起，所有工程项目组织成员可以不再计较个人的得失，义无反顾地去追求组织目标。在共同追求组织目标的漫长过程中，工程项目组织中所有成员逐渐拥有了共同的价值观和信念，他们为共同的目标和经历，以及他们所代表的一切感到骄傲。而这一切表明了工程项目的组织文化已经形成并正在发挥作用。这一从组织使命到个人使命感，直至形成共同价值观的过程正是组织文化的产生过程。

(2) 工程项目组织成员的道德基础

工程项目组织使命给工程项目组织成员提供了一种理想，鼓励他们将其专业知识用于对工程项目有价值的工作上。组织使命在工程项目组织成员的心目中得到贯彻，转变成工程项目组织成员自己的道德追求。具有这种道德追求的工程项目组织成员不需别人指导他们如何做事，只要他们愿意，认为有价值，就会把工作做到最好。他们需要的是做事的价值以及如何与同伴有效的合作。因此，对于他们而言，重要的不是在于如何做事，而在于如何做人。因此，工程项目组织的使命成为工程项目组织成员的道德基础。

(3) 工程项目目标的出发点

只有各个工程项目组织成员的工作对工程的组织活动做出期望的贡献，工程项目目标才可能实现。要使所有工程项目组织成员积极主动、想方设法完成工程项目目标，组织使命是解决这一问题的关键。

因此，工程项目的目标源于工程项目组织的使命，并将组织使命转化为特定的、具体的、可衡量的标准。组织使命为工程项目目标的制定设立了限制条件，是工程项目目标的出发点。

(4) 组织凝聚力的根源

组织使命能使工程项目组织成员对工程项目组织具有认同感和归属感，能建立组织成员与工程项目组织之间的相互依存关系,使个人的行为、思想、感情、信念、习惯与工程项目组织的目标有机地统一起来,形成相对稳固的文化氛围,凝聚成一种无形的合力与整体趋向,激发工程项目组织成员努力去实现工程项目组织的共同目标。组织使命所产生的这种组织凝聚力并不是牺牲工程项目组织成员个人一切的绝对服从,而是在充分尊重其个人价值、承认其个人利益、有利于发挥其能力的基础上产生的一种群体意识。

(5) 工程项目组织沟通的基础

组织使命为工程项目组织成员的沟通提供了基础。工程项目组织使命决定了工程项目总目标,能使工程项目组织成员对工程项目总目标达成共识,并且在行动上主动协调,减少组织之间的矛盾和争执,共同完成工程项目的总目标。在此基础上,工程项目组织沟通就相对容易了很多。作为工程项目组织沟通的基础,组织使命必须简明易懂,不易发生误解,在此基础上才有可能建立畅通的沟通网络。

3.2.3 工程项目组织文化

本书所研究的组织文化,是指组织的主文化(Dominant Culture)。一个组织中往往会存在主文化和亚文化(Subculture),主文化体现的是一种核心价值观,为组织大多数成员所认可,一般所说的组织文化就是指组织的主文化。因为工程项目组织的离散性,在工程项目组织中,一般都会存在亚文化,这些亚文化通常是由于组织内部不同参与方、不同部门的间隔而形成,或者是非正式组织内部形成的,亚文化的存在肯定会对项目组织成员产生影响,进而对主文化产生影响。

一个高效的工程项目组织应该是有其主文化存在的。如果工程项目组织没有主文化,而只是由多种亚文化构成其组织文化,那么项目组织中对于组织成员行为就缺乏统一的衡量标准,缺乏共同的价值观,这种工程项目组织被认为是缺乏组织效能的,是不能成功达到预期的目的、组织使命和目标的。大型工程项目组织中,由于参与单位众多,亚文化对项目组织成员的影响会比较明显。因此,在工程项目组织中,特别是大型工程项目组织中,组织文化(主文化)会受到亚文化的影响,有时不会表现得很明显,这就导致部分人会认为工程项目组织中不存在组织文化。

3.2.3.1 组织文化的内涵

组织文化的概念早在霍桑实验中就间接提到过,那时称为工作小组文化。然而,组织文化一词的正式出现是在20世纪70年代。1970年美国波士顿大学组织行为学教授S.M.戴维斯在其《比较管理——组织文化展望》一书中,率先提出组织文化这一概念。1971年彼得·德鲁克在其《管理学》一书中,把管理和文化明确联系起来,认为"管理也是文化,它不是'无价值观'的科学"。1979年Pettigrew在《管理科学季刊》发表"组织文化研究"一文,组织文化一词进入美国的学术界。

1980年,美国《商业周刊》杂志以醒目标题报道"组织文化"问题。接着美国权威性杂志《斯隆管理评论》、《哈佛商业周刊》、《加州管理评论》、《幸福》、《管理评论》等,先后以突出篇幅讨论"组织文化"问题。从此,组织文化成为组织领域研究的主流问题。目前,对于组织文化的概念,有多元化的态势,诸如认为组织文化是优势的价值(Deal,Kennedy)、团体规范(Kilmann,Saxton,Serpa)、组织的哲学(Ouchi)、组织气氛(Schneider)、意识形态(Goll,Sambharya)、共享的意识(Lorsch)、心智模式(Hofstede)、基本假设(Schein)、组织策略(Weick)、组织象征(Pettigrew)、组织灵魂(Gallagher)等。国外的学者大多把组织文化看成是组织内,在长期的生产经营中形成的特定的文化观念、价值体系、道德规范、传统、风俗、习惯和与此相联系的生产观念。组织正依赖于这些文化来组织内部的各种力量,将其统一于共同的指导思想和经营哲学之下。关于组织文化的定义至今仍没有统一的标准,有代表性的、影响较大的是Schein关于组织文化的定义。Schein认为组织文化的内涵如下:特定群体所发明、发现和发展的,用于学习应对外部环境和内部整合问题的基本假设的形式,这些形式运作良好足以显示出成效,因而它们成为教育员工用以知觉、思考和感受组织问题的实际方式。我国学者关于组织文化的定义基本上是借鉴了国外学者的观点,认为组织文化是组织的价值观、行为方式、精神现象等。

在众多关于组织文化的研究中,以下几点是对组织文化的共识:

(1) 组织文化确实存在;

(2) 每一种组织文化都有其独特性;

(3) 组织文化是社会建构的观念;

(4) 组织文化为组织成员提供一种了解、认知事件和符号的观点;

(5) 组织文化是组织行为的重要指标,仿佛是一种"组织的控制机制,非正式的支持或者抑制某些行为"。

3.2.3.2 工程项目组织文化的概念

工程项目组织的组织文化是指:在工程项目组织发展过程中形成的,体现工程项目组织核心价值观的,组织成员共同的思维方式和行为方式。其内涵应包含以下方面的内容:

(1) 组织文化是在项目组织的发展过程中形成的,在组织中无意识地产生作用,使组织成员用基本一致的舆论倾向解释组织所发生的事情。工程项目组织的创立者(如投资人)和项目组织的参与方的企业文化对其形成起着重要的作用。

(2) 组织文化体现工程项目组织的核心价值观。组织文化总是以整个项目组织的价值体系为基础,突出整个项目组织所重视的方面,是整个项目组织的核心价值观的基本体现。

(3) 组织文化是组织成员共同的思维方式和行为方式。组织文化具有固定的基本假设和信念,符合这些基本假设和信念的行为方式会得到项目组织的认可而获得奖赏,不符合的行为方式会受到指责和排斥。因此,组织文化表现为组织成员共同的思维方式和行为方式。

(4) 组织文化可以使一个工程项目组织和其他项目组织不同。每个工程项目组织拥有其独特的组织文化,两个工程项目组织的组织文化有可能类似,但决不会完全相同。

组织文化是直接影响工程项目组织成员,并且能够通过项目组织成员的行为得以表现的。

3.2.3.3 工程项目组织文化的特殊性

工程项目组织中的组织文化因为其载体为工程项目组织,因此有其特殊性,主要表现在:

(1) 受亚文化影响较大

组织文化是工程项目组织整体的文化,而亚文化是组织内部的部门、分系统、群体以及非正式组织的文化。一个大型组织内部有不同的部门、不同的参与单位,还存在数量众多的非正式组织,这些群体都有可能形成自己特色的文化特征,这些群体的文化特征就构成了区别于组织内其他文化特征的亚文化。亚文化有自己的特色,与项目组织文化之间总有或大或小的差异。

对于企业组织来说,即使组织中存在亚文化,也仅限于各部门或者非正式组织之间存在。但对于工程项目组织来说,其亚文化不仅存在于部门之间,还包括其参与单位的企业文化,以及非正式组织的组织文化。工程项目组织,特别是大型工程项目组织,是跨企业的组织形式,其参与单位和部门众多,导致其亚文化种类繁多,对组织文化影响较大。而且,由于在全生命周期中,工程项目组织的参与单位会发生变化,导致其亚文化也会有变化,对组织文化的影响也会发生改变。

(2) 组织文化的凝聚力不强

组织文化很明显具有凝聚作用。但是由于工程项目组织的离散性以及众多亚文化的存在,导致工程项目组织中的组织文化不一定是一种强文化,因此,其产生的凝聚力也就相对较弱。对于不同的工程项目组织,其组织文化产生的凝聚力会随着其组织规模、组织发展时间、人员流动等有所不同。

对于一个组织而言,组织文化一旦形成,就是相对稳定的,通常只是十分缓慢地变化,工程项目组织的组织文化也不例外,尽管会受到亚文化的干扰,工程项目组织是一个柔性组织,相对应的管理方式应该也是柔性管理,因此,通过对项目组织的组织文化进行引导来管理组织是十分适合的,这也是研究工程项目组织的组织文化的主要原因。

3.2.3.4 工程项目组织文化的结构

基于不同的组织文化定义,组织文化的结构划分也不尽相同。组织文化结构方面的理论研究主要包括:Schein 的组织文化的三层次理论;组织文化的四层次理论;S. P. Robbins 的组织文化 7 维度理论;Pascale 和 Athos 的 7S 框架理论等。虽然这些理论发展了组织文化的综合框架,但在组织文化的综合理论研究、定量化研究方面做得还不够。

Denison 和他的同事采用包括 60 个项目的调查问卷,在对 1 000 多家企业、4 万多名员工长达 15 年研究的基础上,建立了 Denison 组织文化模型。该组织文化模型以有效组织的四个文化特性为基础,阐述了组织文化的构成和内涵。这四种文化特性分别是参与性(Involvement)、一致性(Consistency)、适应性(Adaptability)和目的性(Mission),而每个特性又包括 3 个因素,即一共包括 12 个因素。Denison 的组织文化模型是在大量实际数据和多年实证研究的基础上建立的,既有理论框架结构,又可以用作定量分析。

在广泛查阅了管理心理学、组织行为学、人力资源管理等领域的相关文献后,发现 Denison 的组织文化模型具有很强的操作性,在我国的企业组织文化研究中也有实证案例,证明比较适合我国的组织形式。因此被选作工程项目组织中组织文化结构建立的基础。

根据工程项目组织的特征,参考 Dension 的组织文化模型,对原有的组织文化模型中所包含的每个文化特性及其包括的因素进行一定的修正后,建立工程项目组织的组织文化模型,如图 3-1 所示。工程项目组织的组织文化模型和 Denison 的组织文化模型所包含的文化特性都是 4 个,但是每个文化特性的具体含义都是不同的,而且每个文化特性所包括的因素的数量和含义也不尽相同。

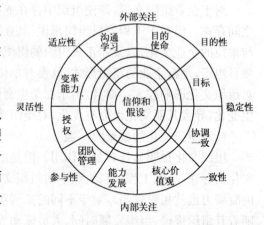

图 3-1 工程项目组织内组织文化结构模型

工程项目组织的组织文化模型中,各文化特性及其包括的各因素的含义如下:

1) 参与性:组织文化的参与特性包括授权、团队管理和能力发展三个因素。

(1) 授权:有效项目组织的组织文化强调向员工授权,重视员工的参与管理,授权层次体现项目组织人员能否被有效授权,并承担相应的责任,同时体现授权后的项目组织人员是否具备工作积极性。

（2）团队管理：项目组织由各项目团队构成，以团队为导向，根据团队的绩效进行考评，并制定相应的管理措施，团队导向层次体现项目组织人员是否能有效合作，形成团队力量。

（3）能力发展：项目组织注重发展员工的能力，愿意为发展员工的能力投资，愿意不断投入资源培训人员，使其具有竞争力，跟上项目发展的需要，同时满足人员不断学习和发展的愿望。

2）一致性：一致性包括核心价值观和协调一致两个因素。

（1）核心价值观：有效的工程项目组织应该具有强文化，而且强文化有高度一致性，这种高度一致性能使工程项目组织变得协调，并形成一个整体。项目组织有明确的行为标准，明确的行为标准是组织核心价值观的基础，通过明确的行为标准能够体现组织的核心价值观。

（2）协调一致：协调一致是指项目组织中各部门和单位之间能够密切合作，组织具备足够的能力让所有人行为一致，并在关键问题上达成一致意见。

3）适应性：适应性包括变革能力和沟通学习两个因素。

（1）变革能力：组织能根据外部环境变化，及时实施变革，调整组织结构、承发包方案等。

（2）沟通学习：组织之间相互为对方考虑，考虑到其他方的需求，并能根据外部环境变化及时学习新知识。

4）目的性：这里的目的性指目的使命和目标两个因素。

（1）目的使命：项目组织应该通过建成后的工程运营，达到为社会、上层系统提供符合要求的产品或服务的目的，具有自身的组织使命，并且能得到所有人的认同，会为此而努力，并为实现目的和使命而感到兴奋。

（2）目标：项目组织应该具有明确的目标，并且公开让所有的项目组织参与者都感受到。

组织文化模型中四个特性的关系如图3-2和图3-3所示。

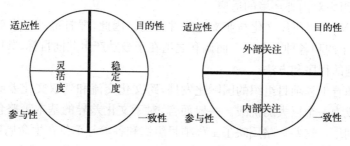

图3-2 工程项目组织文化特性图

图 3-2 中,位于左侧的参与性和适应性这两个文化特征注重变化与灵活性,体现工程项目组织适应环境的灵活程度和变革能力;位于右侧的目的性和一致性这两个文化特征体现工程项目组织保持可预测性及稳定性的能力。同时,位于上部的适应性和目的性这两个文化特征与工程项目组织对外部环境的适应性相关。位于下部的参与性和一致性这两个文化特征强调了工程项目组织内部系统、组织结构以及流程的整合问题。

从图 3-3 可看出,强调灵活的适应性与关注内部整合的一致性存在矛盾。自上而下的目的性与自下而上的参与性之间存在矛盾,同时这四个文化特性又是共存于同一个工程项目组织的组织文化中的,相互影响,达到一种平衡状态。不同的工程项目组织,其组织文化结构肯定是不同的。甚至可以说,没有两个工程项目组织,其组织文化结构是完全相同的,组织文化结构中不同特性的不同因素所占的比例以及对工程项目组织的影响程度,肯定不会完全相同。

图 3-3 工程项目组织文化特性关系图

3.2.3.5 工程项目组织文化管理

(1) 组织文化一旦建立,就有自己的生命力和运行方式,有自己的代际传播(老的组织成员传递给新的组织成员)路径,呈现出相当的稳定性。在组织文化的建立过程中,业主(投资者)的作用非常明显,在工程项目组织中尤其如此。业主(投资者)在组织文化的建立和管理中扮演着重要的角色。在工程项目组织的生命周期中,业主(投资者)创造、深化和传递组织文化。

工程项目组织文化的起源基本上可以归结为:业主(投资者)的信念、价值观和企业文化;随着项目组织变迁加入项目组织成员的学习经验;新项目组织人员带入的新信念、新价值观、新企业文化。这三个来源对工程项目组织文化的形成很重要,但是业主(投资者)的影响是至关重要的,决定了项目目的、组织使命、项目组织成员构成、组织对内外环境的适应。

(2) 工程项目组织文化与亚文化是并存的。因此,要打造一个有效率的项目组织,就在于调和各种亚文化。而调和之道在于鼓励产生共同目标、共同语言和共同解决问题的程序和方法。

(3) 随着工程项目组织的国际化发展,跨文化交流和驾驭文化差异对于国际工程而言成为一个巨大的挑战。一般而言,对于文化差异的基本策略包括:忽略、最小化和利用。这些策略反映了工程项目组织和各参与单位在生命周期不同阶段的关系。

3.3 工程项目组织目标体系

目标是指想要达到的境地或标准。工程项目组织目标是指工程项目组织在项目全生命周期内,对项目目的和组织使命预期达到的境地。要对工程项目目的、组织使命做出基本的解释,就必须将项目目的和使命转化为目标,否则,项目目的和组织使命就只是一种无法转化为成果的宏伟理想和良好意愿。

3.3.1 工程项目组织目标的特征

(1) 可行性

这是首要的要求。如果所确定的组织目标明显超过现实条件,缺乏完成的可行性,那么这种目标对于组织而言是毫无意义的。因此,工程项目组织目标应该是源自项目目的和组织使命的,并能够反映工程项目组织文化。

(2) 明确性

组织目标的选择和表述要明确而不含糊。它必须能够让组织内各层次的人理解和领悟。对于目标的基本原则和具体要求的规定也必须是清晰的。

(3) 全过程性

工程项目管理采用目标管理办法,项目目标贯穿于工程项目管理的全过程。

(4) 统一性和协调性

工程项目组织目标并非单一的,它实际上是一个多种类、多层次、多阶段且相互联系的一个庞大体系。确定组织目标就是要实现各层次目标之间的有效协调和优化。组织目标由上而下必须自成一体,在方向上具有统一性。一般而言,高层目标统领低层目标,阶段性目标服从战略目标。同时,各级目标之间必须有机衔接,能够实现组织成员最大程度的认同。

(5) 层次性

组织目标具有层次性,从层次上分,可以有高层目标、中层目标和基层目标。此外,整个工程项目组织有总目标,而项目组织内的各参与单位、项目经理部的各部门都有自己相应的组织分目标和子目标。这些目标构成了一个复杂的庞大系统。而且,各组织分目标和子目标之间是否存在矛盾,若有矛盾如何解决,会对组织流程、组织设计产生直接影响。

(6) 优先性

组织目标是多元的,在同一层面上可能同时存在多种都必须实现的目标,只是在轻重缓急上具有选择性。

(7) 科学性

这是对组织目标的技术性要求。组织目标的确定是一个高度复杂的技术性工作,必须科学地分析工程项目组织所处的政治、社会、经济环境以及当前和未来需要等客观环境,正确估计主观条件。

(8) 社会性

组织目标不仅要考虑项目组织自身的利益,还要考虑全社会的利益,力求取得社会的认同,不能依靠损害社会来谋求组织私利。当然,不同的工程项目组织,其社会性要求是不同的,大型和特大型工程项目组织要考虑的社会利益更多。

(9) 权变性

组织目标的确定性并不排斥目标随着环境的变化而做出适当的修改。

3.3.2 工程项目组织目标内容

1) 满足项目目标的要求

项目目标应反映工程项目全生命周期的要求,具有更高的层次,能反映上层系统要求。项目目标是体现全生命周期理论的,分为可持续发展、与环境协调、各方面满意和三大目标四个层面,如图3-4所示。作为完成项目目标的行为主体系统,组织目标应满足项目目标的要求,并为完成项目目标而努力。

项目目标中,三大目标是基础性的,要达到各方面满意必须实现三大目标。可持续发展目标的实现必然以与环境的协调、各方面满意和三大目标的实现为前提条件,工程项目的可持续发展能力是项目综合价值的体现。

图3-4 工程项目的目标体系结构

项目目标中所包含的三大目标的内涵已经超越了原有的三大目标的内涵,是更广泛意义上的三大目标。

(1) 质量目标,除了传统的施工过程质量、工作质量和工程实体的质量目标外,更追求的是工作质量、工程质量、最终项目功能、产品或服务质量的统一性,还包括可施工性目标、运行的安全性目标、运行和服务的可靠性目标、可维修性目标。

(2) 费用目标应为工程项目的全生命周期的费用最小或收益最大,而且全生命周期费用不仅包括自身的建设和运营费用,还应包括社会的环境成本。

(3) 时间目标不仅包括建设期、投资回收期、维修或更新改造的周期等,还包括工程项目的设计寿命、服务寿命(物理服务寿命和经济服务寿命)。

2) 工程项目组织责任连续和一体化

工程项目组织在全生命周期过程中,组织结构会发生变化,组织界面也在发生变化,同时和企业以及外界环境间有很多的输入/输出,这使得工程项目组织责任在全生命周期中也是动态变化的,各组织成员和组织机构的责任是不连续的,这会给工程项目实施带来很多问题。因此,工程项目组织责任在工程项目全生命周期过程中的一体化是组织的目标,但这实际是很难达到的。这就要求在项目组织结构变迁过程中,要尽量保证一定工作岗位上职责的连续性,减少组织界面。

3) 和谐的组织关系

工程项目组织人员流动性很大,很少有人能参与到组织的全生命周期的工作。项目组织成员在参与项目组织的过程中,有些是兼职参加的,还要参与企业的专业工作。就算是专职参加项目工作的人员,在刚加入项目组织初期和快要离开项目组织的时期,会有熟悉过程和离开前的焦虑,导致组织摩擦,影响项目工作。因此,保证和谐的项目组织关系是确保项目成功的基础,而对于项目组织而言,流动性越大的项目组织,组织摩擦越大,和谐的可能性也就越小。因此,对于同类工作,尽量按照同类人员参加,减少人员轮换的频率。同时,减少成员加入项目组织后相互熟悉的时间,提供良好的氛围加快项目组织成员之间的熟悉程度,使他们能够熟悉对方的工作方式。在成员离开前,要明确告知其去向,减少离开前的不良情绪,以确保组织的和谐度。

4) 顺畅的沟通渠道

对于现代组织而言,沟通很重要。沟通渠道也很多,有正式的,也有非正式的。正式的沟通渠道主要通过合理的组织制度、流程、信息系统设计来完成。而非正式的沟通渠道是以组织使命和组织文化来构建的。对于不同的组织结构,沟通渠道的复杂程度是不同的。一般而言,线性组织、职能式组织大多是纵向信息流,而矩阵式组织就有纵横交错的信息流,沟通渠道更为复杂。但同时,矩阵式组织的氛围更为开放,其非正式沟通渠道也会更为顺畅。

3.3.3 工程项目组织目标类型

(1) 总目标、分项群体目标和个人目标

工程项目组织目标具有层次性,这也是其特征之一。其中总目标是工程项目组织的最终目标,和工程项目的总目标具有一致性,而分项群体目标是指工程项目各参与单位根据合同内容所确定的群体目标。个人目标是指项目组织各成员的个人目标。

总目标和分项群体目标之间的关系,应该是分项群体目标为总目标服务。如

果有矛盾,要根据总目标进行分项群体目标的调整。如果两者之间的矛盾是不可协调的,则说明项目组织本身有问题,或者牺牲分项群体目标,确保总目标。当然,这一过程中需要进行相当多的组织工作。

个人目标理论上首先要满足总目标的要求,然后再考虑分项群体目标。然而实际工作中往往是相反的,这造成了很多的短期行为的发生。

(2) 单一目标和多目标群

从目标的多寡看,有单一目标和多目标群之分。在工程项目组织中,单一目标往往是不存在的,一般都是由多个单一目标组成的相互关联的多目标群。多目标群中各单一目标之间的关系是组织管理的重点之一。要妥善处理局部和整体的关系,使目标之间相互联系,相互支援,形成一个良好的目标矩阵。

(3) 长期目标和短期目标

这是从目标发挥作用的时间长短来划分的。长期目标和短期目标之间的关系应该是对立统一的关系,短期目标应该是长期目标的先决和前提条件,长期目标是短期目标的实施结果。对于不同类型的工程项目组织,由于工程项目组织生命周期的长短不同,长期和短期也是相对而言的。对于一年以内的工程项目组织,长期目标和短期目标是很难区分的。

(4) 定量目标和定性目标

从目标的内容上看,可以如此区分。定量目标,是可以用数字进行描述的目标,如费用、时间目标一般都是定量的;定性目标,如和谐的组织关系等,难以用定量进行描述。两者应该是相辅相成的关系。

(5) 主要目标和次要目标

这是从目标的重要程度进行分类的。主要目标是起支配地位和决定作用的目标,它的存在和发展规定和影响着其他目标的存在和发展。在一个组织的多目标群中可以有若干个主要目标,但都是为了构成同一个总目标而存在于一个统一体中。各个主要目标有的起着不同作用,有的起着相同作用,起着相同作用的目标所占据的时空是不同的。在各主要目标中,也有相对主要和相对次要之分。

次要目标是为了使总目标更加完善而设置或形成的。虽然作用没有主要目标那么大,但是它的存在对总目标有或好或坏的影响。

3.3.4 工程项目组织目标的实施

工程项目管理是目标管理方法,对于工程项目组织而言,组织目标只有实施后取得相应的效果,才能获得项目组织的成功。

1) 组织目标的展开

所谓组织目标的展开,就是要把项目组织的总目标分解到各个参与单位和各个组织成员,使得个人目标、各参与单位的分项群体目标和项目组织的总目标衔接起来,形成一个目标体系或目标网络。为了保证组织目标的实现,必须使项目组织成员的责、权、利相统一,使项目组织成员都活动在责、权、利的目标体系之内。

(1) 目标展开的方法

采用自上而下和上下结合协商的方法进行,如图 3-5 所示。

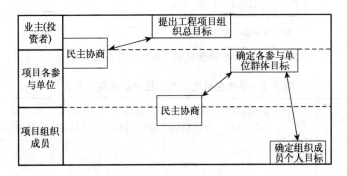

图 3-5　逐层协商目标分解图

为了保证总目标的实现,除协商层层分解之外,还要在分解过程中,层层提出保证措施,使组织目标体系成为目标和措施相互关联的网络,如图 3-6 所示。

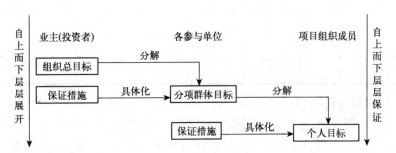

图 3-6　目标和措施相互关联的网络

(2) 目标展开的形式

目标展开的形式主要有两种,一种是纵向展开,也就是分层级展开,如图 3-7 为总承包模式下的纵向目标展开形式。不同的承发包模式,不同的项目组织结构,其组织目标的纵向展开形式会有所不同,但都是纵向展开,从组织总目标开始到项目组织成员个人目标为止。

另一种是横向展开,即把总目标横向展开,排列成旗帜形,又称为旗帜管理表。当然,不同的项目组织形式下,其展开的具体内容会有所不同,表 3-1 为总承包模式下的组织目标横向展开形式。

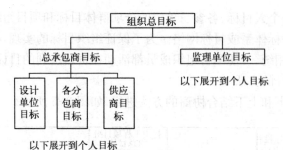

图 3-7　EPC 总承包模式下组织目标的纵向展开

表 3-1　总承包模式下组织目标的横向展开表

组织总目标	类型	现状	总承包商分项目标	设计单位分项目标	分包商1分项目标	分包商2分项目标	供货商分项目标	监理单位分项目标
1 质量	质量	1						
		2						
		3						
2 费用	费用	1						
		2						
		3						
3 工期	工期	1						
		2						

2) 组织目标的控制

组织目标展开后,还要加强其控制和管理。在实施过程中要注意以下方面:

(1) 以目标完成的好坏作为衡量责任者和责任群体的标准,在目标展开后,要层层放权,做到责、权、利的自我控制的管理局面;

(2) 要明确目标的管理部门,负责监督检查和掌握目标实施情况;

(3) 组织领导,如业主代表、项目经理等要定期或不定期地检查或协调目标的平衡情况,及时了解问题,及时解决。

3) 组织目标的考评

目标实际完成程度是考核责任者和责任群体完成好坏的客观尺度,也是目标管理的本质所在。

(1) 每月末、季度末和年末,各项目组织成员、各参与单位要根据设定的目标及完成情况,进行自我评价;

(2) 在自我评价基础上,可以进行个人之间和群体之间的互评;

(3) 在互评基础上,项目组织进行最终评定。

3.4 工程项目组织的责任体系

对责任的理解通常具有两层含义。一是指分内应做的事,如职责、尽责任、岗位责任等;二是指应承担的过失,如推卸责任。

作为一个社会学名词,责任是指一个人不得不做的事或一个人必须承担的事情,分为社会责任、家庭责任和学习责任。由此可以看出,社会学对责任的内涵解释偏向个人角度,责任体现了一个人的心态、态度、原则、作风、风格、习惯、思想;体现了一个人的心智、格局和胸怀;体现了一个人的使命、生活空间和追求;是一个人人生观、价值观和世界观的体现,是一个人对待人生和生命环境的态度。

从实践层面看,责任是一个系统。根据责任文化研究专家唐渊的观点,责任是一个完整的体系,包含五个方面的基本内涵:责任意识(想干事);责任能力(能干事);责任行为(真干事);责任制度(可干事);责任成果(干成事)。其中,前三个层面是针对人员的,后两个层面是针对项目组织层面的。

项目管理模式多种多样,但万变不离其宗,最终目的是要让项目组织中的每个成员都尽到自己的职责,做好应该做的事情。"责任"是管理的基础、目标、落点,工程项目的责任体系就是以此建立的。

3.4.1 责任体系的目的、依据和结果

1) 责任体系建立的目的

工程项目组织责任体系建立的目的是:使工程项目组织的所有成员具有责任意识,具备责任能力,做出责任行为。

(1) 责任意识

责任的重要性需要传递到每个项目组织成员身上,并需要将负责任的观念落实到全体项目组织成员,培育项目组织的责任文化,提高项目组织的整体领导力和执行力。要让项目组织的每个成员都有这样一种责任意识:"责任就是机会",或者说"责任等于机会";事情越多表明你越重要,困难越多越能证明你的能力;责任越大机会越多,责任越小机会越少。

(2) 责任能力

责任能力简单地说就是指每一个项目组织成员对其违反责任意识和组织责任体系所承担责任的能力。不同的项目组织对责任能力的定义是有所不同的。如成本责任能力是指承担成本责任的项目组织成员独立完成成本责任管理的主观条件;进度责任能力是项目组织成员在进度管理方面所体现出的使得实际进度与计

划进度相符的控制能力。项目组织的责任能力需要组织制度的确立和保障,更需要项目组织成员的主观条件的支持。

(3) 责任行为

责任行为是指项目组织成员所做出的符合责任意识和责任能力的责任行为。其中,责任意识和责任能力是前提,而责任行为是结果。

2) 责任体系建立的依据

责任体系的建立,要依据项目目的、组织使命和项目目标,以及各项组织制度、项目流程、项目管理规程等。

3) 责任体系建立的最终结果

建立责任体系,就是希望能圆满完成工程项目目的、组织使命的要求,达到项目组织的目标。

3.4.2 责任体系的分解

工程项目组织具有自身的目的、组织使命,其责任体系也可以分为社会责任体系和项目组织自身的责任体系两部分。

1) 社会责任体系

社会责任是一种职责或任务。它伴随着人类社会的出现而出现,有社会就有责任,身处社会的个体成员和项目组织都有必须遵守的规则和条文,带有强制性。社会责任体系包括个人责任和集体责任。对于工程项目组织而言,个人责任指项目组织中一个完全具备行为能力的成员所必须履行的职责。集体责任指一个项目组织必须去承担的一种职责。社会责任的追究一般以法律等有明文规定的为准。

2) 项目组织自身的责任体系

项目组织自身的责任体系是指项目组织这个群体自身所应承担的责任。根据项目组织结构图,可以进行进一步的细分,分解为项目组织下属各部门,甚至个人所承担的职责。因此,项目组织自身的责任体系也有个人和集体之分。个人责任主要是指承担该项责任的组织成员的职责,而集体责任则是承担该项责任的一个团队(项目组织的一部分)或整个项目组织的职责。根据项目管理的不同职能,项目组织自身的责任体系又可以分为安全责任体系、成本责任体系、质量责任体系和进度责任体系。

责任体系需要把责任进行分解才能得到有效的实施,而责任的分解是非常复杂的过程,需要通过详细的调研,根据组织结构、合同、组织制度、岗位设置等相关资料分析才能确定。不同的工程项目,不同的承发包模式,不同的项目组织结构,不同的管理流程,都会对责任体系造成影响。对一个具体工程项目组织而言,责任体系的分解过程包括:

（1）广泛的调研和收集资料。包括项目参与单位的相关资料，如部门设置、岗位职责、企业管理制度等。

（2）确定责任体系的类型。这一阶段可以和第一阶段同时进行。如将成本责任体系划分为成本中心、利润中心、费用中心三个类型属于常见的分类，但也可以根据实际情况进行修改，如可以划分为成本中心、准利润中心、完全利润中心、费用中心四类。当然，需要对每种类型进行准确的定义才能进行后续工作，否则很容易导致后续责任划分的不清晰。

（3）按照组织结构图，从上而下进行责任划分。这个过程不仅需要依靠调研和资料，还要进行反复的讨论，参与讨论的人员应是相关责任的中高层管理人员。图 3-8 为项目经理部按照组织结构图进行成本责任划分的结果。

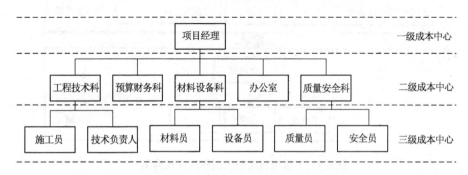

图 3-8 项目组织成本责任中心分解图

（4）根据责任划分结果，继续细分至每个项目组织成员的具体责任为止。

（5）依据之前的划分成果，确定绩效考核指标。

这个责任体系的划分只是单一职能责任体系划分过程，若涉及多个职能的责任体系的划分，这一过程需要反复进行才能完成。

3.5 工程项目组织的流程体系

3.5.1 流程体系结构

工程项目组织的流程是指工程项目组织活动中一系列相互关联的活动的有序组合，它反映了在某种工程项目目标的导向下，这些活动的先后顺序、承转关系、制约、推进和输入/输出的客观规律。在工程项目组织中存在不同层次的流程，形成一个流程体系。

流程体系是有层次的，不同层面的流程对应不同的工程项目组织层次。因此，流程体系可以从工程项目组织基本形式的四个层面进行划分,如图3-9所示。

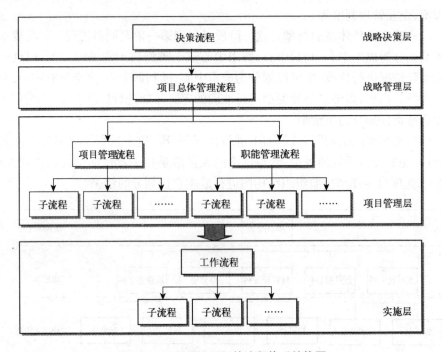

图3-9　工程项目组织的流程体系结构图

从不同的维度,也可以对流程体系进行结构划分:

（1）按照流程输出结果,可以将流程体系划分为工作流程、信息流程、资金流程、设备流程、成本流程、质量流程等。

（2）按照流程范围,可以将流程体系划分为项目组织内部流程和跨项目组织流程。

（3）按流程体系的结构层次范围,可以分为总体流程、局部流程和细部流程。

（4）按工程项目生命周期,可以分为项目前期策划阶段流程、设计和计划阶段流程、施工阶段流程、运行阶段流程。

流程体系中的各个流程和子流程可以用流程图的形式进行表示,将流程中的一系列活动即整个过程作为考察对象,而不仅仅是某项单一的工程组织活动,这样可以实现对流程的全面认识。将每一项工程组织活动按照先后顺序,用图形表示出来,就形成了流程图。

工程项目组织的流程体系和工程项目管理的流程体系既有相同之处,也有不同之处。相同之处在于,它们的绘制方法是相同的,而且有部分流程图也相同。不同之处在于:

（1）工程项目组织的流程体系是针对工程项目组织的，所以既有工程项目管理流程，也有部分职能管理流程和实施层面的专业工作流程；而工程项目管理的流程体系是面向项目管理的，只包括项目管理的流程。

（2）工程项目组织的流程体系是从组织角度进行绘制的，更便于人员责任的落实。

3.5.2 战略层的流程

战略层的流程根据战略层的划分，分为两个层面，一是战略决策层的决策流程，二是战略管理层的项目协调流程。这两个层面的流程都是跨项目组织的或者是处于项目组织顶层的流程，对项目管理层和实施层这两个层面的流程具有指导意义。

3.5.3 项目管理层和实施层的流程

项目管理层的项目管理流程和实施层的专业工作流程是紧密相关的，专业工作流程是实现项目管理流程目标的基础，项目管理流程是对专业工作流程的监督。同时，这两种流程在形成的过程中，也是相互作用的，如图 3-10 所示。

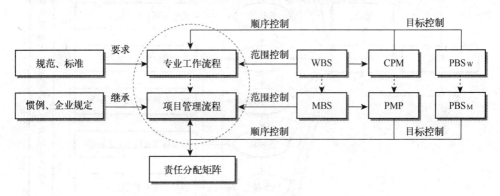

图 3-10 项目管理层和实施层的流程关系

图 3-10 中，WBS 是工作分解结构，MBS 是管理分解结构，CPM 为工程进度计划，PMP 为项目管理计划，PBS_W 和 PBS_M 分别为专业工作和项目管理对应的产品分解结构。

（1）实施层的专业工作流程形成机制

专业工作流程保证了工程项目实施过程的程序化和合理化，它主要反映施工生产的客观规律。专业工作流程的输入是材料、人力、设备等资源，输出是工程项目实体。专业工作流程的形成与 WBS 的层次结构是相对应的。整个 WBS 的流程体系表现为进度计划，它主要由最底层的工作包实现。工作包又由不同的活动构成,这些活动是最底层流程的构成部分,它主要由设计规范、施工工艺标准、验收规范、企业标准等决定。例如工程项目组织的施工流程体系可划分为基础工程、主体工程、机电设备工程、暖通工程等专业工作流程,其中基础工程流程又可以分解为:测量、挖土、钎探、作垫层、作防水、扎钢筋、支模板、浇混凝土、回填土等专业工作活动,它的执行者是工程项目的实施层,它的形成过程与示范如图3-11所示。图中的OBS为组织分解结构。

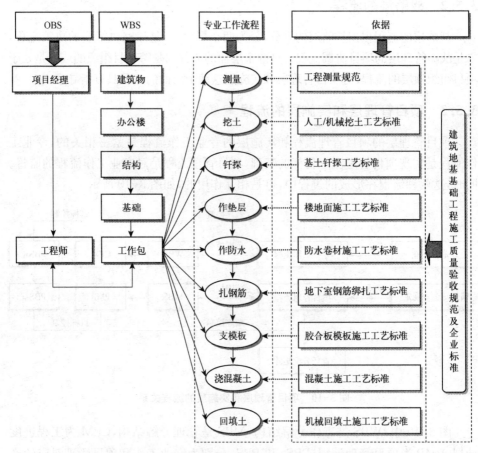

图 3-11　专业工作流程的形成过程及示范

（2）项目管理层的项目管理流程形成机制

项目管理流程是将工程项目管理活动联结成一个有序的、高效的、经济的实施过程,反映项目管理活动的特点,将实施工程项目管理所需的各种管理过程相结合,保证了各专业工程实施和项目组织各部门之间合理的协调。它主要是依据项目组织参与单位的企业管理制度、合同条款等文件制定的。但从机制上,管理流程是通过管理分解结构 MBS 的结构来形成的,在 MBS 的各个层次上形成流程,在最底层的管理工作包的管理活动上,形成最底层的管理流程,并与组织分解结构 OBS 的各个层面相联系。例如在一个工程项目组织中,包括前期策划流程体系、设计和计划流程体系、施工流程体系和运行流程体系,在施工流程体系中,包括施工管理流程,施工管理流程又可以分解到进度管理工作流程,进而又包括进度计划编制、进度计划审批、进度计划实施、进度控制和进度分析等项目管理工作,其项目管理流程形成与示范如图 3-12 所示。

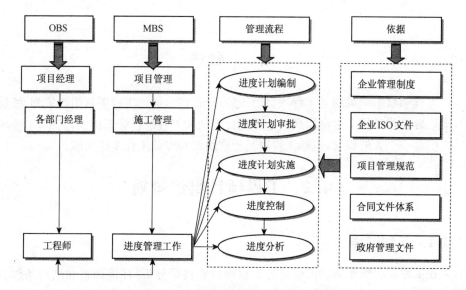

图 3-12　项目管理流程的形成过程及示范

复习思考题

1. 工程项目组织的价值体系包括哪几个层面的内容?
2. 你认为工程项目组织中存在组织文化吗?
3. 你认为工程项目组织文化会对工程项目组织产生什么样的影响?
4. 工程项目组织的目标体系和工程项目目标之间存在怎样的关系? 可以举例说明。
5. 工程项目组织的责任体系在实际工程项目中是否存在? 若存在,请举例说明。
6. 工程项目组织流程根据不同的工程类型,会有所不同吗?
7. 请选择你所熟悉的工程项目,绘制一至两个实施层的专业工作流程和项目管理层的项目管理流程。

第4章

工程项目组织形式

4.1 概述

工程项目组织策划是工程项目组织的形成过程,通过工程项目组织策划,能够形成适合工程项目全生命周期的工程项目组织和工程项目管理组织,其中,工程项目组织是一个大的概念,包括工程项目管理组织和专业工作实施组织。

4.2 工程项目组织策划

4.2.1 策划过程

在工程项目组织策划前应进行工程项目总目标分析,环境调查和制约条件分析,完成相应阶段的工程技术设计、项目范围确定和结构分解工作等。这些是项目组织策划的基础。

工程项目组织策划包括确定工程项目组织目标、确定项目组织实施策略、工程项目组织和项目管理组织结构设计、工作岗位及人员配置、岗位职责及流程的制定和考核等过程,如图4-1所示。

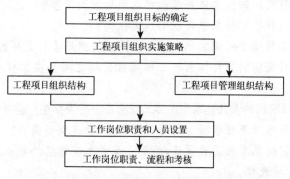

图4-1 工程项目组织策划过程

(1) 确定工程项目组织目标。首先确定工程项目的总目标,随着组织策划的进行,总目标可以不断分解和细化。

(2) 确定工程项目组织的实施策略,主要是确定工程项目组织和项目管理组织结构形式和部门设置情况。这和工程项目的分标策划和承发包模式是直接相关的。

(3) 工程项目组织各工作岗位职责和人员设置。

这一步骤主要确定:工程项目管理组织和专业工作实施组织各包括多少工作岗位?各个工作岗位是干什么的?有哪些具体的职责?

(4) 根据项目组织结构、岗位设置,对各工作岗位的职责进行确定,并对各工作岗位之间的流程进行策划,最后针对已经确定的职责、流程,进行考核标准的设置。

4.2.2 策划依据

(1) 业主方面:工程项目的资本或融资结构,投资者的总体战略、组织形式、组织目标以及目标的确定性,业主的项目实施策略,具有的管理力量、管理水平、管理风格和管理习惯,业主对承包商的信任程度,对工程管理的期望介入深度,对工程项目的质量和工期要求等。

(2) 承包商方面:拟选择的承包商的能力,如是否具备施工总承包、"设计—施工"总承包或"设计—施工—供应"总承包的能力,承包商的资信、企业规模、管理风格和水平、抗御风险的能力、相关工程和相关承包方式的经验等。

(3) 工程项目方面:工程项目的类型、规模、特点、技术复杂程度、质量要求、设计深度和工程范围的确定性,工期的限制,项目的盈利性,项目风险程度,项目资源(如资金、材料、设备等)供应及限制条件等。

(4) 环境方面:工程项目所处的法律环境、市场行为,人们的诚信程度,常用的工程项目实施方式,建筑市场竞争激烈程度,资源供应的保障程度,获得额外资源的可能性等。

4.2.3 工程项目组织形式的主要影响因素

(1) 工程项目的类型和规模:决定了工程项目组织参与单位的数量、参与人员的数量、参与时间的长短等。

(2) 工程项目的资本或融资结构:决定了投资者的组成方式,进而决定业主的组织结构。

(3) 工程项目的分标策划和承发包方式:决定了项目任务的委托方式,决定了工程项目组织结构的基本形式。

(4)工程项目管理模式:决定了业主委托项目管理的组织结构和项目管理岗位的设置。

4.3 工程项目组织形式

4.3.1 针对企业的工程项目组织形式

一个企业有多种项目组织形式可以选择,包括寄生式组织、独立式组织、矩阵式组织和项目群组织。这些针对企业的项目组织形式,各有其使用范围、使用条件和特点。不存在唯一的适用于所有企业或所有情况的最好的项目组织形式,即不能说哪一种项目组织形式先进或落后,好或不好,必须根据具体情况进行选择。

4.3.1.1 寄生式组织

1) 寄生式组织的基本形式

项目小且项目任务不很重要,或者项目偶发的企业可建立寄生式组织,如图4-2所示。

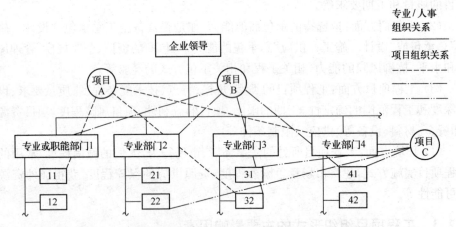

图4-2 寄生式项目组织

寄生式组织中,项目经理可能是企业的某个副总裁(如项目A、B)。有时项目落实给一个职能部门(如项目C),也可由专业部门的职能经理兼职担任项目经理,它又被称为职能(或专业)部门中的项目组织。

寄生式组织是一种弱化的非正式的项目组织形式,项目经理和项目人员都是兼职的,除了项目工作,他们还有自己的职能工作。因此,工程项目组织的功能和作用很弱,项目经理对项目没有或仅有很少正规的指令权、指挥权和决策权。对各参加部门,项目经理类似一个联络小组的领导,从事信息的收集、处理和传递等工作,提供咨询服务。与项目相关的决策主要由企业领导做出,所以项目经理对项目目标不承担责任。项目经理凭借谈判艺术,利用其与各方面的人事关系进行工期和成本监督,协调、激励项目参加人员。

这种项目组织对企业项目组织的运作规则要求不高。如果发生矛盾和冲突,一般通过企业组织协调解决。

2) 寄生式组织的应用

(1) 这种形式适用于偏向技术型的,对环境不敏感的项目。

(2) 在采用职能型组织形式的企业内部,企业为解决某些专门问题,如开发新产品、设计公司信息系统、重新设计办公场所,或完善公司的规章制度,进行技术革新和解决某个行政问题而采用这种项目组织。

(3) 工程项目的前期策划阶段可以采用这种组织形式。

(4) 在高等院校中科研项目一般采用这种组织形式。

(5) 适用于低成本、低经济风险、规模小,且项目各参加者之间界面处理方便,时间和费用压力不大的项目。

3) 寄生式组织的优点

(1) 组织方面

① 寄生在原有的企业组织之上,不需要建立新的组织机构,对企业原有的组织机构影响小。

② 项目组织设置比较灵活。

(2) 人员方面:所有人员都是兼职的,不需要配备专门的项目经理和项目人员。

(3) 资源方面:不需要很多项目资源,项目管理成本较低。

4) 寄生式组织的缺点

(1) 组织方面

① 项目经理没有组织上的权力,无法对最终目标和成果负责,项目目标无法保证。不同职能部门之间的协调困难,常常会引起组织摩擦、互相推诿和因多头领导而带来的混乱。

② 如果项目经理由职能部门经理承担,项目决策可能有助于项目经理所在的职能部门,而不反映整个项目的最佳利益和公司的总目标。

③ 对环境变化的适应性差。

④ 存在其他方面对项目的非正式影响,有拖延决策的危险,缺乏对项目的领导,对项目实施无法进行有效的控制。

⑤ 项目组织本身无力解决争执,必须由企业上层解决。

(2) 人员方面

项目工作作为项目组织成员的一项附带工作，项目责任淡化，组织责任感和凝聚力不强。项目工作缺乏挑战性，企业和项目组织成员对它都不重视，限制了管理人员的发展。

(3) 资源方面：一般较少需要资源，若需要资源，需要企业上层出面解决需求。

4.3.1.2 独立式组织

1) 独立式组织的基本形式

独立式组织需要在企业中抽调不同专业部门的人员，成立专门的项目机构（或部门），独立地承担项目管理任务，并对项目目标负责，如图 4-3 所示。

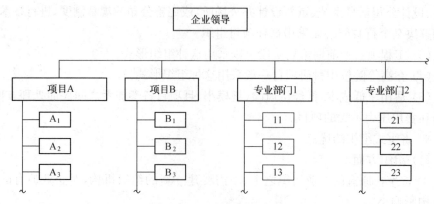

图 4-3 独立式项目组织

在企业组织里，每个独立式组织如同一个微型公司一样开展运作，所以，这种组织形式又被称为"企业中的企业"。在项目过程中，项目经理和项目组成员已摆脱原职能部门的任务，完全进入项目，专门从事项目工作，项目结束后，项目组织解散，成员回归原所在部门。

独立式组织拥有专职的项目经理和专职的项目组织成员。专职的项目经理专门承担项目管理职能，对项目组织拥有完全权力，完成项目目标所需的资源，如人力、材料、设备等完全归项目经理全权指挥调配，承担项目相应的责任，项目管理权力集中，与企业中的其他项目、企业职能部门，不存在优先权分配的问题。

2) 独立式组织的应用

独立式组织适用于企业特别重视的，或者是对环境特别敏感的、特大型的、持续时间长的、目标要求高（如工期短、费用压力大、经济性要求高）的项目。

3) 独立式组织的优点

(1) 组织方面

① 协调容易，内部争执较少，可避免权力争执和资源分配的争执；

② 能迅速有效地对项目目标和用户需求做出反应,更好地满足用户的要求;
③ 组织任务、目标、权力、职责透明且易于落实,组织目标能得到保证;
④ 企业对项目的运作不需要完全规范化的运作制度,企业对项目的管理比较容易;
⑤ 企业和项目、项目和专业部门之间界面比较清楚,项目责任制易于落实和考核。

(2) 人员方面

① 项目经理和项目参与人员全职参与项目工作,通过项目得到锻炼,有利于项目管理人才的培养;
② 完全集中项目参加者的力量于项目实施上,能独立地为项目工作,决策简单、迅速,对外界干扰反应敏捷,管理方便,能够调动项目成员的积极性。

(3) 资源方面:企业能保证项目有充足的资源,不需要项目经理和其他专业部门去争抢项目资源。

4) 独立式组织的缺点

(1) 组织方面

① 组织效率低,成本高:由于企业的各项目自成系统,需要组织、办公用地、设施及器械等,总体成本偏高。
② 对原有的企业组织冲击大:每个项目都建立一个独立的组织,在该项目建立和结束时,由于人员的调动,会对原企业组织产生冲击,因此组织的弹性和适应性不强。
③ 无法发挥专业部门优势:虽然项目成立时会从企业不同的专业部门抽调能力最强的专业人员,但如果同时从事几个项目,不能确保每个项目的专业人员都是最强的;而且项目实施过程中,很难获得专业部门的支持,基本依靠项目自有人员进行项目工作。
④ 企业风险大:企业会投入专门的人员和资源到项目上,如果项目失败,对企业的影响较大。此外,由于项目经理权力太大,项目的信息、人力、资金和物资等资源调配都集中在项目经理这个瓶颈上,容易造成项目失控。

(2) 人员方面

① 影响工作积极性:在项目开始时要从原职能部门调出人员,项目结束又将这些人员退回原职能部门,这种人事上的波动不仅会影响原部门的工作,而且会影响项目组织成员的组织行为。他们会比职能组织中的人员更能感到失业的威胁、专业上的停滞不前以及个人发展的问题,以致影响他们的工作积极性。
② 忙闲不均:项目的人员配备是固定的,而项目过程对人员的需求是不均衡的,因此,会造成有时人员工作量较多,都很忙碌,而有时工作量较少,出现人员的闲置。

(3) 资源方面

① 企业资源紧张:企业同时承担多个项目时,需要给每个项目都配备资源,会使企业处于资源的高度缺乏状态。此外项目拖延还会造成资源在该项目上的

闲置。

② 资源浪费：由于单个项目过程的不均匀性会造成不能充分利用物力、财力资源，带来浪费。

通常纯独立式的项目组织是不存在的，也是行不通的，除了特殊的军事工程，如我国的"两弹一星"工程，对项目组织实行全封闭式的管理才属于这种情况。但是在工程项目过程中，可以有变通的独立式项目组织，也就是说在工程项目开始时，成立独立式项目组织，等工程项目施工结束，项目人员不回到原有的企业专业部门中，而是成为企业的一个子公司，负责项目的运行工作。这种变通的独立式项目组织，可以避免对企业原有组织的冲击，也不会影响项目过程中人员的积极性，在工程项目中有一定的应用价值。

4.3.1.3 矩阵式组织

1) 矩阵式组织在企业中的应用

在企业中，矩阵式组织形式通常应用于企业同时承担多个项目实施和管理的情况。各个项目起始时间不同，规模及复杂程度也有所不同，如工程承包公司、IT企业，以及一些以小订单小批量产品生产为主的企业适合采用矩阵式组织。

由于企业同时进行多个项目的实施，要求职能部门能弹性地适应变化的、不同规模、不同复杂程度的项目任务，适应多个项目对企业有限资源的竞争，也要求这些项目尽可能有弹性地存在于企业组织中。这时矩阵式组织形式才能显示其优越性。图4-4为企业内同时从事多个不同项目时采用的矩阵式组织结构。

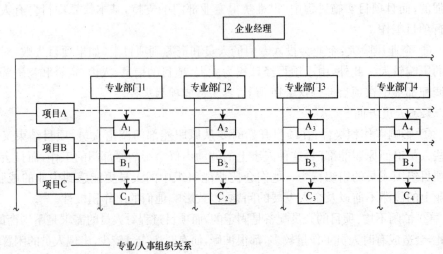

图4-4 矩阵式组织

2) 矩阵式组织的优点

矩阵式组织克服了寄生式组织和独立式组织的缺点。它的主要优点有：

(1) 组织方面

① 确保组织目标的实现：能够集中企业全部的资源(特别是技术力量)在各项目上,形成以项目任务为中心的管理,对环境变化迅速做出反应,及时满足顾客的要求,确保项目全过程和各项目之间管理的连续性和稳定性,保证项目目标的实现。

② 富有弹性,适合多项目管理：矩阵式组织结构富有弹性,有自我调节的功能,能更好地体现动态管理和优化组合,适用于时间和费用压力大的多项目和大型项目的管理。例如增加一个项目,对于职能部门仅增加了一项专业任务,仅影响计划和资源分配；项目结束时,也不影响整个组织结构。

③ 沟通速度快：企业对项目经理只是部分授权,项目经理没有项目的全部经营管理权力,常常依赖于部门经理的支持,向部门经理委托任务。组织的结构、权力与责任关系趋向灵活,能在保证项目经理对项目最有力控制的前提下,充分发挥各职能部门的作用,保证信息和指令的传递途径较短,组织层次少,企业组织扁平化。"决策层—职能部门—实施层"之间的距离小,沟通速度快。

④ 组织氛围符合创新要求：矩阵式组织的运作是灵活的、公开的,其运行过程也是管理人员的培训过程。在组织中,人们积极承担义务,互相学习,信息共享,互相信任。通过交流知识和信息,促进了良好的沟通,组织成员容易接受新思想,整个组织氛围符合创新的需要。

⑤ 综合项目组织和职能组织的优点：矩阵式组织能兼顾产品(或项目)和专业职能活动,职能部门和项目组共同承担项目任务,共同工作,各参加者独立地追求不同部门和不同项目利益的平衡,能够发挥双方的积极性,因此它综合了项目组织和职能组织的优点。

(2) 资源方面

企业对资源实行统一管理,能够形成全企业统一指挥,协调管理,使资源能够最有效地、均衡地、节约地、灵活地得到使用,特别是能充分发挥企业稀缺人才的作用,进而保证项目和部门工作的稳定性和高效率。一个公司项目越多,虽然增加了企业部门计划和平衡的难度,但上述效果会更加显著。

(3) 人员

① 人才的全面培养：项目组成员仍归属于一个职能部门,这不仅保证企业组织和项目工作的稳定性,而且使得人们有机会在职能部门中通过参与各种项目,积累丰富的经验和阅历,获得专业上更大的发展。

② 工作热情和效率高：有较大的决策空间,工作有挑战性,所以通常人们的工

作热情和效率较高,项目效益高。

③ 领导风格民主化:组织上打破了传统的以权力为中心的管理模式,树立了以任务为中心的理念。这种组织的领导不是集权的,而是分权的、民主的、合作的,所以管理者的领导风格必须随之变化。

3) 矩阵式组织的缺点

(1) 组织方面

① 双重领导、双重职能、双重汇报:存在组织上的双重领导,双重职能,双层汇报关系,双重的信息流、工作流和指令界面,界面管理的难度和复杂性增加。项目经理和部门经理双方容易产生争权、扯皮和推卸责任现象。所以必须严格区分两大类工作(项目的和部门的)的任务、责任和权力,划定界限。这对企业管理规范化和程序化要求高,要求有完备的、严密的组织规则、程序,明确的职权划分,有效的企业项目管理系统。否则极易造成项目经理或部门领导的越权、双方矛盾,容易产生混乱和争执,甚至会出现对抗状态。

② 沟通成本大:存在横向和纵向的信息流,信息处理量加大,沟通成本增加。

③ 节点多,管理流程的设计复杂:纵横交错的信息流,节点多,需要设计良好的管理制度和信息管理制度,否则运行过程会很混乱。

④ 目标不确定性大:需要很强的计划与控制系统,由于项目上对资源数量和质量的需要高度频繁地变化,难以准确估计,容易造成混乱、低效率,使项目的目标受到损害。

⑤ 组织规则冲击大:如职权和责任模式、生产过程的调整、后勤系统、资源的分配模式、管理工作秩序、人员的评价,等等。更进一步,会对企业的管理习惯、组织文化产生冲击。

(2) 资源分配的优先次序不易确定:由于多个项目同时进行,导致项目之间竞争专业部门的资源。而一个职能部门同时管理许多项目的相关工作,资源分配是关键。由于企业内各项目间的优先次序不易确定,所以带来资源协调上的困难,为获取有限资源,职能经理与项目经理之间容易发生矛盾。项目经理要花许多精力和时间周旋于各专业部门之间,以求获得充足的项目资源。

(3) 人员方面:必须具备足够数量的、经过培训的、强有力的项目经理,同时进行的项目数量,和所拥有的项目经理数量是对应的。

4) 弱矩阵式和强矩阵式组织形式

按照管理权力和责任在项目经理和企业专业部门的职能经理之间分配的不同,矩阵式组织分为强矩阵、弱矩阵和平衡矩阵式三种组织形式。通常真正的平衡矩阵式组织是不存在的。

(1) 强矩阵式组织具有独立式项目组织的许多特征,项目上设有专职的项目经理和项目管理人员,权力向项目经理倾斜,而部门经理的权力较弱。

(2) 弱矩阵式组织。项目有矩阵式组织的形式,但保留了企业原有的职能式组织的许多特征,建立相对明确的由职能部门人员组成的项目班子,但项目经理的作用弱化,而且是非专职的。即使任命项目经理,但他仅是一个项目协调人和监督人,而不是通常意义上的项目负责人。项目经理的权力小,其相应的责任也小,部门经理的权力则相对较大。

4.3.1.4 项目群组织

项目群(Programme)一词的含义非常广,它既有多项目的含义,同时又指一组相互联系的项目或由一个组织机构管理的所有项目。目前对于项目群的定义还不是很统一,但是总的说来,可以认为项目群是由一系列相互联系的项目所构成的一个整体,服从统一的实施计划;而项目群管理则是对整体中的所有项目进行统一的协调管理,且这种管理更有利于每个项目以及项目群总体目标的顺利实现。目前很多企业都存在多个相互关联的项目,存在项目群管理的需求。对项目群进行管理的项目群组织形式,类似矩阵式组织,同时又比矩阵式组织更为复杂。图4-5是企业中的项目群组织结构图。

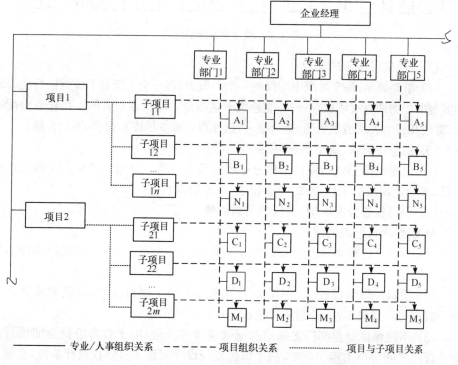

图 4-5 项目群组织

项目群组织形式的优缺点和矩阵式组织是类似的,但是由于项目群比单个工程项目规模更大,而且会涉及项目之间的资源协调,因此,项目群组织比矩阵式组织的管理更为复杂,在组织、人员分配和人员方面的要求更高。

4.3.2 针对工程项目的组织形式

4.3.2.1 线性项目组织

通常独立的单个中小型工程项目一般都采用线性项目组织形式(图4-6)。这种组织结构与工程项目的工作结构分解图具有较好的对应性。

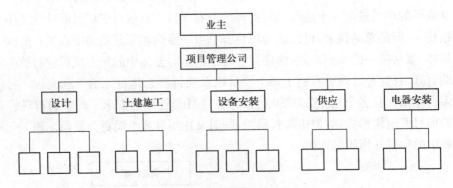

图4-6 线性项目组织形式

1) 线性项目组织的优点

(1) 单头领导:每个组织单元仅向一个上级负责,一个上级对下级直接行使管理和监督的权力即直线职权,一般不能越级下达指令。项目参加者的工作任务分配明确,责任和权力关系清楚明确,指令唯一,这样可以减少扯皮和纠纷,协调方便。

(2) 信息流通快,决策迅速,项目容易控制。

(3) 组织结构形式与项目结构分解图式基本一致。目标分解和责任落实比较容易,不会遗漏项目工作,组织障碍较小,降低协调费用。

(4) 项目任务分配明确,责权利关系清楚。

2) 线性项目组织的缺点

(1) 当项目比较多、比较大时,每个项目对应一个组织,使企业资源不能达到合理使用。

(2) 项目经理责任较大,一切决策信息都来源于项目经理,这就要求其能力强、知识全面、经验丰富,否则决策较难、较慢,容易出错。

(3) 不能保证企业部门之间信息流通速度和质量,由于权力争执会使项目和企业部门之间合作困难。例如,施工单位发现设计问题不直接找设计单位,必须先找项目经理再转达给设计单位;设计变更后,先交项目经理,再到达施工单位。

(4) 企业的各工程项目间缺乏信息交流,项目之间的协调、企业的计划和控制比较困难。

(5) 如果专业化分工太细,会造成多级分包,进而造成组织层次的增加。

4.3.2.2 职能式项目组织

职能式项目组织形式是专业分工发展的结果,最早由泰勒提出。它通常适用于工程项目规模大,同时子项目又不多的情况。它包括工程项目经理部的组织形式,例如,某工程项目的职能式项目组织形式见图4-7。

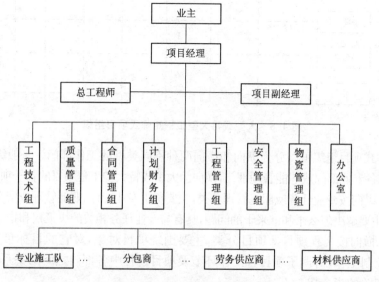

图4-7 职能式项目组织形式

1) 职能式项目组织的优点

(1) 强调职能部门和职能人员专业化的作用,大大提高了项目组织内的职能管理的专业化水平。

(2) 由各职能部门的负责人或专家去现场指导,能够提高项目管理水平和效率。

2) 职能式项目组织的缺点

职能式项目组织中权力过于分散,项目经理只负责协调,有碍于命令的统一性,容易形成多头领导,也容易产生职能工作的重复或遗漏。

4.3.2.3 矩阵式项目组织

矩阵式项目组织是一种较新型的组织结构形式,适合单个的大型或特大型工程项目。一个大型或特大型项目可分为许多自成体系、能独立实施的子项目,可以将各子项目看作独立的工程项目,则相当于进行多项目的实施,如图4-8所示。

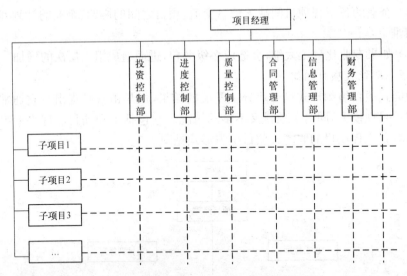

图 4-8 大型或特大型工程矩阵式项目组织

矩阵式项目组织可以分为纵向和横向两种不同类型的工作部门。一般纵向是工程项目的各专业部门或职能管理部门,横向为大型或特大型工程项目的各子项目。

(1) 纵向按专业任务或职能管理分类,主要负责专业工作、职能管理或资源的分配和利用,主要解决怎么干和谁来干的问题,具有与专业任务相关的决策权和指令权。

(2) 横向按工程项目子项目分类,主要围绕项目对象,对它的目标负责,负责计划和控制工作,协调子项目各工作环节及项目过程中各部门之间的关系,具有与子项目相关的指令权。

矩阵式项目组织是两个管理系统——项目经理和职能经理的有机融合,由双方共同工作,完成项目任务,使部门利益和项目目标一致。它是在纵向职能管理基础上强调项目导向的横向协调作用,信息双向流动和双向反馈机制。在两个系统的集合处存在界面,需要具体划分双方的责任、任务,以处理好两者之间的关系。

矩阵式项目组织的优缺点与矩阵式组织相同,不同之处在于,本书中的矩阵式组织是针对企业的组织形式,而矩阵式项目组织是专门针对工程项目的组织形式,特此在名称上进行了区分。在 4.3.1.3 中已进行探讨。

4.3.2.4 项目管理办公室

根据 CIO 杂志和 PMI 调查,项目管理办公室 PMO(Project Management Office)有助于项目的成功。PMO 在不同的管理层次上有不同的组织层次,一般包括:战术级 TPMO(Tactical PMO)、跨功能级 CPMO(Cross-functional PMO)、战略级 SPMO(Strategic PMO)和企业级 EPMO(Enterprise PMO)。PMO 在组织中的具体角色根据组织的具体特点和组织结构形式的不同而有所差异,它通常会充当以下三种角色:作为项目管理的支持者,作为项目的控制者,作为项目战略的管理者。因此,它在工程项目组织中一般起到以下作用:

(1) 参谋机构,主要提供决策支持,对高层负责人、大型项目经理或项目经理提供信息处理以及项目管理指导的支持。

(2) 决策管理部门,其工作重点是制定标准和制度、人员培训以及其他行政管理工作。

项目管理办公室 PMO 是一个协助项目经理实现项目目标的组织实体,它的基本功能是对工程项目或项目群进行规划、评估、控制与协调。随着 PMO 的逐渐发展,它还可以具备其他职责,如组合管理、咨询和培训项目、制定项目管理的方法和标准等。这种组织形式是矩阵式项目组织的一种特殊运用。PMO 可以很好地协调矩阵式项目组织中横向职能和纵向项目的交叉部分。PMO 的作用一般包括:

(1) 更好地达到项目目标。PMO 致力于完成与项目目标一致的可交付成果,并且管理项目的成本、进度和资源的利用。

(2) 协助项目团队更好地进行项目管理。因为多数项目团队都可能有自己的技术核心,所以 PMO 主要推广项目管理的知识和原理。PMO 可以帮助项目团队结合他们的技术方法制定出确保项目成功的项目管理方法。

(3) 进行组织指导。在项目管理过程中,PMO 担当管理项目执行和整合业务流程的角色。

PMO 组织结构如图 4-9 所示。

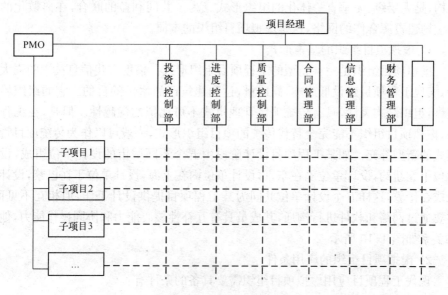

图 4-9 PMO 组织形式

除了具备矩阵式项目组织的优点之外,PMO还具备如下优点：

(1) 作为项目经理的有力助手,协调横向各个职能部门和纵向各个子项目组,促进项目组织的有效沟通,节约时间,防止过多的扯皮,降低项目整体沟通成本。

(2) 时刻关注项目主线和各阶段的关键工作,确保项目计划按期完成。

(3) 在最大程度上体现项目管理组织的柔性特点,在项目进行中严格按照项目管理的方法执行和考核,确保每个项目目标的实现。

PMO的缺点在于：

(1) 需要较高素质的管理人员,管理难度比较大。

(2) 需建立专业化的管理队伍,尤其是PMO融技术与管理于一体,具有很强的专业性,必须由经验丰富、理论认识深刻的专业人员组成。

(3) 需要项目组织的全员参与,PMO牵扯到整个项目部范围,关系到各类项目组织人员和资源的集成,在实施过程中会与其他部门发生冲突和抵触,协调、沟通和理解必不可少,全体成员要有正确的认识和积极的态度。

4.3.2.5 虚拟项目组织

虚拟项目组织是一种企业组织伙伴间的联盟关系,是一些相互独立的企业(如设计单位、供应商、客户等)通过信息技术联结的临时性的、非固态化的、相互信任、相互合作的组织联盟。这些企业在诸如设计、制造、分销等领域分别为该联盟贡献出自己的核心能力,以实现技能共享和成本分担,其目的在于建立起某种基于特定工程产品或服务的竞争能力。虚拟项目组织不需要办公中心,也没有固定的组织结构,是无层级、无垂直一体化的组织形式。为了共同利益的联合,在离散化的形态上构建资源合作的网络,这是虚拟项目组织的本质。

1) 虚拟项目组织的基本形式

虚拟项目组织是一种新型的工程项目组织形式。借助现代信息技术的强大支持,实现工程项目建设低成本、高质量,达到建筑产品增值的目的。它的组织界限模糊,组织结构灵活,具有传统项目管理模式不可比拟的优越性。但是,在工程领域,虚拟项目组织不能完全替代传统的项目组织形式,一般可以作为传统项目管理模式的新型补充。如某工程项目设计阶段由五个不同城市的设计单位组成,设计单位甲在纽约,设计单位乙在东京,设计单位丙在上海,设计单位丁在巴黎,设计单位戊在伦敦,这样五个设计单位共同为某工程项目提供设计工作,但相互不见面,主要通过网络和软件进行沟通,其成员具有互补性核心能力和协同操作能力,他们的关系如图4-10所示。

2) 虚拟项目组织的应用条件

现代工程项目应用虚拟项目组织需要具备的条件有：

(1) 采用高科技,技术复杂,需要大量知识和技能的项目；

(2) 需要建立工程管理技术和人才信息库,使用现代信息手段;

(3) 项目组织成员自律、诚实信用,具备非常完善的信用机制;

(4) 项目组织成员在运行程序、管理规范、信息系统等方面协调统一,具有周密的程序,精确的预算、报告系统,有效的管理系统和管理的规范化;

(5) 不同的组织成员之间实现过程和系统的集成。

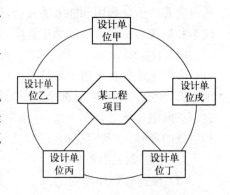

图 4-10 某工程项目的虚拟项目组织

3) 虚拟项目组织的特点

(1) 法律上的独立性和经济上的相关性

一方面,虚拟项目组织的参与单位在法律上独立并且在虚拟项目组织中是平等的;另一方面,这些参与单位在经济上是相关的,也就是说他们有着共同的项目利益。基于信任,这些参与单位完成他们自身已确定的任务,并且共同推进工程项目的成功。

(2) 不具有法人资格,也没有固定的组织层次和内部管理系统

参与单位提供各自的核心能力进行横向或纵向的合作,而不必通过固定的项目组织形式实现组织的功能。项目组织的边界是模糊的、不确定的。但是对于第三方而言他们表现为一个统一的组织,虽然在不同的项目阶段,参与单位可以不断变动。这种合作关系是动态的。一旦目标实现、项目生命期结束,虚拟项目组织自动解散或重新开始新一轮的组合运作过程。

(3) 平等合作的伙伴关系

项目组织成员可以遍布世界各地,彼此也许并不存在产权上的联系,完全突破了以内部组织制度为基础的传统的管理方法。它按照平等的原则组建,参与单位以及项目组织成员之间是平等合作的伙伴关系,在信任的基础上实现知识产权、技能和信息资源的共享。

(4) 需要信息技术支持

虚拟项目组织成员间的协调是通过信息和通信系统实现的。互联网技术、计算机技术及电子商务技术等是虚拟项目组织的技术平台,推动了虚拟项目组织的发展。

(5) 资源互补

虚拟项目组织实现目标的方式是通过提供各自的核心能力和资源的优化配置,优势互补。在互联网上,通过竞争招标或自由选择等方式确定合作伙伴关系,

通过资源的整合利用和能力的互补,迅速形成各专业领域中独特的竞争优势,以低成本和最快的速度对市场做出反应,完成单个企业难以承担的项目。

(6) 自组织

虚拟企业具有自组织的特征:自形成、自管理、自学习。自组织中没有独裁的组织者,所有的组织成员都是其所属组织的组织者,根据任务导向或某种共识,通过信息网络自行结合在一起,并相互协调自己与组织成员之间的关系,基于对任务和愿景的理解,顺利实现相应的组织过程。

4) 虚拟项目组织的优点

(1) 快速应对环境变化

扁平化的网络组织能对市场环境变化做出快速反应。信息技术的高度发展极大地改变了项目组织内部信息的沟通方式和中间管理层的作用,虚拟项目组织通过社会化协作和契约关系,使得项目组织扁平化、信息化,削减了中间层次,使决策层贴近实施层。项目组织的边界可以不断扩大,在建立起组织要素与外部环境要素互动关系的基础上,向用户提供优质的工程产品或工程服务。虚拟项目组织是以战略为中心建立的网络组织,在考虑用户满意和自身竞争力的需要基础上,不断进行动态演化,以对环境变化做出快速响应。

(2) 保持技术领先

虚拟项目组织能快速有效地利用信息技术和网络技术,各成员企业以及各个环节的员工都能参与技术创新的研究和实施工作,从而维持技术领先地位。

(3) 资源共享和优势互补

虚拟项目组织以网络技术为依托,跨越空间的界限,在全球范围内的许多备选组织中精选出合作伙伴,可以保证合作各方实现资源共享、优势互补和有效合作。

(4) 项目组织成员地位平等

组织成员在项目组织中地位完全平等,共同承担风险,互惠互利。这样能达到高度的相互信任和相互依赖,使组织运作更加民主化。

(5) 学习型组织

虚拟项目组织竞争的核心是学习型组织。学习型组织是提倡"无为而治"的有机管理,突破了传统的层次组织。虚拟项目组织的学习过程不仅仅局限在避免组织犯错误或者是避免组织脱离既定的目标和规范,而是鼓励打破常规的探索性的试验,是一种允许出现错误的复杂的组织学习过程。它在很大程度上依赖反馈机制,是一个循环的学习过程。

5) 虚拟项目组织的缺点

(1) 组织的控制力较弱

传统的项目组织可以通过严格的层级制度对组织成员的行为、信息、资源和技术加以控制。虚拟项目组织是由不同的参与单位组成的,而且地域差异加大,缺乏有效的控制手段,主要的控制基础就是相互合作和信任,每个组织成员只能控制工程项目中的一个小部分,如果某个环节或合作者出现问题会导致整个项目过程的断裂,导致项目的失败。

(2) 缺少软信息的反馈

由于通过信息技术,因此无法获得软信息,容易使信息反馈失真和项目失控。

(3) 协调和沟通困难

虚拟项目组织成员必须以相互信任的方式行动,合作是虚拟项目组织存在的基础。但由于虚拟项目组织突破了以内部组织制度为基础的传统的管理方法,各成员又保持着自己原有的风格,势必在成员的协调合作中出现问题。虚拟项目组织的管理者需要花更多的时间在组织成员之间的协调与沟通上。

(4) 评价和激励困难

在应如何评价组织的管理业绩、如何对管理者进行激励以及如何与其他组织成员共同工作从而提高组织整体效率等方面,虚拟项目组织还存在许多问题。

4.4 组织形式的选择

4.4.1 针对企业的工程项目组织的选择依据

1) 指令权的分配

由于工程项目与企业专业部门之间存在复杂的关系,其中最重要的是指令权的分配。不同的组织形式决定了职能经理和项目经理之间有着不同的指令权分配方式,如图 4-11 所示。其中,矩阵式组织是指平衡矩阵式组织,其部门指令权和项目指令权是相同的。而寄生式项目组织的部门指令权极大,独立式项目组织的项目指令权极大。

2) 项目自身情况

项目自身的情况,如规模、难度、复杂程度、项目结构状况、子项目数量和特征。

3) 企业组织状况

同时进行的项目的数量及其在项目中承担的任务范围。若企业同时承担的项目(或子项目)很多,可以采用矩阵式组织形式。企业承担的项目数量少且复杂性高、难度大,可以采用独立式组织。若项目简单且数量不多,可以采用寄生式组织。如图 4-12 所示。

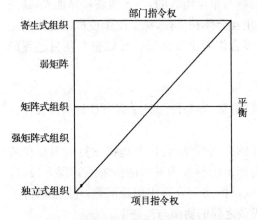
图 4-11 不同项目组织形式指令权的分配

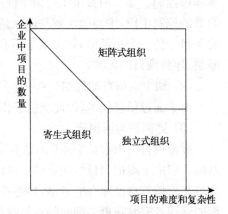
图 4-12 企业项目组织形式的选择

4)应采用高效率、低成本的项目组织形式,使参与单位和组织成员有效地沟通,责权利关系明确,能进行有效的项目控制。

5)应使项目组织决策简便而快速。

6)从企业控制的角度,许多企业的项目组织形式的运用更为灵活。

(1)对同时承接的各个项目,其矩阵式组织的强弱程度是不一样的,对相对重要的项目(如大型工程、形象工程,或预算和进度很紧的工程),将权力偏向于项目经理,即采用强矩阵式组织;反之,则是弱矩阵式组织。

(2)即使对同一个项目,不同的管理职能,部门和项目上的权力分配不同。例如,在施工企业,生产管理相关的权力偏向项目经理,而财务权力偏向职能部门经理。

7)通常,强矩阵式的组织形式比弱矩阵或平衡矩阵式组织更能确保项目目标的实现,而比独立式项目组织形式更有效地降低项目成本。

企业项目组织形式选择的指标如表 4-1 所示。

表 4-1 针对企业的项目组织形式选择的指标

项目领导	寄生式组织			独立式的组织			矩阵式组织			项目群组织		
	差	中	好	差	中	好	差	中	好	差	中	好
对项目相关的指令权清楚	√					√		√				√
项目目标的独立性	√					√		√				√
独立的监督	√					√		√				√
项目管理人员费用			√	√				√			√	
信息流顺畅	√					√		√				√

续表 4-1

项目领导	寄生式组织			独立式的组织			矩阵式组织			项目群组织		
	差	中	好	差	中	好	差	中	好	差	中	好
项目任务的可变性	√				√				√			√
合作者最佳投入的可能性	√					√		√			√	
任务分配和责任权的透明度	√					√		√				√
人力负荷峰值调整的可能		√	√					√				√
项目组织成员间的合作	√					√		√				√
企业专业部门间的协调费用		√		√				√			√	

4.4.2 针对工程项目的组织形式选择依据

（1）工程项目的规模

一般而言，中小型项目采用线性项目组织和职能式项目组织比较合适，而大型或特大型项目采用矩阵式项目组织和 PMO 组织比较合适。

（2）项目管理水平

矩阵式项目组织和 PMO 组织形式是较为新型的项目组织形式，符合项目组织扁平化发展趋势，但是其信息流较多，节点也多，对管理的要求较高，需要管理制度的约束和管理信息系统的保证。因此，如果管理水平不够，需慎重采用。

（3）信息化水平

在五种针对工程项目的组织形式中，线性项目组织和职能式项目组织对信息化水平要求是较低的，矩阵式项目组织和 PMO 组织需要一定的信息化支撑，而虚拟项目组织对信息技术的要求最高。信息化水平的高低决定了工程项目可否采用虚拟项目组织形式。一般而言，信息化水平越高，采用虚拟项目组织的可能性越大。

4.5 企业内项目组织的变形

实际的工程项目组织和企业组织之间有复杂的关系，并不是完全符合 4.3 中的某种形式的组织，更多情况下是各种组织形式的组合使用。工程项目组织应该是和工程项目相对应的，同时也要考虑参与的主导企业（如业主、承包商）的企业组织结构、工程特性和在工程生命周期的哪个阶段。图 4-13 是某业主单位的企业组织结构图，这个业主单位的组织形式在实施某个大型工程时，采用了类似寄生式、独立式和矩阵式项目组织的变形形式，但都是针对这一业主的企业组织。

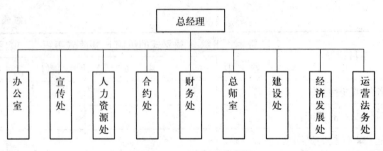

图 4-13　企业组织结构图

4.5.1　前期和设计阶段隶属于专业部门的职能式组织

职能式组织的常规形式是隶属于企业组织的,而图 4-14 所表示的是隶属于企业下某个专业部门的职能式项目组织形式,这是该业主单位在前期策划阶段所采用的组织结构图。在该组织结构中,总工程师办公室(简称总师室)的主要职能是:工程前期的项目建议书编制、项目预可行性研究报告编制、项目可行性报告编制、技术与规定咨询。而通过招标确定的四个咨询单位所对应的正好是其四个职能工作,因此,可以认为这是职能式项目组织。

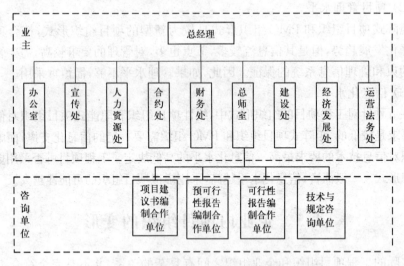

图 4-14　前期策划阶段的职能式组织结构

设计阶段还是采用职能式组织结构,但是由于设计和施工都是由建设处负责的,因此,虽然还是职能式组织形式,但组织结构图又有所变化,如图 4-15 所示。这是一个隶属于建设处的职能式项目组织,所包括的工程实施支持单位、勘察报告编制合作单位、设计总包单位和设计分包单位与建设处的相关职能是对应的。

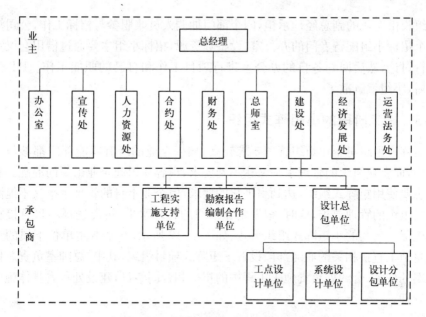

图 4-15 设计阶段的职能式组织结构

4.5.2 招标阶段的寄生式组织

寄生式组织一般适用于前期策划阶段,招标阶段用得很少,特别是大型工程项目的招标。但是,该业主单位在进行一个 BT(Build-Transfer)项目招标时,由相关的四个职能部门,即合约处、财务处、建设处和经济发展处抽调相关人员成立了 BT 招标小组。其中,合约处人员负责 BT 资格预审文件、招标文件商务条款、合同条款的编写和招标的事务性工作,财务处人员负责 BT 回购款的偿还年限、还款利息等的计算,建设处人员负责工程量清单、技术标准等的编写,经济发展处人员负责融资政策的把握等。这是一个典型的寄生式组织,如图 4-16 所示。BT 招标小

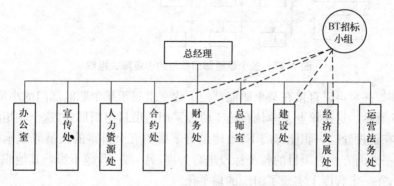

图 4-16 BT 招标的寄生式组织

组的组长由企业的副总经理承担,四个部门抽调人员兼职参与招标工作,公司没有为这个招标小组配备专门的办公室、设备等资源,招标小组主要通过借用会议室开会进行讨论,然后回到各自的办公室进行项目工作和自己的职能工作。BT合同签订后,小组就解散了。

4.5.3 施工阶段的小矩阵式组织

矩阵式组织对企业组织管理要求较高,如果企业的所有职能部门都参与项目组织中,而企业组织的管理水平又达不到要求,很容易引起企业组织的混乱。有些企业想要使用矩阵式组织,达到扁平化的要求,但企业本身的管理水平又不能满足矩阵式组织的管理要求,这时,根据企业组织的管理水平,可以选择项目直接相关的职能部门参与的小矩阵式组织形式,如图4-17所示,在某业主单位下属的三个与项目施工直接相关的职能部门设置了矩阵式项目组织,其中,总师室负责总体技术方案的把关,合约处负责施工工程中的招标和合同签订,建设处负责具体施工过程的管理。

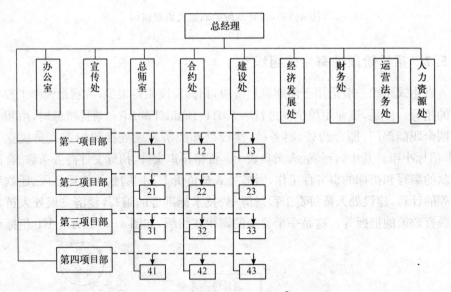

图 4-17 多个职能部门参与的小矩阵式组织

有时,甚至可以直接在某个职能部门下建立隶属于某个职能部门的小矩阵,如图 4-18 所示。这是该业主单位在施工阶段采用的项目组织形式,这个小矩阵式组织设置在建设处这一职能部门下,由建设处下属的五个科室的人员兼职承担项目工作。一方面方便对项目的各个标段进行管理,另一方面,也不影响其他职能部门的工作,在一定程度上实现了组织的扁平化。

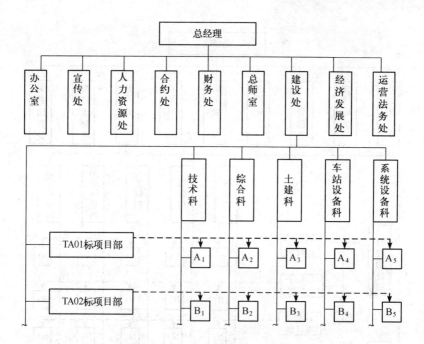

图 4-18 小矩阵式组织结构图

4.5.4 施工阶段的小矩阵式项目群组织

当涉及多个项目同时施工时，4.5.3 中的小矩阵式项目组织可以进行拓展，把横向的各标段按照线路进行集结，成为基于项目群的矩阵式组织，但还是隶属于单个职能部门的，主要进行施工管理，如图 4-19 所示。

4.5.5 运行阶段变通的独立式组织

对于同时负责工程施工和运行的企业，可以采用这种变通的独立式项目组织，如某业主单位在设备调试和试运行阶段，由企业的各个职能部门抽调人员组成运营小组，如图 4-20 所示。这个运营小组类似独立式项目组织，参与设备调试和试运行。等到项目正式运行后，这个运营小组的人员没有回到原有的职能部门，而是成为企业下属的运营分公司，而原来的运营小组的成员成为运营分公司的管理人员。这样可以有效避免独立式组织解散后对原有企业组织的冲击，也能有效地缓解独立式组织运行后期项目组织成员的不安心理，提高项目组织的整体效率。

这个独立式组织是在项目的试运行阶段才成立的，运行时间不长，对组织的冲击本身就不大。也有在工程项目施工前甚至设计阶段就为工程项目专门成立的独立式项目组织，等项目竣工后，这个独立式项目组织就成为一个负责运行的分公

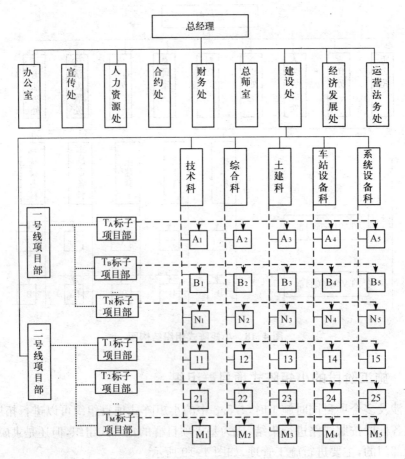

图4-19 小矩阵式项目群组织形式

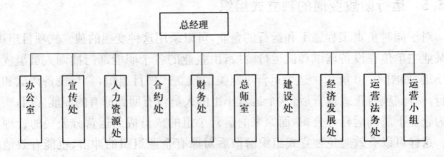

图4-20 试运行阶段组织结构

司,项目组织成员就不再回到原有的企业各职能部门中去了。

这种变通的独立式组织在工程项目中有一定的应用性。

4.6 针对工程的项目组织的变形

针对同一个工程,采取不同的项目组织形式,其管理方式会有较大的变化。在工程项目组织策划过程中,可以根据工程项目已有的依据和影响因素,确定合适的工程项目组织形式。当然,采用不同的组织形式,其优缺点和适用性也不同。

4.6.1 传统的职能式项目组织

某大型项目施工阶段,采用职能式项目组织形式,组织结构图如图4-21所示。由于项目较大,存在职能部门和施工队两个层面的管理。施工队伍与职能部门并列布置,接受项目经理和项目组织相应部门的指导。由于施工队与职能部门并列设置,受职能部门的约束较小,因此施工队可自行根据项目需要安排工人,施工生产效率较高。

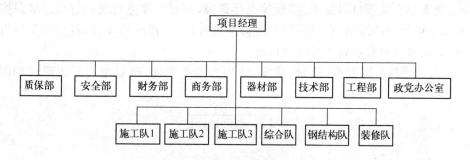

图4-21 某项目职能式项目组织形式图

但是由于项目大,需要大量的跨部门协调,职能式项目组织横向沟通困难,部门之间的沟通都需要通过项目经理,这会使纵向层级链出现超载,项目经理每天要批示大量的决策,会出现决策堆积,项目经理不能做出足够快速的反应。而且,每个施工队伍有各种专业的工人,如施工队1,就有钢筋工、木工、混凝土工、电工、架子工、焊工以及辅助工人等,因此施工队的专业化不强,难以培养专业化的施工队伍。

4.6.2 矩阵式项目组织形式

基于对组织形式扁平化的要求,同时减轻项目经理的压力,把该项目的组织形式调整为矩阵式项目组织,如图4-22所示。

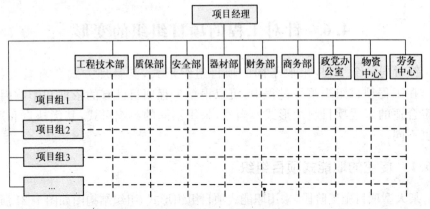

图 4-22　某项目矩阵式项目组织形式 A

图 4-22 中,纵向的项目组织部门和原有的职能式项目组织的纵向部门不同之处在于:一是把原有的工程部和技术部合并成工程技术部;二是成立了劳务中心和物资中心。劳务中心统管施工队,并根据工程进展需要向各个项目组派遣施工队;物资中心统管材料加工、模板等项目资源,并对库存进行统一管理。横向按施工现场划分的区域(也可按照其他标准进行划分,视具体项目而定)设置项目组,如该项目最终设置了 9 个项目组。

每个项目组以安全、质量、成本、计划为主要职能,项目组的组成形式如图 4-23 所示。

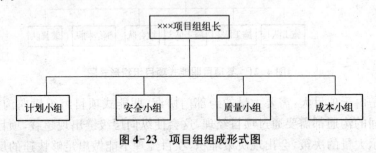

图 4-23　项目组组成形式图

该模式除了一般矩阵式项目组织所具有的优点外,还有以下优点:

(1) 从组织上打破了直线职能式项目组织以权力为中心的模式,树立以工作任务为核心的模式。

(2) 将项目分成 9 个项目组之后,就可根据各个项目组的工程量大小,确定核心项目组,在进行资源调配的时候就可以优先考虑核心项目组的需求,从而保证核心项目组目标的实现。

(3) 项目资源由物资中心统一管理,能实现最有效、节约、灵活地使用项目的资源。

(4) 每个项目组根据自身的施工情况,提出施工人员需求计划,劳务中心可以根据各个项目组的不同需求对各项目组进行施工人员配置,并且根据项目组的变化需求调节人员分配,从而使施工人员在不同项目组流转,节约成本,提高管理绩效。

(5) 将整个项目细分成 9 个项目组之后,可以实行项目组的组长责任制,项目组组长对项目组的安全、质量、进度、成本等目标负责,有助于实现项目组的精细化管理,最大限度地减少管理所占用的资源和降低管理成本。

(6) 项目组织中纵向的职能部门更多地充当支持性部门,支持每个项目组的生产活动,这样就极大地缩短了协调、信息和指令传达的途径,提高了沟通速度。

(7) 物资中心有助于根据项目进展的情况安排材料加工以及模板等项目资源的准备,保证了施工的进度。

该模式的缺点在于:

(1) 如果项目组过多,界面上的交叉也会越多。

(2) 作为职能部门的劳务中心任务繁重,在不同的施工阶段,项目组对施工人员的需求是不同的,劳务中心要对施工人员进行合理的配置,既要保证满足项目组的施工需求,又要尽可能地减少施工人员的窝工,调配难度大。

如果要解决劳务中心任务繁重的缺点,也可以设置如图 4-24 所示的组织结构图。

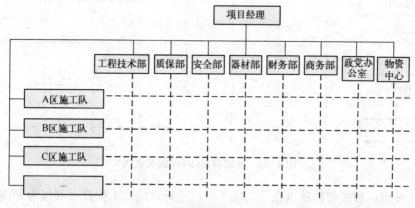

图 4-24 某项目矩阵式项目组织形式 B

图 4-24 中,把项目分成若干个施工队,该施工队的组成比常规的施工队更为复杂,如图 4-25 所示。如果按照施工区域进行划分,可以将施工队固定分配到各个工区,设置各个工区的专属施工队。

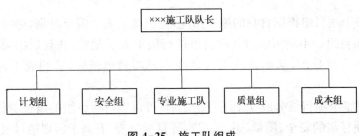

图 4-25 施工队组成

4.6.3 PMO 组织形式

图 4-22 中的矩阵式项目组织可以调整为 PMO 形式的项目组织,把工程技术部的位置进行调整,作为 PMO 协调管理纵向的项目组织职能部门和横向的项目组,如图 4-26 所示。项目组构成和图 4-23 中的项目组结构相同。

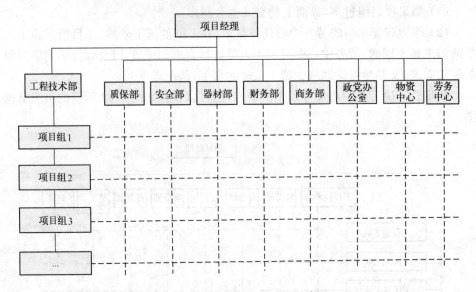

图 4-26 某项目 PMO 组织形式 A

这种组织形式的优缺点在 4.3.2.4 中已进行介绍。工程技术部作为 PMO,对其人员要求很高。

同样,根据图 2-24 中的矩阵式项目组织 B,可以设置如图 4-27 的 PMO 组织形式。

施工队的组成和图 4-25 是相同的。工程技术部作为 PMO 的角色,需要高素质的项目管理人员进行工作。

第4章 工程项目组织形式

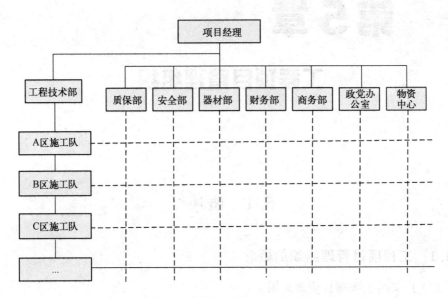

图 4-27 某项目 PMO 组织形式 B

上述这些都是针对工程的项目组织的实际变形,当然,工程项目类型众多,项目管理形式多样,工程项目组织的形式也是千变万化的,但万变不离其宗,只要是合适的,就是好的项目组织形式。

复习思考题

1. 工程项目组织策划是否属于工程项目策划的组成部分？包括哪些内容？
2. 在本书中,矩阵式组织和矩阵式项目组织有何不同？
3. 你认为虚拟项目组织在工程中如何进行应用？其发展前景如何？
4. 本书列举了企业内项目组织的一些变形形式,请问你在实际工作中,还遇到过哪些变形形式呢？举例说明。
5. 工程项目组织形式是多变的,请举例说明你所从事的工程项目,其组织形式的变形过程。
6. 随着工程项目规模越来越大,项目群的应用也越来越多,请问你所从事的项目有项目群管理的例子吗？若有,请为该项目群绘制其组织结构图。

第5章

工程项目管理组织

5.1 概述

5.1.1 工程项目管理组织的概念

(1) 广义的工程项目管理组织

对一个工程项目组织而言,广义的工程项目管理组织是在整个项目组织中从事各种项目管理工作的人员、参与单位、项目部门组合起来的群体。一般以项目经理部或者项目管理小组的形式出现,按照工程项目管理的职能设置对应的部门或者职位,以及项目管理的流程,由项目管理人员完成相应的项目管理本职工作。

由于工程项目参与单位(投资者、业主、设计单位、承包商、咨询或监理单位,甚至工程分包商),都将自己的工作任务称为"项目",都进行项目管理,也都有自己相应的项目管理组织,如业主的项目经理部、项目管理公司的项目经理部、承包商的项目经理部、设计项目经理部等。其间有各种联系,有各种管理工作、责任和任务的划分,形成该工程项目总体的管理组织系统。在一个工程项目组织中,这些项目管理人员可能在同一个项目经理部中共同工作,也有可能分散在各参与单位中为同一个项目进行工作。这个与工程项目的承发包模式、项目组织结构等是密切相关的。

(2) 狭义的工程项目管理组织

狭义的工程项目管理组织主要是指由业主委托或指定的、负责工程项目管理的项目经理部或项目管理小组,它在广义的工程项目管理组织中居于中心位置,并以整个工程项目为对象,进行相关的项目管理工作,包括质量、进度、投资、合同、资源、信息和组织等管理。

5.1.2 工程项目管理组织和工程项目组织的相关性

工程项目组织与工程项目管理组织是两个常被提及的概念,在许多文献中常常将两者混淆,或者很少提到项目管理组织的概念。这不仅影响了工程项目组织的深入研究,还会带来工程项目承发包模式、项目管理模式和合同结构等定义的混乱。

工程项目管理组织与工程项目组织是两个既有区别,又互相联系的概念,两者的对比分析如表 5-1 所示。

表 5-1　工程项目组织与工程项目管理组织比较表

类　别	工程项目组织	工程项目管理组织
目　标	以工程项目总目标为导向	以工程项目管理目标为导向
任务/工作范围	工程项目 WBS 的所有工作	成本、质量、进度等项目管理工作
主　体	投资者、业主、承包商、设计单位、供货单位、项目管理单位等	从事项目管理工作的人员、参与单位和项目部门,一般包括项目经理和项目职能管理部门(小组)人员
组织关系	主要为合同关系或由合同定义的管理关系,也包括行政关系等	组织协调与管理关系,行政关系
组织实施方式	工程承发包模式	工程项目管理模式
任务/工作分配方式	项目工作任务书、分配表等	项目管理责任矩阵、项目管理规程等
工作流程体系	工程项目组织流程体系	项目管理流程(如计划流程、合同管理流程等)体系
运作规则	工程项目内部正式制度,主要包括工程项目合同体系	工程项目内部正式制度中项目管理方面的制度,包括项目管理手册、项目管理合同等

从表 5-1 可以看出:

(1) 工程项目组织是由投资者、业主、承包商、设计单位、供应商和项目管理单位等构成的群体,可以用项目组织结构图表示,它受项目分解结构(WBS)限定,按项目工作流程(流程图、网络计划等)开展工作,其成员各自完成规定(由合同、任务书、工作包说明等)的任务。

(2) 工程项目管理组织主要是由项目经理、项目管理职能部门(小组)及其人员构成的项目经理部,完成项目管理工作(包括工期、成本、质量、资源、合同等的计划和控制)。

(3) 工程项目管理是项目工作中必不可少的一部分,要由专门的人员(参与单位)完成,因此,项目管理组织必然作为一个组织单元包括在项目组织中,是工程项

目组织中承担项目管理工作的人员的群体。工程项目管理组织是工程项目组织的一个组成部分。

5.1.3 项目管理组织的团队建设

由于项目管理组织的特殊性,团队精神对项目管理组织的运作有特殊的作用,是项目组织文化的具体体现。要取得工程项目的成功,必须最有效地使用项目管理组织成员,化解矛盾,激发和调动项目管理组织成员的积极性,使项目管理组织高效率运作。一个成功的项目管理团队往往具有如下特征:

(1) 有明确的共同的目标

所有成员对目标应有共识。每个成员都知道项目的重要性,每个成员都追求项目的成功,项目初期就要激发项目管理组织成员的工作使命感。

(2) 有合理的分工和合作

项目管理组织成员有不同的角色分配,对完成任务应有明确的承诺,接受项目管理组织规则,同时又不拘泥于分工,在工作中互相"补台",形成合力。由于项目管理组织成员都是从各参与单位的职能部门临时"借调"来的,他们虽在项目上工作,但对他们的管理、评价及职务晋升等通常仍在原职能部门,因此,项目管理组织领导应讲究领导艺术,懂得如何激励这些职能人员。

(3) 合适的工作环境

应创建一种工作环境,鼓励每个成员积极参与,出色地工作,全身心地投入项目管理工作中,与项目经理部内部和项目涉及的所有部门建立良好的工作关系,相互信任,互相尊重。

(4) 公平公正的事务处理

在项目管理组织中要公平、公正地处理事务。人们渴望公平,如果工作过程中出现明显不公平的情况,或有些成员感到不公平,就会产生消极情绪。

(5) 有效的沟通

培养成员的团队意识,团队中有民主气氛,使沟通交流经常化。项目管理组织领导日常应注意关心成员,这常常比有目的的激励更有效。

(6) 注重组织每个成员的发展

充分发挥项目管理组织成员的积极性,倡导创新精神,鼓励他们自我管理,努力改进项目管理工作,使学习和创新成为项目管理组织的经常性的活动。

5.2 项目经理部

项目经理部是由项目经理组建并领导、进行项目管理的组织机构,是一个项目经理和一支项目管理团队的组合体,是一次性的具有弹性的现场管理组织机构。在工程项目组织中,业主建立或委托的项目经理部居于中心位置,在项目实施过程中起决定性作用。项目经理部以项目经理为核心,一般按项目管理职能设置职位(或项目部门),按照项目管理流程工作。工程项目组织能否顺利运行,能否达到预期的组织效率,实现项目组织目标,对项目经理部的依赖性很大,特别是项目经理的管理水平、工作效率、能力和责任心,对项目的成败影响很大。

5.2.1 项目经理部结构

项目经理部的组成、部门或人员设置与所承担的项目管理任务相关。

(1) 对中小型工程项目,通常设项目管理小组,有项目经理、专业工程师(土建、安装、工艺等专业)、合同管理人员、成本管理人员、信息管理员、秘书等,有时还有负责采购、库存管理、安全管理和计划等方面的人员。

一般项目管理小组职能不能分得太细,否则信息会比较多,管理程序复杂,组织成员能动性小,而且容易造成组织摩擦。

(2) 对大型工程项目,常设置一个项目经理部或项目公司的形式作为项目管理组织,项目经理下设各个项目管理部门,如计划部、技术部、合同部、财务部、供应部、办公室等。例如,某大型工程项目经理部的结构见图5-1。

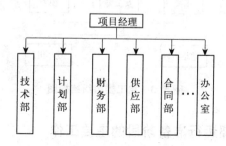

图5-1 某大型工程项目经理部的结构示意图

由于在项目实施过程中,项目管理的任务是波动的,所需的项目管理人员数量也是波动的,所以项目经理部的组织结构和人数经常会随着项目生命周期而发生变化。有时也可设置项目副经理协助项目经理工作。

(3) 工程总承包项目部可以在项目生命周期各阶段设立项目经理和项目副经理,以及相应的项目组织部门的从事职能管理工作的项目经理或工程师,如控制经理、设计经理、采购经理、施工经理、试运行经理、财务经理、进度计划工程师、质量工程师、合同管理工程师、估算师、费用控制工程师、材料控制工程师、安全工程师、信息管理员和项目秘书等岗位。

(4) 不同的工程项目,其项目经理部结构是不同的,会有其工程特色和项目管理特色的体现。某城市地铁工程项目单个施工标段的项目经理部组织结构如图5-2所示。

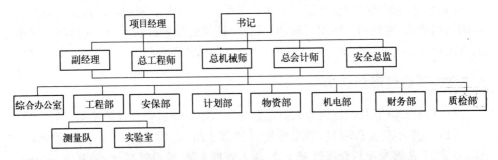

图 5-2　某地铁工程项目单个土建标段的项目经理部组织结构图

其中,还特地单列了党工委组织结构图,如图5-3所示,可以作为图5-2的子图。

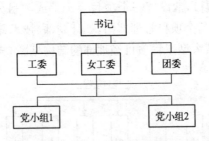

图 5-3　党工委组织结构图

5.2.2　项目经理部运行准备阶段的主要工作

项目经理部在运行前需要有一定的准备工作。在此基础上进行项目经理部的运行,才能达到预期的目标。

5.2.2.1　工程项目管理的系统设计

1) 工程项目管理系统的作用

要使项目管理组织尽快地投入,高效率地运行,必须构建项目管理系统。一般项目管理公司或工程承包公司都有标准化的项目管理系统,但必须按照业主的要求、项目管理模式和项目的特殊性进行改进使用。构建标准化的项目管理系统的作用如下:

(1) 规范项目管理过程,提高项目管理的运作效率;

(2) 为招投标工作提供整套的项目管理运作程序文件;

(3) 作为进入企业新成员的工作规范和岗前培训的内容;
(4) 作为项目管理工作考核的依据;
(5) 作为项目管理信息系统的规划、分析和设计的基础等。

2) 工程项目管理组织系统设计的特殊性

与一般的企业管理不同,工程项目管理是过程管理。在项目管理组织系统设计时应注意:项目管理过程是固定的,而管理模式具有多样性和灵活性,所以企业(如项目管理公司)的项目管理系统设计一般可以先不考虑项目管理模式。其原因如下:

(1) 不管项目管理公司承担全部或部分任务,它都站在全过程和整个项目的高度,体现全生命周期管理和集成化管理的要求,要有为业主全过程服务的能力。

(2) 企业需要参与多种类型的项目融资模式,可以适应不同模式的项目管理工作,以保证工程项目的系统性和项目管理公司工作的灵活性。

(3) 不同的项目管理模式仅仅体现项目管理工作阶段的划分和承担者的不同,但不管是一家还是几家承担,从总体上说,项目管理过程是不变的。

3) 工程项目管理组织系统设计的工作内容

项目管理系统设计是站在工程项目组织总体的角度,以项目实施全过程和全部的项目管理工作为研究对象。最终的项目组织管理系统设计文件通常包括:项目管理组织结构图和人员配备计划、项目管理责任矩阵和项目管理规程等。

(1) 按照项目总目标确定项目管理组织的工作范围,划分项目管理的主要过程。

(2) 构建项目管理系统结构(子系统构成),一般可以从以下两个角度着手:

① 项目生命期过程:如前期策划(或投资咨询)、计划和实施控制子系统等;

② 项目管理职能:进度管理、质量管理、成本管理、安全管理和合同管理子系统等。

这两种划分方法没有好坏之分,只是构建角度不同。

(3) 按项目过程和管理职能全面分解项目管理工作,列明项目管理工作目录。

(4) 项目管理工作流程设计。可以从不同的角度用流程图描述项目管理工作流程,如前期策划流程、计划管理流程、实施控制流程、变更管理流程、合同管理流程、材料进场流程、账单审查流程和竣工检验流程等。流程设计可以理顺各子系统的管理工作之间的逻辑关系。

通过流程分析,可以将项目管理工作构成一个动态的过程。管理工作流程是项目管理信息流程设计的基础。

(5) 相关项目管理工作规范的制定。对生命周期各个阶段的项目管理具体工作，要提出管理工作所应达到的要求，如工作的详细程度、准确程度、工作文件范围等。

(6) 项目管理标准文件设计，如报告系统、文档系统、合同文件、招标文件、表格等。

(7) 项目管理手段和工具的应用，如项目管理软件、PIP 平台、BIM 软件等。

5.2.2.2 项目管理规划大纲编制

根据《建设工程项目管理规范》，项目管理规划大纲应由组织的管理层或组织委托的项目管理单位编制。

1) 编制依据包括：可行性研究报告，设计文件、标准、规范与有关规定，招标文件及有关合同文件，相关市场信息与环境信息。

2) 项目管理规划大纲可包括下列内容，项目组织应根据需要选定：

(1) 项目概况；

(2) 项目范围管理规划；

(3) 项目管理目标规划；

(4) 项目管理组织规划；

(5) 项目成本管理规划；

(6) 项目进度管理规划；

(7) 项目质量管理规划；

(8) 项目职业健康安全与环境管理规划；

(9) 项目采购与资源管理规划；

(10) 项目信息管理规划；

(11) 项目沟通管理规划；

(12) 项目风险管理规划；

(13) 项目收尾管理规划。

3) 编制工作程序

(1) 明确项目目标和项目组织目标；

(2) 分析项目环境和条件；

(3) 收集项目的有关资料和信息；

(4) 确定项目管理组织模式、结构和职责；

(5) 明确项目管理内容；

(6) 编制项目目标计划和资源计划；

(7) 汇总整理，报送审批。

5.2.2.3 工程项目管理的组织计划

工程项目管理的组织计划是为了满足项目管理的需要,对项目管理组织成员拟定的一整套工作分析、招聘和配置、绩效考评、薪酬管理、培训等计划。工程项目管理的组织计划是对项目管理规划大纲的人力资源管理方面的细化和补充。通过项目管理的组织计划,可以确定项目管理成员在项目组织中所承担的职责和相互之间的组织关系,并安排合适的人员承担项目管理工作。

工程项目管理的组织计划中,关键是要确定人员的要求,这一般是按照项目管理的模式、任务、职能、工作内容需求和以往项目管理经验确定的。在国际上,项目管理(或咨询)公司可以承接不同类型的工程项目,其项目经理部中大部分是通用型项目管理人员,如合同工程师、财务经理、资源管理人员、信息管理员等,仅有小部分专业人员与所承接的工程项目类型相关,如承接化工工程则需要增加熟悉化工工艺流程的项目管理人员,承接核电工程项目则需要增加核电方面的项目管理人员。

5.2.3 项目经理部运行阶段主要工作

项目经理部运行阶段的主要工作包括:

1) 确定项目经理部的组织形式和项目管理任务

项目经理部要求结构健全,囊括项目管理的所有工作职能,同时力求保持最小规模,达到经济性。

对以项目作为经营管理对象的承包商、项目管理(监理)公司等,应尽可能设置相对稳定的项目管理组织形式。这样尽管项目是一次性的、常新的,但项目经理部却是相对稳定的,项目组织成员之间彼此了解,彼此适应,协调方便,可大大减小组织摩擦,容易形成良好的项目组织文化。若项目经理部成员变动过于频繁,则不利于组织的稳定,容易缺乏凝聚力,组织摩擦大,效率低下。

2) 确定项目经理部的层次,设立项目职能管理部门与项目管理岗位

项目经理部中职能管理部门的设置与管理人员配备要考虑参与单位的职能部门,特别是人力资源部门能为项目管理组织提供的协助和支持的程度。有时,还要顾及其他因素,例如:若项目靠近参与单位,可以配备较少的人员,若远离单位则要求项目组织人员配备齐全。

3) 选择合适的项目管理人员,并确定人员、职责和权限。

(1) 上层领导要积极支持项目,保证有效的符合计划要求的项目管理人员投入。

(2) 通常,项目经理部的许多职能管理人员是由参与单位的职能部门派遣的,只有得到参与单位职能部门的支持,才能获得最得力的在各相关领域有经验与技能的人力资源。对重大项目,项目经理应有权选择关键岗位的项目经理部

成员。

(3) 应尽可能多地使用参与单位现有职能部门中的管理人员。

(4) 对于常见的项目经理部,各项目管理人员的职责和权限一般为:

① 项目经理:负责项目经理部的行政领导工作,并对整个项目的施工计划、生产进度、质量安全、经济效益全面负责。

② 项目副经理:是项目经理的助手,负责项目施工中的各项生产工作,对进度、质量、安全负直接责任。

③ 项目总工程师:负责项目施工中的全部技术管理、质量控制和安全监督工作。

④ 施工组:负责定额核算、计划统计和预决算的编制工作;负责施工现场平面管理、施工调度及内外协调;负责施工测量、放线,负责施工档案管理工作。

⑤ 技术组:负责施工组织设计、专项施工方案和技术交底;负责钢筋翻样、木工放样,构配件加工订货和现场施工技术问题的处理;负责发放施工图纸、设计变更和有关技术文件;负责做好隐蔽工程的验收记录和各项工程技术资料的收集整理工作。

⑥ 质量管理组:负责工程质量管理体系的建立和质量的检查、监督,进行分部分项工程的自检评定,开展全面质量管理和QC小组的活动。

⑦ 安全管理组:负责做好经常性的安全生产宣传工作,贯彻"安全第一,预防为主"的方针,组织日常的安全生产检查、监督工作,帮助班组消除事故隐患,促进安全生产。

⑧ 材料设备组:负责编制材料和设备供应计划,根据施工进度分批组织材料设备供应;负责材料的发放和物资保管,进行原材料的检验、化验、抽检,提供有关材料和设备的技术文件。

⑨ 财务组:负责编制已完工程报表,进行项目的成本分析、控制和评估,编制月度用款计划和月进度款支付表。

⑩ 合同管理组:负责预算审查,项目相关合同的编制和签订工作。

⑪ 办公室:负责政治宣传、职工教育、生活后勤、安全保卫、环境卫生、文明施工及接待工作。

(5) 将人员分配到项目经理部各部门时,应考虑该岗位所需要人员的才能、知识背景和经验等方面的要求,同时考虑选派人员的兴趣、特点、经验及人际关系,实现人尽其用。

(6) 项目管理职能分工表是最常用的工具之一,它反映了项目管理组织部门与管理工作的对应关系,能保证项目管理范围内的每项工作均已分配落实到具体的部门,且责任关系明确(表5-2)。

表 5-2　某项目经理部管理职能分工表(摘要)

管理职能	工作内容	项目经理	技术组	施工组	财务组	合同管理组	质量管理组	材料设备组	安全管理组
前期工作	现场七通一平、现场及周边勘察	J	C	F	C		C	C	J
	获得政府相关部门审批	C							
设计协调和技术管理	图纸会审、设计交底、预算审查	J	F	F	C	F	C		
	总包施工组织设计审查	P	F	C	C	C	C	C	
现场管理	施工总平面图	P	F	F			C	C	
	现场管理、周边协调	F		F			C	C	J
	与主管部门协调	F		C	C	C	C		
进度管理	施工进度、网络计划	P	F	C	C	C	C		
	进度监督、协调各单位进度	F	C	C	F	C	C		
	向甲方提供进度信息	F		C	C	C			
质量管理	建立质量管理体系、质量监督	J	C	C			F	C	
	施工材料半成品质量监督	J	C	C			F	C	
	协助确定甲供材料、设备					C	F		
成本管理	审核预算、审查设备、材料、工程价款	J				F	C		
	编制已完工程报表	J		C	F		C		
	工程成本分析、控制、评估	J		C	F	C	C		
采购管理	材料设备计划及采购申请	P		C	C		F		
	甲方委托材料设备管理	J		C	C		F		
	协助签订采购合同			C	C	F	C		
	制定保管制度、材料设备保护	J					F		
财务管理	编制用款计划、月进度款支付表	P		C	F	C			
	协助甲供材料、设备结算	P		C	F	C			
档案管理	档案、变更、图纸资料保管	J	F	F	C	C	C		
安全管理	安全措施督促、检查	J		C			C		F
	安全协议签署	J					C		F

表例：F—负责；J—监督；C—参与；P—批准

(7) 若有需要，可以对项目管理人员进行培训。

项目经理部成员应具备项目管理工作所需要的素质、知识和技能。如果配备的人员缺乏必要的管理或者技术技能，或承担新的特殊领域的工程项目，则应进行专门的培训，以提高项目经理部的管理效率。

① 对有些专业性非常强的职能管理岗位，或对特殊类型的工程项目，在招聘新人时会遇到困难，很难有合适的人选，则应给予充分的准备时间进行培训。

② 由于项目是一次性的，每个项目都是新的，所以要求项目管理公司，以及项目经理部是研究型、学习型、创新型组织。项目经理部成员应接受经常性的培训，以确保知识的更新，更好地适应项目管理发展的需要。

③ 培训要有针对性，特别要顾及企业规范化的项目管理系统的运作方式、所承接工程项目的专业特殊性和所采用的项目管理模式等。

4) 明确项目管理系统内容，根据"项目管理目标责任书"进行目标分解

在项目实施前应向各项目参与单位和成员"交底"，介绍项目管理系统，使大家了解、掌握本项目的"规矩"，以便更好地组织协调。

对相应管理岗位做出明确说明（如谁该做什么？如何做？什么结果？需要什么？谁决定什么？），宣布对组织成员的授权（使用资源、资金等），确定责任、报告关系和组织界面，指出管理职权使用时应注意的问题等。

项目管理目标责任书是由企业法定代表人根据施工合同和经营管理目标要求明确规定项目经理部应达到的成本、质量、进度和安全等控制目标的文件，包括：

① 参与单位各职能部门与项目经理部之间的关系；

② 项目经理部使用作业队伍的方式，项目所需材料供应方式和机械设备供应方式；

③ 应达到的项目进度目标、质量目标、安全目标和成本目标；

④ 在企业制度规定以外的、由法定代表人向项目经理委托的事项；

⑤ 企业对项目经理部人员进行奖惩的依据、标准、办法及应承担的风险；

⑥ 项目经理解职和项目经理部解体的条件及方法。

5) 组织有关人员制定规章制度和目标责任考核、奖惩制度。

建立绩效考核和评估体系，对整个项目经理部、项目经理部内的各职能部门（或小组）的工作进行分解、落实、监控和绩效考核，并开展宣传动员。

6) 根据项目管理规划大纲，编制项目管理实施规划。

项目管理实施规划由项目经理组织编制。

(1) 编制依据

① 项目管理规划大纲；

② 项目条件和环境分析资料；

③ 工程合同及相关文件；
④ 同类项目的相关资料。
（2）编制程序
① 了解项目参与单位和相关者的要求；
② 分析项目条件和环境；
③ 熟悉相关法规和文件；
④ 组织编制；
⑤ 履行报批手续。
（3）主要内容
项目管理实施规划应包括下列内容：
① 项目概况；
② 总体工作计划；
③ 组织方案；
④ 技术方案；
⑤ 进度计划；
⑥ 质量计划；
⑦ 职业健康安全与环境管理计划；
⑧ 成本计划；
⑨ 资源需求计划；
⑩ 风险管理计划；
⑪ 信息管理计划；
⑫ 沟通管理计划；
⑬ 收尾管理计划；
⑭ 项目现场平面布置图；
⑮ 项目目标控制措施；
⑯ 技术经济指标。

5.2.4 项目经理部的生命周期

项目经理部的生命周期可以分为如下几个阶段：
（1）项目经理部成员的互相适应阶段
随着项目经理部成员从各参与单位的职能部门进入项目经理部，项目目标和工作内容开始逐步明确，成员相互认识，开始执行分配到的任务，项目工作缓慢推进。

在该阶段，由于大家彼此生疏，成员之间有一个互相适应的过程，同时对项目管理的运作比较陌生，沟通障碍较大，难免有组织摩擦。但另一方面，由于项目工作有明显的挑战性，增强了项目管理人员工作的新鲜感和动力。

这一阶段主要由项目经理来指导和构建团队，项目经理要能容忍成员的工作疏忽、错误、不满和意见，积极引导，通过协调解决矛盾，保持对项目经理部的领导和控制。

（2）规范化阶段

项目经理与各成员一起参与讨论，共同进行项目管理工作和对应的项目决策，项目管理工作逐步规范化。这一阶段，项目经理应创造一种有利的项目管理环境，激励项目经理部朝预定的目标共同努力，鼓励每个成员积极工作和创新。

（3）项目管理成效阶段

项目经理部成员之间互相信任，互相适应，能很好地沟通和公开地交流，关系和谐，管理效率逐渐提高，各项项目管理工作顺利开展，整个项目管理的工作进度加快。

这一阶段，项目经理应充分授权，营造良好的组织环境，激励组织成员取得成功，使大家全力以赴，高效率地实现目标。

（4）项目经理部的解散阶段

在工程项目结束阶段，项目经理部要逐渐解散，项目管理工作会逐渐减少，最后完全结束。在此阶段，由于项目管理工作任务不饱满，项目经理部的组织职能逐渐弱化，有些人员虽在项目经理部工作，但可能会同时要承担参与单位职能部门工作或新的项目上的管理工作，或要寻找新的工作岗位，会有不安、不稳定情绪，对本项目的剩余管理工作失去兴趣，失去激情，导致工作效率降低，从而影响项目的结束工作。

因此，项目经理一方面要做好后期组织和计划工作，同时又应为管理人员顺利进入到新项目或新岗位工作提供条件和帮助，以稳定军心，提高士气。

这一阶段，还应该对项目经理部成员进行考核，并报告给相关的管理部门。

5.3 项目经理

项目经理是项目经理部的负责人，从职业角度讲，项目经理是对项目承担质量、安全、进度、成本管理责任和全面提高项目管理水平设立的重要管理岗位。美国著名杂志《财富》(Fortune)曾预测项目经理将成为21世纪年轻人首选的职业。这说明了项目经理在项目管理中的重要性。现代工程项目的工程技术系统更加复杂化，实施难度加大，项目经理对项目的效益影响越来越大，业主在选择承包商和项目管理公司时十分注重对其项目经理的经历、经验和能力的审查，并赋予一定的权重,作为定标、授予合同的重要指标之一。许多项目管理公司和承包商也将项目经理的选择、培养作为企业的一个重要发展战略。

5.3.1 项目经理的作用

项目经理是项目经理部的核心,领导着项目经理部的工作。所以项目经理居于整个项目的核心地位,他对项目经理部以及整个项目组织具有举足轻重的作用,对项目的成功起决定性影响。工程实践证明,一位能力强的项目经理领导一个弱小的项目经理部,比一位能力弱的项目经理领导一个强的项目经理部能使项目取得更大的成就。

项目经理在工程项目管理组织中的作用主要体现在以下几个方面。

(1) 工程承担单位在项目上的全权委托代理人

工程项目的项目经理是工程项目承担单位的法定代表人在该工程项目上的全权委托代理人,负责项目组织、计划及实施过程,处理内外关系,保证项目组织目标的实现,是项目的实际负责人,是项目的直接领导者和组织者。

(2) 在合同双方之间起协调、平衡作用

项目经理能站在公正的立场上,公正地、公平地、合理地处理和解决各种问题和纠纷,协调各方面的关系,赢得合同双方的信赖。

由于合同双方利益和立场不一致,会造成双方行为的不一致和矛盾。项目经理可以在项目中起到缓冲作用,调解争执,协调双方的关系,使合同双方的各自权益得到保护和平衡。

通常工程承包合同赋予项目经理许多权力和职责。在工程中,业主和承包商一般不直接交往,具体事务都由项目经理负责。所以项目经理作为双方的桥梁和纽带,可以缓冲矛盾,缩短双方的距离,保证双方共同营造一个良好的合作环境和氛围。

(3) 促进项目管理的专业化发展

项目经理熟悉项目实施过程,熟悉工程技术,精通项目管理知识,具有丰富的项目管理经验和经历,他的工作具有很大的专业性。项目经理的存在,确保了工程项目管理的专业化,同时,能带动一批项目管理人员在项目管理上的发展。

5.3.2 项目经理的设置

在项目经理部,项目经理的设置非常重要。通过不同维度,项目经理的设置有如图5-4这四种方式。当然,这些设置方式一般适用于大型工程项目,中小型工程项目经理的设置无需这么复杂。另外,项目经理的设置要与项目经理部结构相匹配。

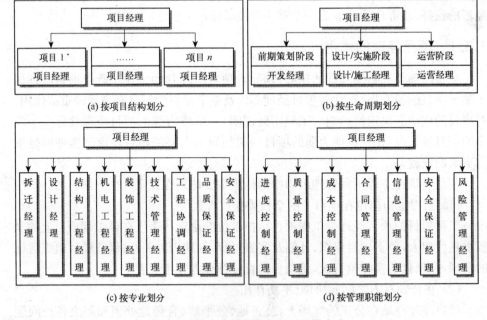

图 5-4 四种不同的项目经理设置方式

1) 按项目结构设立项目经理

按工程项目结构划分，各项目经理分别对所负责的部分工程进行全过程项目管理。按项目结构设立项目经理所形成的项目管理组织结构如图 5-4(a)所示。按项目结构设立项目经理，应尽可能减少各子项目之间的界面管理的复杂程度。项目经理的数量应根据子项目规模和复杂程度具体分析确定。

(1) 优点：由于每个项目经理承担该子项目全过程的项目管理任务和责任，因此权利集中、责任分明。

(2) 主要缺点是：由于各个项目经理的权利和责任集中，因此项目经理应熟悉项目设计、施工以及技术、经济和合同等各方面的知识，并有这些方面的经验，能亲自处理各项事务。这种设置对项目经理的素质要求较高。

2) 按生命周期划分设立项目经理

工程项目任务可以按项目生命周期划分，项目经理的设置与生命周期一致，各项目经理分别在所负责的阶段对整个项目进行管理。这种划分形成的项目管理组织结构如图 5-4(b)所示。它可按生命周期直接设立各阶段项目经理，也可以把若干相连阶段进行合理组合或分解设立项目经理。

(1) 其主要优点是：由于设置了对阶段负责的项目经理，该阶段的项目管理工作得到增强。

(2) 其主要缺点是：不利于从整体角度进行项目目标控制，存在界面管理问题。

3) 按专业内容设立项目经理

按项目所涉及的专业内容分别设立项目经理，形成如图 5-4(c)所示的项目管理组织结构。

(1) 优点在于：在这种方式下，由于各项目经理是按专业划分的，能最大限度地发挥专业管理人员的潜力，加强了对专业工作的管理。

(2) 缺点在于：正因为各项目经理是按专业内容划分的，专业人员仅从本专业考虑项目管理工作，因此不利于对项目整体的目标控制。

4) 按照管理控制内容设立项目经理

这种方式是按照项目管理职能划分的，这种划分方式如图 5-4(d)所示。

(1) 优点在于：有利于工程目标的实现。

(2) 缺点在于：只重视目标，不重视过程的划分方式，不利于建设项目对象系统的实现。

为了发挥上述几种划分方式的优势，可针对建设项目的具体特点，把各种方式结合应用，形成混合方式设置项目经理的设置项目管理组织结构。

5.3.3 项目经理的发展过程和特点

1) 国际上项目经理的演变

早期的工程项目建设是业主自营，由业主直接雇佣工匠进行项目建设。

14—15 世纪出现了营造师，作为业主的代理人管理工匠，并负责设计。

15—17 世纪，建筑师出现，承担设计任务，而建造师专门管理工匠，负责施工。

17—18 世纪，工程承包企业出现，业主发包，签订工程承包合同。建筑师负责规划设计、施工监督，并负责业主和承包商之间纠纷的调解，实质上就是为业主进行项目管理。

19—20 世纪出现了总承包企业，形成一套比较完整的总承包—分包体系。

20 世纪，工程项目的承包方式出现多元化发展，建筑领域的高度社会分工导致设计和施工的专业化。同时在设计和施工中分离出专业化的项目管理（咨询）。

几百年来，在国外的工程项目中，建筑师一直承担项目管理者的角色。直到 20 世纪 80 年代在德国的工程项目组织中，建筑师仍处于中心地位。许多工程项目的计划、工程估价、控制，甚至索赔报告的处理都由建筑师承担。建筑师担任工程项目经理的原因如下：

(1) 在工程中建筑学是主导专业，建筑方案是其他专业方案的基础，与其他专业的联系最广泛。

(2) 建筑方案体现美学、艺术、哲学,体现传统文化风格。

(3) 建筑师注重项目的运营与环境的协调,注重项目的历史价值和可持续发展。

这些正是工程项目和业主最需要的。但建筑师承担项目管理责任的问题也是明显的:

(1) 建筑师常常缺少经济思想;

(2) 作为艺术家,具有创新思维,但往往不够严谨;

(3) 建筑师常常有非程序化和非规范化思维和行为。

这些会影响项目总目标的实现,不利于项目的成功。

2) 我国项目经理的演变

(1) 我国古代的项目经理

宋朝苏轼的《思治论》一文中,有这样一段论述:"夫富人之营宫室地,必先料其资材之丰约以制宫室之大小,然后择工之良者而用一人焉,必造之曰:吾将为屋若干,度用材几何? 役夫几人? 几日而成? 土、石、竹、苇,吾于何取之? 其工之良者必告之曰:某所有木,某所有石,用材役夫若干,某日而成。主人率以听焉。及期而成,既成而不失当,则规摹之先定也。"其大意是说,当有钱人想建造房子时,根据自己有的建筑材料的多少来决定房子的大小,然后再选一个技术好的工匠来,问他,我想造几间屋,需要用多少材料,多少人工,多长时间? 土、石、竹、苇这些建筑材料哪里能弄到? 工匠就回答说,哪里有木材,哪里有石材,需要多少人工、资金、哪天完工。然后主人听从这位工匠的话,房屋就按期完成了。

其中,"工之良者",就相当于现在的项目经理,他一个人肩负了设计、预算、施工组织等各种职能。而项目的运作,则往往因"项目经理"能力的不同,思路的不同,带有强烈的个人色彩。如宋真宗时期的丁谓施工的典故:宋真宗在位时,皇宫曾起火,一夜之间,大片的宫室楼台殿阁亭榭变成了废墟。为了修复这些宫殿,宋真宗派当时的晋国公丁谓主持修缮工程。当时,要完成这项重大的建筑工程,面临着三个大问题:第一,需要把大量的废墟垃圾清理掉;第二,要运来大批木材和石料;第三,要运来大量新土。不论是运走垃圾还是运来建筑材料和新土,都涉及大量的运输问题。如果安排不当,施工现场会杂乱无章,正常的交通和生活秩序都会受到严重影响。丁谓研究了这些问题之后,制订了这样的施工方案:首先,从施工现场向外挖了若干条大深沟,把挖出来的土作为施工需要的新土备用,于是就解决了新土问题。第二步,从城外把汴水引入所挖的大沟中,于是就可以利用木排及船只运送木材石料,解决了木材石料的运输问题。最后,等到材料运输任务完成之后,再把沟中的水排掉,把工地上的垃圾填入沟内,使深沟重新变为平地。简单归纳起来,就是这样一个过程:挖沟(取土)→引水入沟(水道运输)→填沟(处理垃圾)。按照这个施工方案,不仅节约了许多时间和费用,而且使工地秩序井然,使城内的交通和生活秩序不受施工太大的影响,从而顺利完成工程。

我国古代的项目经理大多由政府或部队的领导担任,负责大型工程项目的管理,例如,都江堰工程由太守李冰负责建造,秦代万里长城由大将蒙恬和蒙毅负责。这种模式在我国持续了很长时间,这和我国的文化传统、政治和经济体制有关。

(2) 我国近代的项目经理

长期以来,我国缺少专门的项目经理的教育和培训,项目经理均来自其他不同的工作岗位,有不同的知识背景、经历,具有不同的特点。

① 军队指挥员

新中国成立后相当长的时间内,工程项目经理由军队指挥员担任,如20世纪50年代和60年代建设的"两弹一星"等一些重点项目。

他们的特点是:忠诚,原则性强,有坚定的完成任务的信念;办事干练、果断,采用军队式的管理方式管理项目,靠军事命令指挥工程施工;但经济观念比较薄弱,制定的目标和计划弹性较小,比较适合计划经济体制下的工程项目管理,而且对下级的作风比较强硬。

② 政府行政领导

在80年代和90年代,我国大量的工程项目都由政府行政领导(如副市长、副省长、副部长)担任负责人(总指挥)。他们能进行多方面的协调,全局把握较好,工作中鼓舞性强,对政绩要求高,追求项目的形象,项目目标(特别是工期目标)的刚性大;但他们不太重视技术问题,经济观念淡薄,常有"为建设而建设"的思想,喜欢搞大会战,以行政命令的方式指挥工程实施。

③ 企业经营管理者

现在大量的企业投资项目由企业的经营管理者负责管理。他们有经济思想,市场观念根深蒂固,对市场敏感,能够面向用户,有使用户满意的理念,思维灵活,常常按照市场要求制定项目目标。但是,较少考虑项目技术的特殊性和要求,目标容易多变。

④ 工程技术人员

他们有成熟的技术经验,熟悉工程建设过程,作为技术专家,在项目实施中有发言权和权威性;但常常过于严谨,注重数据,对项目中的软信息不敏感,市场观念淡薄,注重技术细节,项目战略上的把握性较差。由于他们不是管理者,可能不善于委托任务、协调工作和控制项目。实践证明,纯技术人员是不能胜任项目经理工作的。

(3) 我国现代的项目经理

目前,发达国家有一整套项目经理教育培训的途径和方法。我国现代的项目经理也有相应的培养途径和方法。在 IT 行业和制造业,PMP 认证(项目管理专业认识资格认证)是很多项目经理会选择的认证方式,它是由美国项目管理协会(PMI)发起的。在建设工程领域,项目经理会选择通过建造师考试来获得相应的认证。

5.3.4 现代工程项目对项目经理的要求

由于项目和项目管理的特点,以及项目经理对项目的重要作用,人们对其知识结构、能力和素质要求越来越高,许多书籍均提出了相应的标准,达到几乎苛刻的程度。

1) 项目经理的素质

在市场经济环境中,项目经理的素质是最重要的,特别对专业化的项目经理。他不仅应具备一般领导者的素质,还应符合项目管理的特殊要求。

(1) 项目经理应有使命感和很高的社会责任感,有工程项目全生命周期的理念,注重项目对社会的贡献和历史作用,注重社会公德,保障社会利益,保护生态环境,严守法律和规章,具有全局的观念。

(2) 项目经理对业主、企业和其他项目相关者负有职业责任。他必须具有很好的职业道德,将用户利益放在首位,不谋私利,有工作热情和敬业精神,勇于挑战,勇于承担责任,努力完成任务。

他不能因为项目是一次性的,与业主是一次性合作,管理工作不易定量评价和项目的最终成果与酬金无关等原因,而怠于自己的工作职责,应全心全意地管好项目。

(3) 由于项目是一次性的,项目管理是常新的工作,富于挑战性,所以他应具有创新精神,务实的态度,有强烈的管理雄心和愿望,勇于决策,勇于承担责任和风险,并努力追求工作的完美,不安于现状,追求高的目标。如果他不努力进取,定较低的目标,作十分保守的计划,则不会有成功的项目。

(4) 为人诚实可靠,讲究信用,言行一致,正直,实事求是,有敢于承认错误的勇气。不能因受到业主的批评和不理解业主意图而放弃自己的职责,不能因为自己受雇于业主或受到承包商不正常手段的影响(如行贿)而不公正行事。他的行为应以项目的总目标和整体利益为出发点,应以没有偏见的方式工作,正确地解释并执行合同,公平、公正地对待各方利益。

(5) 能承担艰苦的工作,任劳任怨,忠于职守。在项目组织中,项目经理是一个特殊的角色,处于矛盾的焦点,常常得不到业主和承包商的理解。由于其责权利不平衡,项目经理要做好工作是很艰难的,可能项目组织各方对他都不满意。例如:

① 有许多业主经常有新的主意，随便变更工程，而对由此产生的工期的延长和费用的增加又不能理解，常常反过来责怪项目经理。

② 由于业主和承包商利益不一致，会产生各种矛盾。例如业主希望项目经理听从他的指令，无条件维护他的利益；而承包商又常常抱怨项目经理不能正确执行合同，偏向业主，不公平。所以双方的矛头都可能指向项目经理。

③ 长期以来，在工程项目取得成功时，人们常常将它归功于技术人员攻克了技术难关，或业主决策、领导有方；而如果项目实施失败，出现故障、困难，则常常归咎于项目经理，尽管许多失败的因素他不能控制。

④ 人们常常将项目管理仅看作监督工作，容易产生抵触情绪；另外人们常常认为项目经理与经济效益、与项目成功无直接的关系，对其工作不重视。

所以在实际工作中，项目管理工作很少能够使各方面都满意，甚至可能出现各方都不满意，都不能理解的局面。所以项目经理不仅要经得住批评指责，化解矛盾，而且能够宽容对待，不放松自己的工作，使大家理解自己。

(6) 具有团队精神，能够与他人合作共事，能够公开、公正、公平地处理事务，不能搞管理上的神秘主义，不能用诸葛亮式的"锦囊妙计"来分配任务和安排工作。

(7) 项目经理在工程项目中除了自己的酬金外不应获取其他的利益，也不能与其他项目的相关者有利益关系，这样易于公正办事。

(8) 胸怀坦荡，有坚强的意志，能自律，具有较强的自我控制能力。

2) 项目经理的能力

(1) 号召力

也就是调动下属工作积极性的能力。项目经理部成员是从各参与单位调来后组合而成的，因此每个人的素质、能力和思想境界均或多或少存在不同之处，每个成员从原单位到项目经理部上班也都带有不同的目的，有的人是为了钱，有的人是为了学项目管理技能，而有的人是为了混日子，因此每个人的工作积极性均会有所不同。为了钱的成员如果没有得到他期望的工资会有厌倦情绪；为了学项目管理技能的成员如果认为该项目没有他要学或认为岗位不对口学不到技能，则会产生厌倦情绪；为了混日子的人，则是得过且过。因此，项目经理应具有足够的号召力才能激发各种类型成员的工作积极性。

(2) 应变能力

项目经理应具有长期从事工程管理工作的经历和经验，特别要求具有同类项目成功的经验和业绩，思维敏捷，灵活机变，对专业工作和管理工作具有敏锐的洞察力和成熟客观的判断能力。每个项目均具有其独特之处，而且每个项目在实施过程中都可能发生千变万化的情况，因此项目管理是一个动态的管理，这就要求项目经理必须具有灵活应变的能力，才能对各种不利的情况迅速作出反应，并着手解决。

(3) 激励能力

项目经理职务是个典型的低权力的领导职位,他主要靠领导艺术、影响力和说服力而不是靠权力和命令行事,他能采取的激励措施也是十分有限的,应努力做到以下三点:

① 充分利用合同和项目管理规程赋予的权力管理项目;

② 注意从心理学、行为科学的角度调动项目经理部成员的积极性;

③ 掌握沟通艺术,在项目中充当激励者、教练、活跃气氛者、维和人员和冲突裁决人。

(4) 组织管理能力与冲突管理的能力

包括:

① 能胜任领导工作,知人善任,敢于和善于授权;

② 协调好各方面的关系,善于人际交往,善于处理矛盾与解决冲突;

③ 能处理好与业主(或顾客)的关系,设身处地地为他人考虑;

④ 与参与单位成员有较好的人际关系,能够与外界交往,与上层组织交往;

⑤ 工作具有计划性,能有效地利用好项目时间;

⑥ 具有追寻目标和跟踪目标的能力等。

(5) 交流能力

也就是有效倾听、劝告和理解他人行为的能力。项目经理只有具备足够的交流能力才能与下属、上级进行平等的交流,特别是对下级的交流更显重要。

在国际项目中,还需要项目经理具有熟练运用外语的能力,以方便交流。

(6) 工程技术技能

项目经理还应具有一定的工程技术技能,但又不能是纯技术专家,他最重要的是对工程技术系统的机理有成熟的理解,能预见问题,能事先估计到各种需要并针对性地解决各种问题。同时,项目经理还必须对项目过程十分熟悉,包括行政过程、专业技术过程和管理过程。在项目中能够及时发现问题,提出问题,能够从容地处理紧急情况,具有应付突发事变的能力,以及对风险和复杂现象的抽象思维能力和抓住关键问题的能力。

(7) 综合管理能力

项目经理应具有战略观念、系统思维和决策能力,统筹兼顾,对整个项目进行全面观察,统一指挥,统一管理。

3) 项目经理的知识结构

(1) 通常要接受过大学以上的专业教育,他必须具有专业知识,一般来自工程的主要专业,如土木工程或其他专业工程专业,或者是工程管理专业,否则很难真正介入项目工作,并被人们认同。

(2) 要接受过项目管理的专门培训或通过再教育掌握项目管理的知识。目前国外和国内都有一整套项目经理的教育培训的途径和方法,有比较成熟的经验。最典型的是美国 PMI 提出的项目管理知识体系(PMBOK)和我国的建造师培训,确定项目经理需要掌握如下三方面的知识:

① 项目所在领域的相关专业知识,如相关的工业、农业、建筑知识等。项目管理是分领域的,不同领域的项目管理的差异性很大。项目经理需要掌握相关的工程专业知识,这是他的专业根底。

② 一般的管理知识,如管理学、经济学、工程经济学、系统工程、组织行为学、战略管理、相关法律、财务管理与会计等理论和方法。

③ 项目管理知识,包括综合管理、范围管理、时间管理、成本管理、人力资源管理、采购管理、质量管理、信息管理、风险管理等九大知识体系。

(3) 需要具有综合的、广博的知识面,能够对所从事的工程相关专业有一定的了解,具有工程系统知识。

5.3.5 项目经理的责权利不平衡

项目经理本身责权利不平衡。按照基本的管理原理,任何组织单元应体现责权利平衡,这是管理系统运行并进行有效控制的前提。但对项目经理却存在如下问题。

1) 他有很大的责任,他在项目组织中承担着举足轻重的角色,工程项目的最终经济效益、项目能否顺利实施、能否优化、能否实现目标,主要依靠他的工作(计划、组织、协调等)的效果,但他受雇于业主,没有决策权。因为项目不是他的,所以他只能提供方案论证资料和建议,由业主决策,他必须听从业主的指令,而且项目的最终经济效益与他无关。

尽管他有一些具体工作(特别是在实施中)的决策权,但在实际应用中常受到业主或业主代表的限制和随意的干扰,有许多业主行使属于项目经理的权力,直接给承包商下达指令、付款,这给项目经理和下层承包商的工作带来困难。

2) 他负责具体的工程管理工作,有很大的权力,如作计划,调整计划,决定新增工程的价格,并直接给承包商、供应商下达指令,作组织协调。但他却不承担相应的经济责任,或承担的经济责任很小,如果由于项目经理的失误造成工程损失,则由业主负责对承包商进行赔偿。通常只有在如下情况下,项目经理才在一定限额内承担责任。

(1) 明显失职和犯罪行为。

(2) 违法行为。

(3) 侵犯第三方专利权、版权。

(4) 明显的错误决策、指令造成损失。

3) 他在项目组织中承担着举足轻重的角色,项目的最终经济效益依赖于他的工作成就,但与他却没有直接的经济联系,他不参与项目运行过程中的利益分配。

通常按照项目管理要求,他不能与项目存在利益联系,否则容易有徇私和不公正的嫌疑。项目经理在项目中没有自己的利益,则容易公正地行事,但也容易产生不负责任的行为。

4) 项目经理领导项目工作,作指挥和协调,但他对组织成员没有奖励和提升的权力。所以项目经理与企业领导相比,他的吸引力和权威以及所能采取的组织激励措施是很有限的,这影响了他的管理效率。他通常通过合同赋予而享有他的权力(如指令权、检查权、签发证书的权力)。

5) 由于项目是一次性的,项目组织、项目管理组织也是一次性的,因此,有如下问题:

(1) 业主对项目经理的委托是一次性的。

(2) 项目经理的管理对象,包括项目任务本身、项目的参加单位是一次性的。

(3) 项目管理组织内部成员职责也是一次性的。

所以,对于项目经理,从管理组织内部,到他的管理对象都是一次性的。这给项目经理工作的评价带来困难。而且,在项目初期有一个适应过程,不仅要对项目、管理过程适应,而且要对项目管理者适应,这时特别容易造成组织摩擦。而在项目结束之前,为寻求新的工作岗位会使人心不稳,这会对项目工作造成冲击。项目经理需要在项目初期和项目结束之前花费大量精力来管理下属成员,负有很大责任,但项目经理的收益并不因此而增多。

复习思考题

1. 请简要说明工程项目管理组织和工程项目组织之间的相关性。
2. 请举例说明某一工程项目经理部组织结构。
3. 项目经理在整个项目经理部中处于核心地位,请说明项目经理的重要性主要体现在哪些方面。
4. 我国现代项目经理的要求还是很高的,请举例说明现代工程项目经理的要求包括哪些具体内容。
5. 项目经理部中,项目经理可以如何进行设置?你所参与的项目中,采用过何种项目经理的设置方式?
6. 项目经理部的生命周期和工程项目的生命周期有相关性吗?如果有,是何种关系?请举例说明。

第6章

工程项目组织制度建设

工程项目组织的运行需要制度的支撑,制度相当于组织的骨架,能够帮助项目组织运行,并规范项目组织参与单位和项目组织成员的行为,达到更高的组织效率。在工程项目组织建立和发展过程中,促进和支持其健康生存的制度很多,在整个项目组织制度系统中具有不同的地位和作用,对任一工程项目组织,其组织制度系统具有唯一性。

6.1 工程项目组织制度系统

工程项目组织制度系统不是各种制度的简单加总,而是一个完整的系统,各项制度之间需要相互适应和发展。

6.1.1 工程项目组织制度系统分解

工程项目组织制度系统可以按不同的标准进行分解。工程项目组织制度系统有其特殊性,其分解标准主要为以下三种:

(1) 按全生命周期(时间)维度分解

按全生命周期(时间)维度分,工程项目组织制度系统可以分解为工程项目前期策划阶段项目组织制度、设计和计划阶段项目组织制度、施工阶段项目组织制度和运行阶段项目组织制度。在全生命周期的各个阶段,项目组织制度都包含正式制度和非正式制度。

(2) 按组织界限分解

按组织界限分,工程项目组织制度系统可以分解为外部制度和内部制度。其中,外部制度是为了确保工程项目组织良好运行,工程项目组织的所有参与单位以及社会有关各方共同遵守的制度,包括正式制度(如法律制度、市场制度等)和非正式制度(如社会文化、风俗等);内部制度是工程项目组织内部为了确保工程项目组织良好运行,工程项目组织的参与单位和项目组织成员有意识颁布或无意识形成的,对工程项目组织参与单位和项目组织成员形成约束的、共同遵守的制度,包括内部正式组织制度(如管理制度、合同体系等)和内部非正式组织制度(如组织使命、组织文化等)。

(3) 按制度经济学定义分解

按制度经济学定义分,工程项目组织制度系统可以分解为正式制度与非正式制度,这也是制度经济学对制度结构进行研究时采用的分解方式。

对于工程项目组织制度系统而言,其正式制度是指政府及相关管理机构所颁布的,与工程项目组织直接相关的宏观制度和工程项目组织参与单位以及项目组织成员有意识创造的、书面的制度,包括法律制度、管理办法、规章制度等,一般是有形的、成文的;非正式制度是指人们在长期交往中自发形成并对工程项目组织产生影响的,以及工程项目组织的参与单位和项目组织成员无意识形成的制度,主要包括文化、风俗习惯、项目组织文化等,一般是不成文的或无形的,并主要在社会舆论和社会成员自律等非强制力获"软约束"作用下实施。

根据上述三种对工程项目组织制度系统不同维度的分解,工程项目组织制度系统呈现出三维立体结构,如图 6-1 所示。这个三维制度结构是工程项目组织制度系统所特有的。

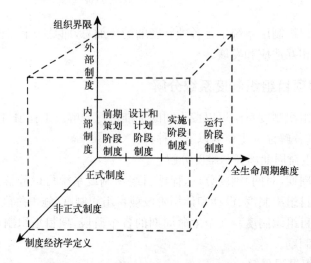

图 6-1　工程项目组织的三维制度系统结构

6.1.2　工程项目组织制度系统的特征

6.1.2.1　复杂性

工程项目组织制度系统的复杂性,是由工程项目组织关系的复杂性以及工程项目组织与参与单位企业组织之间的复杂关系所决定的。

首先,工程项目内的组织关系有多种形式,包括专业和行政方面的关系以及合同关系或由合同定义的管理关系。组织关系的复杂性导致需要复杂的项目组织制度系统与其相对应,才能对项目组织进行有效的管理。

其次,工程项目组织是超企业的组织形式,与其参与单位之间存在复杂的关系。工程项目组织成员既是项目参与者,又是参与单位的企业组织成员,受到双重制度的约束,而双重制度之间若存在矛盾会直接影响到项目组织成员完成项目工作的能力。企业组织是长期的稳定的组织,其制度也稳定。因此,工程项目组织制度系统与参与方企业制度系统之间应尽量保持一致。工程项目组织往往包括几个、几十个甚至上百个参与单位,其制度系统要与所有的参与单位的企业制度保持一致是很难的。这也导致了工程项目组织制度系统的复杂性。

6.1.2.2 整体性

工程项目组织制度系统本身就是一个整体,其整体性是指构成制度系统的各项制度虽然具有不同的制度功能,但它们作为一个整体所能发挥的功能会大于其单项制度功能的叠加累计值。对于工程项目组织制度系统而言,只有把外部制度和内部制度综合起来,形成一个协调运行的综合体,强调整体的一致性,而不是单项制度或若干项制度的一致性,才能确保制度系统整体的最优化。这和工程项目的集成化管理要求是一致的。

同时,制度系统的整体性能够确保各项制度内容、责任的连续性和一致性,不会产生责任盲区。

项目组织制度系统的整体性特征要求在进行制度设计和分析时,应当从整体出发,以综合为基础,在综合的控制与指导下进行设计和分析,并且对分析的结果进行恰当的综合,即把综合既作为处理问题的出发点,也作为处理过程的归宿,并把分析和综合贯穿于过程的始终。

6.1.2.3 层次性

工程项目组织制度系统的层次性,是指工程项目组织制度系统按照不同的标准,例如全生命周期(时间)维度、组织界限等,可以划分为不同的层次,每个工程项目组织制度系统都有其自身的结构层次。对工程项目组织制度系统的研究可以从不同的层次进行。

6.1.2.4 唯一性

工程项目组织制度系统的唯一性是指对于某个工程项目组织而言,其适用的制度系统是唯一的。这是由工程项目组织的唯一性所决定的。由于不同的工程项目组织有不同的目的、不同的使命、不同的组织文化、不同的参与单位,每个工程项目组织都是独特的、唯一的,因此,与之相适应的制度系统也应该具有唯一性。每个工程项目组织制度系统都有自身的特点,是与其工程项目类型、工程项目组织结构等匹配的。

对于工程项目组织制度系统而言,外部制度相对来说是比较稳定的。对于同一时期、同一类型、同一地区的工程项目组织,其外部制度可能会很相似,而内部制度根据不同的工程项目组织,差异会很大。但不同工程项目组织的内部制度之间也会存在某一阶段的相似性,如对同一城市的轨道交通工程项目,其一号线的运行阶段项目组织制度和二号线的运行阶段项目组织制度都是由同一个运营分公司承担的,在很大程度上都是相似甚至相同的。对于工程项目组织制度结构的研究就是意图寻找出其内在规律性以及分析的共同点。

6.1.2.5 关联性

工程项目组织制度系统的关联性是指组成工程项目组织制度系统的各种制度之间存在着相互依存与相互影响。工程项目组织的外部制度和内部制度是相互关联的,内部正式制度和内部非正式制度是相互关联的,内部正式制度所包括的各项制度也是关联的,甚至各项内部正式制度内的各项内容也具有关联性。工程项目组织制度结构的关联性主要表现为以下两个方面:

(1) 内部制度和外部制度的一致性

每个工程项目组织内部制度都是在外部制度的基础上建立的,外部制度是内部制度建立的基础。而且外部制度中有些正式制度,例如法律制度具有强制性,这也要求内部制度应该和外部制度保持一致,才能确保其制度效率。

(2) 内部正式制度和非正式制度的相关性

在内部制度中,内部正式制度和非正式制度根据不同的工程项目规模,项目组织结构类型等有不同的制度安排方式。内部非正式制度的约束强,所需的内部正式制度就少一些,二者会达到一种平衡状态,对工程项目组织形成有效的管理。因此,要根据特定的工程项目组织整体状况,选择合适的内部制度结构。

一般而言,工程项目规模越大,由于项目组织的离散性随着项目规模扩大而增大,内部非正式制度就较难形成,因此需要较多的内部正式制度。如针对企业而言,项目组织主要可以分为寄生式、矩阵式和独立式三大类。对于这三类项目组织形式,与此相对应的内部正式制度和非正式制度安排是不同的,如图6-2所示。

对于寄生式组织,由于其寄生在企业组织之上,内部正式制度和非正式制

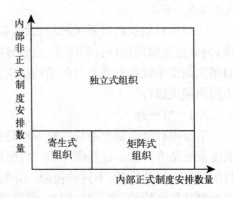

图6-2 不同工程项目组织中内部制度安排

度都相对较弱,对项目目标的保障有限,一般只在前期策划阶段使用这种形式。

对于矩阵式组织,由于其项目组织成员接受双重领导、具有双重职能,因此较难形成内部非正式制度,主要依靠内部正式制度确保工程项目的进行。在矩阵式组织结构中节点众多,在项目组织内部存在很多工作界面,需要有较多的内部正式制度对这些界面上的工作责任进行明确定义,避免项目经理和部门经理之间的争权或推卸责任。

对于独立式组织,项目组织成员基本上可以全身心地投入项目工作,其内部非正式制度的建立相对容易,通过内部非正式制度进行约束是比较有效的,同时,也需要与项目规模、难度和复杂性相匹配的内部正式制度。项目规模越大、难度越大、复杂性越大,所需的内部正式制度越多。

工程项目组织制度结构的关联性使其成为一个整体,并要求我们合理地进行制度的设计,以动态和整体的观点来把握项目组织制度系统。

6.1.2.6 动态性

工程项目组织制度系统的动态性是指促进工程项目组织正常运行的各种制度在工程项目全生命周期过程中是逐渐变化的。工程项目组织是为了实施和完成工程项目而形成的组织形式,因此项目组织制度系统必须与工程项目生命周期各个阶段发展相适应,在工程项目生命周期各个阶段都有不同的制度系统。一是由于工程项目全生命周期各个阶段的工作任务是不同的,对不同的工作任务进行约束的制度系统会因此而差别很大;二是由于工程项目组织系统在全生命周期各个阶段是不同的,在前期策划阶段可以采用寄生式项目组织,在施工阶段可以采用矩阵式项目组织,与之相对应的制度系统也是不同的。工程项目组织制度系统的动态性正是适应工程项目组织发展的需要而形成的制度的集合。

6.1.3 项目组织制度系统的作用

工程项目组织制度系统的作用主要包括以下几个方面:

(1) 具有协调和整合作用

作为工程项目组织管理的一种重要而有力的手段,工程项目组织制度系统对于工程项目或项目组织秩序是至关重要的。

(2) 界定权利边界和行为空间

由于工程项目的复杂特征,不同制度需要对各种可能的具有负的外部性的机会主义行为提供约束,从而预期项目组织运行的不确定性。

(3) 具有预期的功能

从制度对于认知和信息的作用来看,制度会给定特定的信息空间,这有利于工程项目组织在存在不确定性和风险的环境下,形成稳定的预期和特定的认知模式。

(4) 具有激励约束作用

工程项目组织制度系统规范着项目组织的行为方式,影响着项目组织的利益分配、项目资源配置的效率和人力资源的发展。

6.2 工程项目组织的内部正式制度

对于工程项目组织而言,外部制度在很大程度上具有相似性,而且也是不可控的,只有内部制度才是工程项目组织可控的,也是工程项目组织建设的重点。在内部制度中,内部非正式制度,如组织使命、组织文化在第3章已经介绍过了,本章主要介绍工程项目组织的内部正式制度。

工程项目组织是以合同关系以及合同定义的管理关系为基础建立的,内部正式制度是与此相对应的、对工程项目组织进行约束和管理的制度形式。内部正式制度的缺失和不完备,就等于工程项目组织建立的基础是不完备的,会直接导致工程项目组织不能达到预期的目的。对内部正式制度的研究是很有必要的。

工程项目组织内部正式制度是工程项目组织的参与单位或项目组织成员有意识颁布的,对项目组织成员形成约束的书面制度。项目组织内部正式制度结构按照全生命周期进行分解,可分为前期策划阶段正式制度、设计和计划阶段正式制度、施工阶段正式制度、运行阶段正式制度,以及合同体系。其中,合同体系是贯穿项目全生命周期的一项内部正式制度。项目全生命周期的几个阶段可能会出现交叉和重叠,例如设计和计划工作,招投标工作有时会延伸到施工阶段中;施工阶段的有些工作会延伸到运行阶段。因此,工程项目组织的这几个阶段的内部正式制度之间可能会出现交叉和重叠。

6.2.1 内部正式制度与参与方企业内正式制度的关系

工程项目组织与各个参与单位之间存在复杂的关系,这也是其特殊性之一。因此,项目组织内部正式制度与参与单位的企业内正式制度之间也有复杂的关系。

1) 对于一个工程项目组织而言,内部正式制度是所有工程项目组织成员和参与单位都应遵守的制度形式,而企业内的正式制度只是该企业参与项目的组织成员所应遵守的制度形式,二者的影响力是不同的。

2) 一般而言,企业是长期的稳定的组织,其正式制度也是长期存在的,而工程项目组织内部正式制度一般仅针对一个工程项目组织适用。

3) 内部正式制度和参与单位的企业内正式制度应尽量保持一致,在参与单位多的情况下,若项目组织内部正式制度无法确保和所有参与单位的企业内正式制度保持一致,则参与单位应设法在内部正式制度和其正式制度之间建立接口管理制度,以确保工程项目组织的正常运行。

4) 根据项目组织和企业组织之间的关系,内部正式制度和企业内的正式制度有不同的关系。

(1) 对于寄生式组织而言,其内部正式制度可以认为是企业内的正式制度的一个组成部分。

(2) 对于矩阵式组织而言,若是由多个单位参与的,其内部正式制度可以是多个参与单位企业内部正式制度以及项目特有的正式制度综合形成的系统;若是单个企业内部多个部门参与的,其内部正式制度可以是该企业内部正式制度以及项目特有的正式制度形成的系统。

(3) 对于独立式组织而言,其内部正式制度受企业内正式制度的影响较小,大多是由项目特有的正式制度构成,但也包括部分企业内正式制度的内容。

5) 若一个企业内有多个工程项目同时进行,应根据其正式制度的总体原则,确定工程项目的优先等级,即对多个项目的内部正式制度的重要程度进行排序。

6) 工程项目组织成员实质上是各个参与单位的组织成员。项目组织成员通常都有两个角色,即既是本项目组织成员,又是原所属企业中的一个成员。参与单位企业内正式制度会直接影响其项目组织成员的思维方式和行为。当该项目组织成员为内部正式制度的制定者时,会导致项目组织内部正式制度与企业内正式制度具有相似性。

7) 在工程项目全生命周期过程中,工程项目组织的形式会发生变化,内部正式制度与企业内正式制度的关系也会发生变化。同时,参与单位也在不断变化,因此,内部正式制度会和不同的参与单位企业内正式制度产生联系。

8) 有些工程项目在运行阶段的项目组织形式就是企业,即项目的组织形式为企业组织形式。此时,项目组织运行阶段的内部正式制度就是该企业内的正式制度,如运行阶段某轨道交通工程项目内部正式制度就是该项目运行分公司内正式制度。

6.2.2　内部正式制度的主要影响因素

(1) 工程项目组织结构

工程项目组织内部正式制度结构应该和工程项目组织结构相符合。内部正式制度需要项目组织成员去执行才能发生作用,需要与其制度结构相对应的责任人执行,因此,只有工程项目组织结构和其内部正式制度相符才能使其发挥最大效用。一般而言,矩阵式组织中需要的内部正式制度较多;当承担复杂的工程项目时,独立式组织中也需要较多的内部正式制度。

(2) 全生命周期工作

工程项目组织内部正式制度存在的目的就是为了更好地管理工程项目全生命周期的工作,因此,内部正式制度结构与工程项目全生命周期工作是相对应的。工程项目全生命周期工作的难易程度、工作内容多少等会直接影响到内部正式制度的数量、内容和结构框架。在全生命周期不同阶段,对应的内部正式制度结构是不同的。

6.2.3 内部正式制度建立的原则

(1) 工程项目组织内部正式制度建立是需要成本的。内部正式制度数量太多,成本会偏高;内部正式制度数量太少,又会造成责任盲区。因此,应根据工程项目规模、人员、项目工作确定适合工程项目组织内部正式制度的数量和结构。

(2) 工程项目组织内部正式制度应与其内部非正式制度相符。在内部非正式制度较容易建立的工程项目组织内,可考虑较简单的内部正式制度结构,主要依靠内部非正式制度对组织参与者进行约束,以节约成本。反之亦然。

(3) 工程项目组织内部正式制度应具有一致性。各内部正式制度之间,单项制度内的具体内容之间应相互关联且不矛盾。

(4) 工程项目组织内部正式制度应能够对工程项目组织的参与者形成约束,同时也对其具有一定的激励作用。

(5) 工程项目组织内部正式制度需要工程项目组织成员来执行,要有明确的制度责任人。缺乏明确的责任人,内部正式制度就是空架子。

(6) 工程项目组织内部正式制度制定时要注意全生命周期各阶段制度之间的衔接,构成完整的全生命周期的制度系统。要确保制度内容、责任的连续性和一致性,不能有责任盲区。

6.2.4 内部正式制度结构框架

由于工程项目组织的制度结构的唯一性,对于不同的工程项目,其内部正式制度结构是不同的。但有些基本的内部正式制度是每个工程项目组织都必备的,如图6-3所示。图6-3中,每个内部正式制度的长度代表其在全生命周期过程中,对工程项目组织直接产生效用的时间长度。基本的内部正式制度包括合同体系、可行性研究报告、图纸、招投标文件、进度计划和管理制度。

图6-3中,管理制度是一个广义的概念,包括全生命周期过程中对工程项目进行管理的所有规定和章程,在全生命周期各个阶段会有所不同。合同体系是工程项目组织中所有合同组成的系统,对工程项目组织每个参与者都构成约束,因此可以认为合同体系是一项内部正式制度。合同体系是贯彻工程项目全生命周期的一

种制度，有其自身的特点。

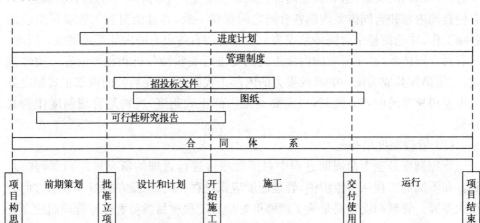

图 6-3　工程项目组织全生命周期的内部正式制度框架

6.2.5　各正式制度的相互关系

工程项目组织的内部正式制度结构根据工程项目组织的类型、规模、承发包模式等不同，会有很大差异性。由于工程项目是一次性的，其内部正式制度结构也是唯一的，没有两个工程项目组织的内部正式制度是完全一致的。

但是，每个工程项目组织都包括一些基本的内部正式制度。图 6-3 所示的这些内部正式制度是每个工程项目组织都应具备的基本正式制度。这些内部正式制度的相互关系如下：

（1）合同体系是基础和核心

这些基本的内部正式制度中，只有合同体系是贯穿工程项目全生命周期的。从项目构思开始，项目就需要通过合同对相应项目参与者进行约束，以确保工程项目顺利进行。工程项目组织是由许多不同隶属关系、不同经济利益、不同组织文化、不同区域、不同地域的单位构成的，他们之间以合同作为组织关系的纽带，这是工程项目组织的特殊性，这个特殊性决定了合同在工程项目组织以及工程项目管理中的重要地位，是整个内部正式制度的核心。而合同体系作为工程项目组织中所有合同组成的系统，是工程项目组织内部正式制度中最重要的正式制度，是项目各参与者的最高行为准则，也是其他内部正式制度的基础。

合同体系是一项特殊的正式制度。由于合同在工程项目实施前签订，在合同签订时不可能将所有的情况都考虑到，实际情况又是千变万化的，合同中和合同之间会存在矛盾和漏洞。而每一份合同只对合同双方形成约束，因此合同体系中，存

在着两两制约的关系,这和其他内部正式制度是完全不同的。因为这种特殊性,只有使合同内容和合同体系内部各合同之间保持一致,并且能覆盖工程项目组织的各项工作,才能使整个合同体系成为一项统一的有约束力的内部正式制度。因此,只有对合同体系,甚至所有的内部正式制度进行关联性分析和相关内容一致性检查,才能确保其成为统一的有约束力的内部正式制度,这在后续的内部正式制度分析中是很重要的内容。同时,也需要其他内部正式制度,特别是管理制度作为其补充。

(2) 管理制度是补充

管理制度是全生命周期过程中对工程项目进行管理的所有规定和章程的总和。在不同的工程项目组织中,管理制度应该是存在的,只是在数量和效率方面有很大差异。管理制度主要是为了能够更好地对工程项目参与者进行管理而建立并实施的,是对其他内部正式制度的一个补充,起到辅助管理的效果。

(3) 其他各项内部正式制度不可或缺

可行性研究报告、招投标文件、图纸分别是工程项目全生命周期前三个阶段重要的内部正式制度。当然,招投标文件和图纸分别是指工程项目组织中所有的招投标文件和图纸所构成的系统。其中,图纸是招投标过程中所必需的,也是工程施工的依据,是工程项目组织中不可或缺的内部正式制度,对工程项目组织参与者起着约束作用;招投标文件是合同体系中合同签订的前提。

进度计划是项目目标的一种表达方式,工程项目管理是一种目标管理,而进度计划是实现项目目标的一种控制方式。进度计划一般会作为合同的组成部分,在此特地单列是为了体现其重要性。

6.3 内部正式制度分析准备工作

工程项目组织内部正式制度分析是内部正式制度研究的主要工作,本书采用理论与实际相结合的方法,以某轨道交通工程项目组织内部正式制度为例,结合制度结构理论和工程项目组织理论,进行内部正式制度分析。内部正式制度分析的思路、过程和方法也适用于其他工程项目组织的内部正式制度分析。

6.3.1 某轨道交通工程项目组织基本情况分析

6.3.1.1 全生命周期阶段划分

某轨道交通工程项目为城市轨道交通工程一号线,投资概算约84亿元,综合造价3.87亿元/km,总工期4年零9个月。全生命周期的一些里程碑事件如下:1984年,市人大代表递交关于该工程项目的提案。1986年,成立领导小组,下设地铁专业组正式启动该工程前期研究工作。1988年,研究人员起草该工程项目的第一份《项目建议书》。1999年,国家计委批准立项(计投资〔1999〕411号)。2000年12月12日,该工程项目正式动工。2003年7月1日,正线铺轨。2003年12月初,全线"洞通"。2004年6月26日,按期实现全线轨通。2005年9月1日进行试运行,目前该项目处于正式运行阶段。

根据上述里程碑事件,可以将该项目生命周期初步划分为如下四个阶段:
(1) 1984年递交提案—1999年项目立项:前期策划阶段。
(2) 1999年项目立项—2000年12月12日正式动工:设计和计划阶段。
(3) 2000年12月12日正式动工—2005年9月1日试运行:施工阶段。
(4) 2005年9月1日至今:运行阶段。

某轨道交通工程是特大型项目,其工程项目规模大,实施难度大,需要较多的内部正式制度才能达到有效管理。实际情况也是如此。该项目内部正式制度成本高,数量多,对该项目内部正式制度进行分析能全面地体现内部正式制度分析思路和方法。这也是本书选择该项目组织的内部正式制度作为案例的原因。

6.3.1.2 全生命周期工程项目组织结构分析

在全生命周期过程中,某轨道交通工程各阶段项目组织结构分别为:
(1) 前期策划阶段:在提案递交后成立的地铁专业组,挂靠在市政府的一个职能部门内,为寄生式组织。
(2) 设计和计划阶段:项目立项后,工程项目组织由业主和各设计、勘察、咨询单位组成,类似弱矩阵式组织。
(3) 施工阶段:工程项目组织由业主、承包商、监理、供货商等组成,采用矩阵式组织形式。
(4) 运行阶段:作为一个企业来运营,为企业组织形式。

根据该轨道交通工程全生命周期的项目组织结构,结合第4章中的分析,前期策划阶段为寄生式项目组织,其内部正式制度应该较少;施工阶段采用矩阵式项目组织,其内部正式制度应该较多;运行阶段,其内部正式制度就为企业内正式制度。

6.3.2 内部正式制度的收集整理

工程项目组织内部正式制度在工程项目的执行过程中,不完全是按照全生命周期顺序分布的。因此在进行内部正式制度结构分析前,需要收集和整理,按照实际进行的顺序进行归类。步骤如下:
(1) 收集工程项目组织中所有的内部正式制度,不能遗漏任何一项;
(2) 按照全生命周期进行排列和归类;
(3) 将所有项目组织的内部正式制度按照类型划分层次;

(4) 作出工程项目组织内部正式制度结构图。对于层次较多的内部正式制度结构图,可考虑在工程项目组织内的整体正式制度结构图之外,另作出其子结构图。

按照上述步骤,对该轨道交通工程全生命周期的内部正式制度进行收集、检查、整理和归类,得出该轨道交通工程全生命周期内部正式制度结构图(归类到内部正式制度结构第二层),如图6-4所示。

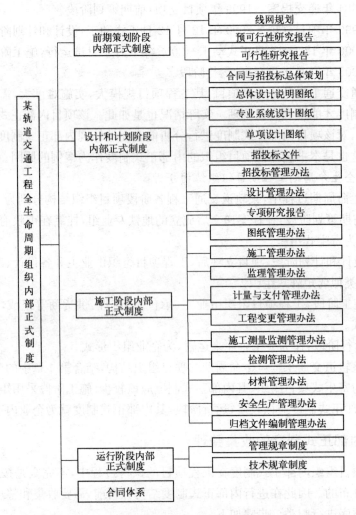

图6-4 某轨道交通工程全生命周期内部正式制度结构图

图6-4中,合同体系作为一种特殊的内部正式制度,贯穿于全生命周期各个阶段,因此单列在内部正式制度结构的第一层。

某轨道交通工程全生命周期合同体系结构如图 6-5 所示。

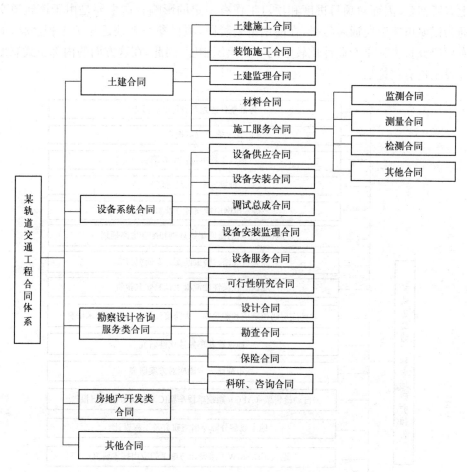

图 6-5　某轨道交通工程全生命周期合同体系结构图

从图 6-5 中可以看出，合同体系中最后一个层面的合同才是单个合同，如监测合同。单个合同只对合同双方起到约束作用。而作为所有合同组成的系统，合同体系对工程项目组织参与单位和项目组织成员都形成约束，是内部正式制度中最基础的制度。

内部正式制度中包含很多专业性研究报告，归类时将其归为一类，称为专项研究报告。专项研究报告结构（子结构图）如图 6-6 所示，按照完成先后顺序排列。专项研究报告横跨两大阶段，即设计和计划阶段以及施工阶段。

从图 6-6 专项研究报告的内容可以看出，这些报告从理论上讲应该都是在前期策划阶段完成的，以此为基础，才能进行下一步的设计和计划以及招投标。但在该轨道交通工程项目中,专项研究报告横跨设计和计划阶段以及施工阶段,在进度上有所拖延,因而对项目进度和项目工作有一定的影响。这主要是由于该轨道交通为该城市轨道交通一号线,在前期策划阶段,项目参与者缺乏相关工程经验,而专项研究报告又是专业性比较强的一类组织制度,因此,在这方面的内部正式制度建设工作有些拖后。

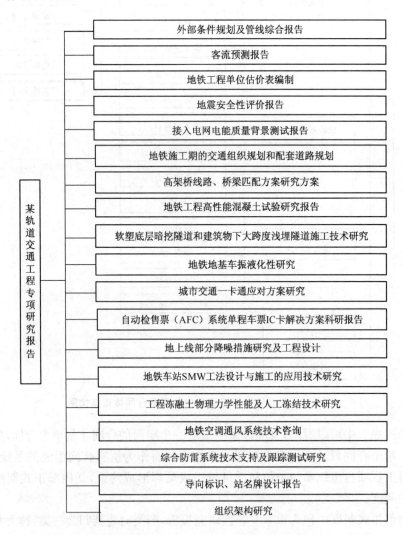

图6-6 某轨道交通工程专项研究报告结构图

由于轨道交通工程的特殊性,组织制度中运行阶段内部正式制度很多。运行阶段内部正式制度是组织制度一个重要的子系统。对于该轨道交通工程项目而言,由于其运行阶段采用运营分公司的企业组织形式,因此,运行阶段正式制度实质上就是企业内的正式制度。

运行阶段内部正式制度结构图(组织制度结构的子结构图)如图6-7所示(最后一个层面选择部分组织制度列出)。图6-7中,第二个层次组织制度结构划分基本上是根据该轨道交通工程运营公司的组织结构划分的,该运营分公司有办公室、计划财务处、人事处、车辆部、物资设施部、客运部、技术部和安保部八个部门,而图6-7中第二个层次划分为九个制度层面,其中,安保部既有管理规章制度,又有技术规章制度。这种内部正式制度结构有利于制度的责任落实和有效实施。

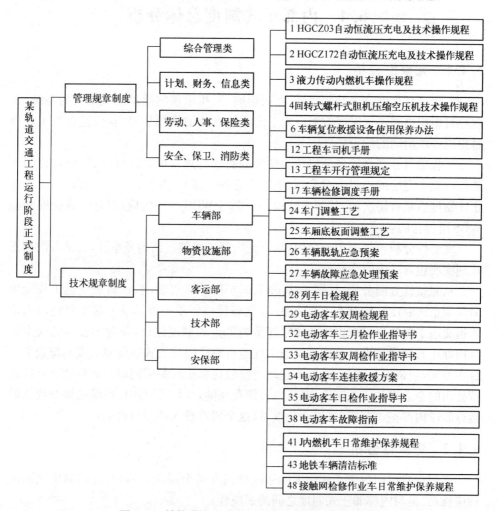

图6-7 某轨道交通工程运行阶段组织制度结构图

从图 6-4、6-5、6-6 和 6-7 可看出,该轨道交通工程全生命周期各阶段的内部正式制度数量和各阶段的项目组织结构是基本对应的。在前期策划阶段,采用寄生式项目组织形式,内部正式制度相对较少;而施工阶段采用矩阵式项目组织形式,内部正式制度相对较多;在运行阶段,其内部正式制度就是运行公司的企业内部正式制度。由于该项目规模大,运行期间系统复杂,而且运行阶段内部正式制度可用作后续的地铁线路的运行阶段内部正式制度,因此,该项目运行阶段内部正式制度较多。

6.4 内部正式制度总体分析

6.4.1 完整性分析

工程项目是由许多互相联系、互相影响、互相依赖的活动组成的行为系统,工程项目组织内部正式制度应对行为系统进行有效的管理和控制,应包含对工程项目组织各项活动的约束条件。

工程项目管理必须是分层次的精细的目标管理。项目的设计、计划和控制不能仅以整个笼统的项目为对象,而必须考虑各个部分,考虑具体的工程活动。内部正式制度也是有层次的,其制度结构不一定与 WBS 一一对应,但是应该能够涵盖 WBS 所包含的各项工程活动。

完整性分析包括两大部分内容:一是内部正式制度结构完整性,二是各内部正式制度所包含的内容完整性。

从完整性方面分析,从图 6-4、6-5、6-6 和 6-7 可看出,该轨道交通工程全生命周期正式制度结构基本上是完整的,能够覆盖各项工程活动。这主要是因为该轨道交通工程项目组织中的业主很注重内部正式制度建设,花费了较多的成本进行内部正式制度建设。该轨道交通工程运行阶段内部正式制度建立成本花费了一百多万元,应该说是相当多的,不过运行阶段内部正式制度同时也是后期成立的运营公司的企业内的正式制度,是可以长期存在的,并且可以用作后续的地铁线路的运行阶段内部正式制度,从这个角度看,这个成本投入还是值得的。

6.4.2 适应性分析

工程项目组织内部正式制度的适应性包含两个层次:一是与外部制度之间的适应性;二是与内部非正式制度之间的适应性。

内部正式制度与外部制度或内部非正式制度不相适应,或者这些内部正式制度本来是适应的,只是随着外部制度和内部非正式制度的发展变化而变得不适应,这种现象都称为制度僵滞。产生制度僵滞是必然的,制度具有相对稳定性,这是制度的一大特征,它会形成一种制度惯性,这种相对稳定性会导致一定程度上的制度僵滞。改变制度僵滞的唯一途径就是"与时俱进"。

工程项目组织是一次性的、短暂的组织形式,在工程项目组织中,内部正式制度应是在工程项目组织成立时根据当时的外部制度等情况度身定制的,而不是其中任何参与企业的企业制度。同时,由于工程项目组织是动态的、离散的组织形式,在整个过程中其外部制度和内部非正式制度的变化,都会导致制度僵滞。因此,需要根据制度僵滞的程度对内部正式制度进行一定的调整。

从静态分析看,该轨道交通工程项目组织内部正式制度的建立是伴随着其工程项目组织的建立和发展而不断深化的,并且会根据外部制度的调整而调整,因此,是适应外部制度的。通过与工程项目组织成员的沟通发现,80%以上的组织成员是认为这些内部正式制度是适应其内部非正式制度的。

适应性分析需要动态进行。因此,将该轨道交通工程一号线项目的内部正式制度与后续的二号线项目内部正式制度进行比较分析,以此来判断其适应性。

以施工阶段的内部正式制度结构为例进行分析。该轨道交通工程一号线工程施工阶段内部正式制度结构如图6-4所示。二号线工程施工阶段内部正式制度结构与图6-4基本类似,但是其具体内容根据二号线的实际情况发生了变化。其中,"监理管理办法"变为"监理管理及优质优价实施办法",根据一号线监理管理办法的实施情况,增加了优质优价实施细则部分内容。即将监理暂定合同价款的15%作为考核金,加上业主在奖励基金中拿出的与考核金等额的奖励金作为考核奖罚金,考核奖罚金的70%按季度检查考评随每季度监理合同的制度进行兑现,为季度奖罚金;20%根据年度考评兑现,为年度奖罚金;10%监理合同期满后考评兑现,为期满奖罚金。其中,季度考核,将所有监理单位划分为A、B、C三个等级,A级可拿到该季度100%的考核奖罚金,B级可拿到60%的考核奖罚金,C级可拿到0%的考核奖罚金;年度考核,将所有监理单位划分为A、B、C三个等级,A级可拿到该年度100%的考核奖罚金,B级可拿到50%的考核奖罚金,C级可拿到0%的考核奖罚金;监理期满考核,考评结果为合格,可拿到100%期满奖罚金,考评结果不合格则拿到0%期满奖罚金。因此,若一个监理单位每次考核都为A级且期满考核合格,则可以拿到原合同价款115%的价款;反之,若一个监理单位每次考核都为C级且期满考核不合格,则只能拿到原合同价款85%的价款。当然,这只是两种极端现象,一般监理单位能拿到的价款大多是介于85%到115%之间。在监理管理办法中增加这一部分条款,就能有效地激发监理单位的工作效率,提高工程质量。在假设每家单位都能拿到115%价款的情况下,业主为此支付的奖励金最多为工程造价的0.135‰~10.165‰之间,这相对于整个工程造价而言是很低的数

值,但是能够有效地提高监理工作质量。这个调整主要是由于一号线项目中业主占据主要地位,内部正式制度中以业主的目的、目标为主,而二号线项目组织内部非正式制度的形成考虑到各参与方企业的目标、组织文化等,考虑到参与方企业人员的感受,因此根据监理单位人员的需求做出了调整。

同时,"材料管理办法"也根据二号线各种材料采购方式的不同做出了很大调整。由此可以看出,该轨道交通工程一号线的正式制度还是存在一定的制度僵滞,但是根据实际情况进行调整后已经消除了其制度僵滞。

6.4.3 详细程度分析

内部正式制度结构要有适当的详细程度。对内部正式制度进行结构分解,究竟要达到什么样的详细程度才比较适合?对此很难定量的规定。总体方针是,在一个结构图内不要建太多的层次。层次太多,就意味着管理的层级关系也要相应增多,否则不能进行有效的管理。通常2~13层为宜,即使对大项目也不要超过5层。这通常与这个项目的具体情况相关。通常内部正式制度分解层次和单元过多,则内部正式制度数量和投入太大,容易造成制度效率低和制度僵滞;过少则会影响对项目活动和组织的管理,造成人治多于制度治理的现象。

该轨道交通工程项目投资80多亿,属于特大型项目,其内部正式制度结构为5层。从目前内部正式制度执行效率看,还是比较合理的。

6.4.4 组织制度编码分析

工程项目组织内部正式制度也是需要进行编码的,一方面通过编码可以明确显示该内部正式制度在制度结构中的层次和地位,另一方面方便以后用计算机进行管理。

目前某轨道交通工程项目组织内部正式制度没有完全编码,只有合同体系和运行阶段正式制度是有编码的,但是相互之间并不通用。该轨道交通工程项目组织中合同体系的编码是比较完整的,合同由四级码组成。一级码代表线路;二级码由两位拼音字母和两位阿拉伯数字组成,表示合同分类(有明确的规定,如 TA 代表土建施工)和主合同号;三级码由四位阿拉伯数字组成,表示子(分)合同号和子(分)合同分类;四级码由四位阿拉伯数字组成,表示年份及合同签订时间的顺序号。从目前应用状况看,这种编码是很成功的,便于管理和归档。

而该轨道交通工程运行阶段正式制度编码就略过简单,正式制度编码是按照发布时间进行的,如2004年2月发布的001号制度就编号为001-0402。这种编码方式在内部正式制度颁布初期是可取的,但是随着其分配到各不同部门执行,这种编码就不易进行管理和查询,而且这种编码和目前该轨道交通工程运行阶段制度结构图(图 6-7)也不相对应。

对某轨道交通工程运行阶段正式制度,建议参考合同体系编码进行四级编码,一级码代表运营期;二级码代表执行部门;三级码代表文本类型,例如车辆部的技术文本目前有 48 项(图 6-7 中按编号列出部分),可归类为操作规程、手册、应急预案、管理规定、作业指导书、指南、标准、工艺、保养规程、检查规程、救援方案 11 大类,以后颁发新制度时,按照这 11 大类进行编码;四级码代表制度发布时间。根据上述编码,图 6-7 运行阶段正式制度结构也需要做相应调整,调整为图 6-8。

图 6-8 比图 6-7 在层次上更清晰,尤其是最后一个层面,能明显看出其分类和管理部门,而且也便于以后进行计算机软件管理。

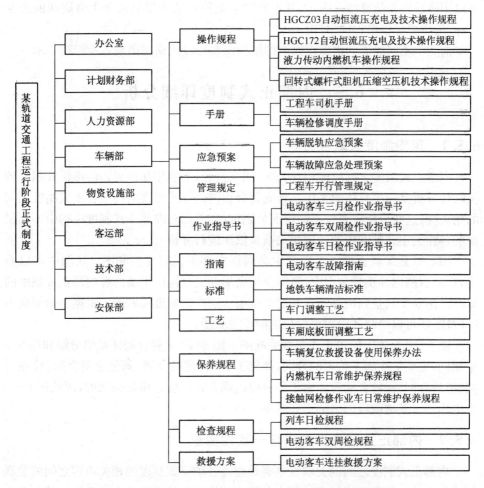

图 6-8 某轨道交通工程运行阶段组织制度结构图(整理后)

6.4.5 内部正式制度进度分析

本书中内部正式制度进度是指工程项目组织内部正式制度制定的进展情况，在工程项目实施过程中，要消耗时间、人力、成本等才能完成制度的制定任务。由于很难用一个恰当的、统一的指标全面反映内部正式制度进度，因此一般可以选择内部正式制度的制定时间作为制度进度的衡量指标。内部正式制度进度应该符合工程项目进度的要求，内部正式制度结构中不同层面的正式制度应具有不同的制度进度图，而且上一层面的内部正式制度持续时间应是其所包含的所有下一层面的正式制度持续时间的总和。内部正式制度进度和工程项目进度表达方式一样，可以用横道图和前锋线等表示，其主要约束条件就是工程项目全生命周期的进度目标，最主要是指里程碑事件。

前文中不同层面的内部正式制度结构图都可以用横道图或者前锋线表示。

6.5 内部正式制度详细分析

6.5.1 组织制度关联性分析

内部正式制度之间应该相互关联、相互包容，不能相互冲突。内部正式制度的关联性分析是一项具体的工作。首先要分析内部正式制度结构中各正式制度之间的相关性，这些分析需要按不同层面分别进行，然后对内部正式制度结构中不同层面的各相关正式制度中的各项相关条款依次进行分析。

图 6-9 是某轨道交通工程全生命周期内部正式制度关联图。从图中可以看出，在所有的内部正式制度中，贯穿全生命周期的合同体系是所有内部正式制度的核心。图 6-9 只是到内部正式制度结构第二层次的制度关联图。根据生命周期不同阶段，还可以绘制各阶段更深化的制度关联图。

图 6-10 是施工阶段正式制度关联图。图 6-10 中对合同体系的分解和图 6-5 中相同，主要关注施工阶段的合同，如施工合同、材料合同、测量监测合同、检测合同、监理合同、保险合同等。由于各阶段内部正式制度是相互关联的，因此图 6-10 中也出现了其他阶段的内部正式制度。

6.5.2 内部正式制度相关内容一致性检查

内部正式制度之间的关联性主要是通过各项正式制度的相关内容之间的关联体现出来的。内部正式制度结构中各正式制度之间的一致性主要是通过其相关内容一致性体现出来的。通过内部正式制度相关内容一致性检查，分析内部正式制

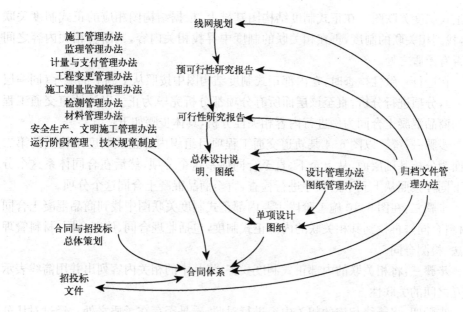

图 6-9 某轨道交通工程全生命周期内部正式制度关联图

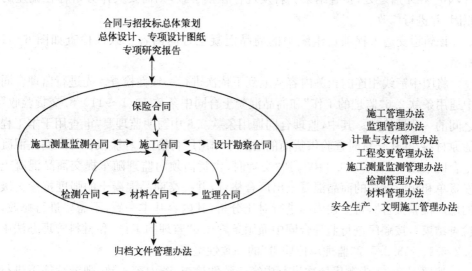

图 6-10 某轨道交通工程施工阶段主要内部正式制度关联图

度结构中各正式制度相关内容之间是否存在偏差,对存在偏差的制度相关内容进行修订,从而确保整个制度结构能够保持一致性。

内部正式制度相关内容一致性检查是一项很繁琐、花费很多时间和精力的工作。内部正式制度相关内容一致性检查的基础工作就是内部正式制度结构图和内部正式制度关联图。在正式制度结构图基础上,根据结构图相应的正式制度关联图,找到相关联的制度,再在相关联的制度中寻找相关内容,判断各相关内容之间是否有矛盾之处。

在进行一致性检查时,在内部正式制度结构图中按照从上到下的顺序(同一层次上),分项进行分析,直至该层面所有分项都分析完毕为止。以该轨道交通工程中的商品混凝土合同为例进行内容相关性分析,具体步骤如下:

步骤一:统一以图6-4某轨道交通工程项目组织内部正式制度结构图的第二层面为分析基础层面,从上至下,直至合同体系这个分项,然后在合同体系这个分项下同样按照从上到下的顺序进行检查,直至商品混凝土合同这个分项。

步骤二:在图6-10施工阶段主要内部正式制度关联图中找到商品混凝土合同(材料合同),再找到其相关联的内部正式制度,包括监理合同、施工合同、材料管理办法、检测合同。

步骤三:将相关联的内部正式制度找齐,将其中的相关内容列出并用箭线表示相互之间的关联性。

步骤四:将箭线相连的相关内容进行对照,看是否存在矛盾之处。经过对比分析,不存在矛盾之处,检查结束。若发现存在不一致,则需要具体分析存在偏差的原因,并进行修改。

该轨道交通工程项目组织中的商品混凝土合同内容一致性检查如图6-11所示。

将图中箭线相连的相关内容从上到下依次进行一致性检查。先进行监理合同中通用条款2.6"监理的工作"和商品混凝土合同中条款10.1～110.8"交货验收"之间的一致性检查。其中,监理合同通用条款2.6中写明监理要"审查用于本工程的原材料,并在交货时查验供货商的发货单和出厂合格证、检验报告等",商品混凝土合同条款10.1～110.8中写到"交货时,供货商须向监理随车提交商品混凝土发货单和相应批号的商品混凝土出厂合格证,并提交商品混凝土的强度抗渗等级的出厂检验报告",将上述内容进行对比分析,其内容基本一致,不需要进行修改,检查结束。按顺序进行监理合同中通用条款2.6"监理的工作"和材料管理办法中3.2.5.1～13.2.5.7"监理单位职责"的一致性检查。

按照图6-11中顺序依次进行内容一致性检查,若内容一致,则继续往下进行检查,若不相符,则相应进行修改,使其满足一致性要求,再继续进行,直至最后一项为止。

图6-11中,将所有项都进行一致性检查后,没有发现矛盾之处,检查结束,不需要进行修改。

对某轨道交通工程项目组织内部正式制度的分析结果显示:该轨道交通工程

第 6 章 工程项目组织制度建设

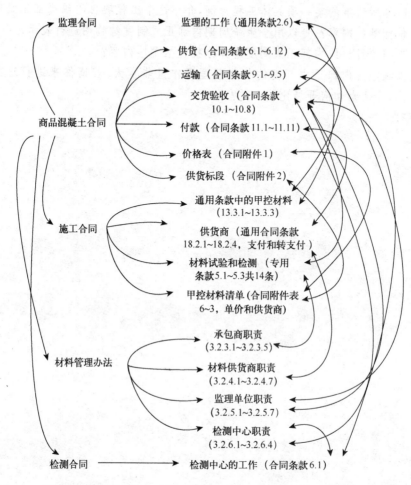

图 6-11 某轨道交通工程项目组织制度相关内容一致性检查示范（商品混凝土合同）

项目组织内部制度虽存在一定的制度僵滞,在运营阶段制度编码上存在一些问题,但总体上还是比较好的。在该项目组织中内部正式制度受到重视,也花费了较多的成本。

复习思考题

1. 工程项目组织制度系统除了本书中的三种分类方式外,你觉得还有其他的分类方法吗?
2. 你觉得内部正式制度在项目组织制度系统中是最重要的吗? 原因是什么?
3. 请结合第 3 章的内容,说说哪些属于项目组织内部非正式制度?

4. 以你所从事的某一项具体工程为例,介绍这个工程项目组织内部正式制度包括哪些内容？可以用全生命周期内部正式制度结构图进行表示。
5. 工程项目组织内部正式制度总体分析包括哪些内容？
6. 工程项目内部正式制度的收集整理工作量非常大,若请你来进行这项工作,你认为如何开展比较合适？

第7章 工程项目组织建设

7.1 概述

工程项目组织建设是项目组织管理的重要组成部分,包括工程项目组织行为、人力资源管理、团队建设、沟通管理和激励五部分的内容。这些内容虽然不能完整地涵盖组织建设的方方面面,但是应该具有项目组织建设的一定代表性。

7.2 工程项目组织行为

亚当·斯密(Adam Smith)在《国富论》中首次提出了组织行为学的观点,即组织和社会都将从劳动分工中获得经济优势。在其后的管理实践研究中,泰勒的科学管理理论、法约尔的行政管理理论、韦伯的结构化理论等都不断对组织行为学理论进行了补充,组织行为学的发展日渐成熟完善,并越来越受到企业界和社会组织的广泛重视。

组织行为学理论以劳动分工为基础,以提高组织绩效为目的,重点探讨个体、群体及组织系统对组织内部行为的影响。一般而言,组织行为学研究分为3个层次,即个体、群体和组织系统。这3个层次依次递进,群体行为建立在个体行为的基础之上,而个体行为和群体行为又受组织系统的制约,个体行为、群体行为和组织系统相互作用,最终是为了提高组织的绩效。

由于项目组织的特殊性,项目组织行为有其特点,同时带来项目沟通的特殊性和复杂性。在现代项目管理中,对项目组织行为的研究是一个热点。

7.2.1 工程项目组织中的个体行为

个体行为主要包括项目组织中成员个体的个性、能力、知觉、经历、价值观和劳动态度等内容。

(1) 个性

在项目组织中,应尽量使每个项目组织成员的个性与其工作要求相匹配,以形

成较高的工作满意度和项目组织成员的稳定性。项目管理中的有些工作（比如成本核算）相对适合女性，而有些工作（如现场管理）又相对适合男性，因此要区别对待。

(2) 能力

能力反映了项目组织成员个体完成某一项目工作任务的可能性。项目工作专业性较强，个体能力必须与岗位职责要求相匹配。比如，市场策划人员需要较强的市场敏感性与归纳推理能力；决策人员必须具有较强的信息综合判断分析能力，以便在不同的方案中进行优选；规划设计人员要有较强的空间视觉能力；成本管理人员要有较强的工程估价专业知识等。

(3) 知觉

知觉就是项目组织成员个体对现实的看法，个体的所有行为就是以其对现实的知觉为依据的。比如，给同一个工作岗位上的甲、乙两人各发500元的奖金，甲、乙两人对奖金的感知是不一样的，这跟他们的工作环境、以前的工资收入、他们自己认为的对工作的投入贡献度以及在组织中的地位等密切相关。所以，项目管理者必须了解项目组织成员对工作环境、绩效评估方法以及报酬支付公平程度的看法。

(4) 价值观

价值观是一种内心尺度，它凌驾于整个人性之上，支配着人的行为、态度、观察、信念和理解等，支配着人认识世界、明白事物对自己的意义和自我了解、自我定向、自我设计等；也为项目组织成员自认为正当的行为提供充足的理由。价值观不仅影响项目组织成员个人的行为，还影响着项目组织的群体行为和整个项目组织行为。在同一客观条件下，对于同一个事物，由于价值观不同，就会产生不同的行为。在同一个项目组织中，有的项目组织成员注重项目工作成就，有的项目组织成员看重金钱报酬，也有的项目组织成员重视地位权力。同一个规章制度，如果两个人的价值观相反，那么就会采取完全相反的行为，将对组织目标的实现起着完全不同的作用。在大多数项目中，项目组织成员来自不同的部门（组织），项目结束后又将各奔前程，所以，项目管理者在安排项目组织成员及其任务时，不仅需要考虑项目组织成员个体的工作能力、经验和动机，也要兼顾其价值观，尽量使个体的价值观与项目组织的价值观相一致。

(5) 态度

积极的态度会产生积极的行为，会最大限度地发挥项目组织成员个体的能力，促使项目组织目标的实现。如何培育项目组织成员产生积极的态度，是项目管理者面临的一个重要课题。在进行项目管理时，首先，在认清项目组织成员个体差异的基础上，为项目组织成员确定明确的目标和岗位责权利制度；其次，允许项目组织成员参与决策,项目管理决策信息要通畅;再次,要建立反馈机制,将项目组织成员的报酬与其绩效相联系,增加项目管理的透明度,并注意分配制度的公平性。

在工程项目组织中,个体行为问题通常包括:

(1) 项目组织成员由所属企业派出,他通常不仅承担本项目工作,而且同时承担原部门工作(特别在项目初期和结束前),甚至同时承担几个项目工作,则存在项目和原工作岗位之间或多项目之间资源(还包括物资、时间和精力)分配的优先级问题。这会影响他对一个项目的态度和行为。同时在工作中,他又不得不经常改变思维方式和工作方式,以适应不同的工作对象,这也影响了其工作效率。

(2) 项目的组织形式影响个体的组织行为。在独立式组织中,项目组织成员个体行为与在矩阵式组织的行为是不同的。

7.2.2 工程项目组织中的群体行为

群体行为主要由群体外部条件、群体特征、群体结构、群体任务和群体协同作用等因素决定。工程项目中的群体,是指工程项目各参与单位所派出的人员所构成的群体,他们在工程项目组织中的利益关系是不同的,群体行为也具有较大差异性。

(1) 群体外部条件

群体外部条件主要包括群体所在项目组织的战略目标、组织结构、组织制度、项目资源、项目绩效评估、奖酬体系,以及工作环境等。

项目组织的战略目标可以由投资者或业主的上层确定,也可以由项目总目标得出。如有些项目的战略目标是扩大市场份额,而有些项目的战略目标是研发新产品等。项目组织的战略目标越清晰,群体及其个体成员的方向越一致,工作效率也越高。

不同的工程项目具有不同的组织结构,相似的工程项目也可以采取不同的组织结构。不同的组织结构有不同的规章制度,对其下属群体行为的影响也不同。一般来说,项目组织结构越便于群体内部的沟通,规章制度越健全,群体及其成员的行为越一致,管理效率也越高。

组织的绩效评估和奖酬体系对群体及其个体成员影响也较大,一般而言,绩效目标越具体、越具有挑战性,考核方式越透明,并与奖酬紧密挂钩,则群体及其个体成员的工作效率越高。

此外,良好的工作环境和条件对群体及其个体成员的行为也有一定的影响。

(2) 群体结构

群体结构主要包括群体的人数规模和人员构成。群体结构对群体的工作效率、工作成本有极大的影响。从群体人数规模看,一般小群体的工作效率高于大群

体。按照组织行为学的研究成果,5人或7人的群体规模较为合适。但是工程项目组织中,群体规模一般都比较大,如一个大型工程项目,承包商这一群体成员会有几十、上百甚至上千人。这会给管理带来困难。

从群体构成看,由不同个性、能力、性别和技能的个体构成的群体的工作效率比较高,而个体成员的知觉、价值观、态度越一致,则群体的工作效率越高。

(3) 群体绩效水平

群体绩效水平,在很大程度上取决于群体所包括的成员个体行为的有效性。如果个体成员间相处包容性强、信息通畅、团结协作和鼓励个体创新,则个体行为的有效性会大大提高,就会极大地提高群体的凝聚力,提高群体的生产效率。

(4) 群体任务

群体任务可以分为简单任务和复杂任务两类。简单任务是指常规性的、标准化作业的任务,对这类任务群体成员不需要探讨工作方法,只需按照标准化的操作程序即可完成。如常规的施工工法。

复杂任务是指涉及的人事复杂、不确定性高、偶发事件多、非常规性的任务,这类任务需要群体间进行经常性的沟通交流、共同参与分析问题解决问题、并要求降低冲突水平,个体成员之间的依赖性较强。项目管理工作就属于复杂任务,项目利益相关方复杂,不确定因素多,生产要素流动性大,不可逆转性强,这就需要加强项目组织内不同群体之间以及同一群体内部成员之间的信息沟通,也需要强有力的群体领导。

(5) 群体的协同作用

项目建设的过程,就是不同群体和所有组织成员个体的相互协同、共同发挥作用的过程,如项目中的策划、设计、施工和运行等工作不是单个个体所能完成的,而是项目组织内的不同群体中的所有个体既有劳动分工、又相互协作来共同完成的。一般来说,项目组织的计划越完善,岗位责任制越清晰,个体成员的知觉、价值观、态度越一致,则群体的协同作用越高。

7.2.2.1 业主群体的行为

业主对工程项目承担全部责任,行使项目的最高权力,对项目直接进行管理、监督、下达指令、检查工作、作评价。业主这一群体不仅是项目的导演者、策划者,而且是直接参与者。

1) 许多业主希望或喜欢较多地、较深入地介入工程项目管理,将许多项目管理的权力集中在自己手中。例如,明文限制项目经理的权力,经常对项目经理和承包商进行非程序干预和越级指挥,这种行为的出发点可能是:

(1) 对项目经理信任程度不够,对其能力、责任心、职业道德、公正性产生怀疑;

(2) 主观上希望将项目做得更为圆满；

(3) 自负自己有较强的项目管理能力，但实际上，他的知识、能力、时间、精力又常常不够，所以引起的问题很多；

(4) 追逐权力的心理，不了解责权利平衡的原则，主观上希望自己拥有较多的权力而不想承担责任；

(5) 其他因素，如管得越细、越具体，个人的好处越多。

工程实践证明，业主干预项目管理太多、太具体，会损害项目的整体目标，对项目的实施产生不利的影响。

2) 在工程实施中许多业主过于随便地行使决策的权力，任意改变主意，如修改设计、变更方案。由于经验和能力的限制，业主进行决策时常常不能顾及项目的整体和长远的利益，不能顾及对其他群体的影响和对项目实施过程的冲击，容易造成工期延长和费用增加，引起合同争执，而他常常反过来责怪项目经理管理不力。特别当业主比较自负时，更容易发生这些情况。

3) 在实际工作中经常存在业主的其他相关部门对项目的非程序干预，以及合作或合资项目中投资者的非程序化的干预，造成项目的多业主状态，破坏了统一领导和指令唯一性的原则。

4) 由于由业主发包、选择项目经理和承包商、支付款项，以及买方市场和激烈的竞争，使业主常常产生高人一等的气势。在项目中，业主常常不能以合作平等、公平的态度对待其他群体，而是以雇主居高临下的态度对待他们。

5) 在项目的生命周期中业主会经常更换业主代表，特别是国家或政府投资的工程或项目，这会导致某些短期行为，如片面追求工期、追求形象，或片面追求投资的节约，或片面追求技术创新等。

6) 在招投标过程中，业主肢解项目规避招标，招标走过场或与承包商串通作弊的现象十分普遍。

7) 某些业主在工程项目竣工验收或保修期满后，拖延或拒付工程款。

7.2.2.2 承包商群体的行为

随着市场竞争的加剧，承包商的生存条件发生了很大的变化，承包商对待项目的态度也发生了很大的变化，承包商这一群体在项目中的行为受很多因素的影响。

1) 承包商获得项目的方式发生了很大的变化。在计划经济时代，项目主要是分配得到的，承包商没有获取项目的压力；在市场经济条件下，项目的获得主要通过投标、议标或委托的方式获得，而这些都与承包商的交际面有关，在我国目前的竞争机制下，为了获得项目，承包商采取拉关系、行贿等手段，而所有这些都与科学的管理相违背，这也是项目失控的根本原因之一。

2) 竞争的加剧，加上竞争机制的不完善，使得某些承包商在竞争中不择手段，

过分压低合同价款以期获得项目,在获得项目后,又不择手段地降低成本,保证自己的利益和利润,这也是目前工程项目事故频发的主要原因之一。

3) 承包商的责任是圆满地履行合同,并获得合同规定的价款,而工程项目的最终效益(运行状态)与他没有直接的经济关系。承包商责任的阶段性,也导致许多项目在缺陷责任期内的"好质量"和缺陷责任期一结束就问题百出,这主要是因为在合同期间他的主要目标是完成合同责任,降低成本消耗,以争取更大的工程收益(利润)。他较多地考虑到自己的成本的优化,而较少考虑项目整体的长远利益,遇到风险或干扰,首先考虑采取措施避免或降低自己的损失。

4) 承包商控制的积极性与他所签订的合同类型和责任有关。例如:

(1) 对工期控制的积极性由合同工期、工期拖延的罚款条款和提前奖励额度等因素决定。

(2) 对成本控制,如果订立固定总价合同或目标合同,则他有非常高的积极性;而如果订立成本加酬金合同,则他不仅没有积极性,而且会想方设法提高成本,以提高自己的收益。

(3) 对质量控制的积极性通常由出现质量问题的处罚条款、保修期、保修条款等决定。

在项目中承包商的三大目标的优先次序一般为成本—进度—质量。当发生目标争执时,承包商容易牺牲或放弃质量目标。

5) 项目组织中不止存在一个承包商,各承包商之间存在着复杂的组织界面。各承包商为了各自的利益,推卸界面上的工作责任,极力寻找合同中的漏洞和不完备的地方,以及业主群体和项目经理个体的工作失误进行索赔,争取自己的收益,遇到干扰(风险)首先考虑采取措施避免或降低自己的损失。

6) 承包商企业一般同时承担许多项目,在这些项目中他有自己的资源分配优先级别。则本项目的特点,本项目在企业经营中的地位,他与业主、与项目经理的关系等都会直接影响承包商群体对本项目的重视程度和资源保证程度。而这一切直接影响项目能否顺利实施。

7.2.2.3 项目管理者群体的行为

项目管理者包括项目经理和项目管理人员,项目管理者群体类似项目管理组织。由于项目组织的特殊性,项目管理者的组织行为十分复杂,对整个项目组织和项目都有很大的影响。一般可以从项目管理者角色的特殊性透视他们的群体行为。

(1) 对整个项目而言,项目管理者通常具有参谋的职能,即作咨询,作计划,给业主提供决策的信息、进行分析、提供咨询意见和建议,这种工作属于顾问性质的。但另一方面他们又承担直接管理的职能,即执行计划,对工程项目直接进行管理、监督、下达指令、检查工作、作评价。他不仅是项目的导演者、策划者,而且是直接参与者,是一个主角。所以,人们常常要求项目经理既是注重创新、敢冒风险、重视远景、挑战现状的领导者,又是勤恳敬业、重视成本、处事谨慎、按照规则办事的管理者。这两种角色是矛盾的。

(2) 项目管理属于咨询和服务工作,所以国外的很多项目管理公司、监理公司被称为咨询公司。它的工作很难定量化,其工作质量也很难评价。因为项目是一次性的,常新的,有特殊的环境和不可预见的干扰因素,所以项目管理成就的可比性差。这给项目管理者群体的工作委托、监督、评价带来困难。项目能否顺利实施,不仅依赖于项目管理者的水平和能力,更重要的是依靠他的敬业精神和职业道德。

(3) 项目为短期组织,专业项目管理人员难以发挥作用,难以提升和受到上层重视。他会不堪忍受经常性的组织变动带来的不安全感,更希望在职能部门中工作。通常属于职能部门比属于项目更有利于他们业务的提高和受到重视。

7.2.3 项目组织系统行为

对于项目来说,其组织系统行为是指整个工程项目组织的行为,不同的项目组织,其项目组织行为存在一定的共性。

(1) 项目组织成员来自不同的企业或不同的职能部门,有不同的隶属关系,他们各自有与项目的总目标和整体利益不一致、甚至相矛盾的个体目标和个体经济利益,各参与单位之间也存在相互矛盾的群体目标和群体利益。由于项目又是一次性的、暂时的,所以成员个体容易有短期行为,即只考虑或首先考虑眼前的本单位(本部门)的局部利益,不顾整体的长远的利益。

(2) 由于项目组织与项目一样是一次性的、常新的,项目组织成员不断遇到新的不熟悉的、不同组织文化的合作者,容易产生组织摩擦。在项目开始阶段很长时间内,项目组织成员互相不适应,不适应或不熟悉项目管理的运作,而项目结束前因项目组织即将解散,组织成员要寻求新的工作岗位或新项目则人心不稳,组织涣散。

(3) 由于项目是一次性的、暂时的,项目组织成员的组织归属感和安全感不强,组织的凝聚力很小。项目组织的下级人员对项目组织的忠诚要比职能组织的下级人员少。

(4) 由于项目组织成员来自不同组织文化的单位,而且项目又是短期的、一次性的,所以项目组织很难像企业组织一样建立自己的组织文化,即项目所有项目组织成员很难形成较为统一的、共有的行为方式、共同的信仰和价值观,这给项目管理带来困难。在国际工程项目中还存在多民族、不同文化的沟通问题。

(5) 合同作为项目组织的纽带,是各参与单位的最高行为准则,但项目相关的合同有几十份、几百份,通常一份合同仅对两个签约者(如业主与某一承包商)之间有约束力,所以项目组织缺少一个统一的有约束力的行为准则。由于合同在项目实施前签订,不可能将什么问题都考虑到,而实际情况又千变万化,一份合同中和合同之间常常存在矛盾和漏洞,而各参与单位群体和项目组织成员个体都站在自己的立场上分析和解释相关合同,决定自己的行为,所以项目的组织争执通常都表现为合同争执。合同常常又是解决组织争执的依据。

(6) 项目组织沟通存在许多障碍,其中许多原因是项目的组织行为问题,如在项目组织中特别容易产生短期行为,项目的组织摩擦大,在项目组织中人们的归属感和组织安全感不强,反对变更的态度等。

此外,由于项目必须得到高层的支持,项目上层组织(军队、企业、政府)的组织模式、管理机制、上层领导者的管理风格等,会影响项目的组织行为。

7.3 工程项目组织的人力资源管理

人力资源管理的定义很多,不同专家对此有不同的界定。工程项目组织的人力资源管理是指:工程项目组织以人为中心开展的一系列管理活动,其目的是把工程项目组织所需要的人力资源吸引到组织中来,将他们保留在项目组织之中,调动他们的工作积极性,并开发他们的潜能,以便充分发挥他们的积极作用,为实现项目组织的目标服务。

我国的大多数学者认为,人力资源管理主要包括六大职能,即工作分析、招聘与配置、绩效管理、薪酬管理、培训管理和劳动关系。其中,工作分析主要解决工作内容、工作流程、工作方式以及对员工任职资格的要求等问题;招聘与配置主要解决如何选人、用人及人-职匹配等问题;绩效管理解决如何评价与提升绩效,实现组织目标等问题;薪酬管理解决如何结合员工的绩效,给予有效激励等问题;培训管理则根据员工素质与工作的要求实施培训,来提升员工能力;劳动关系则主要协调员工与管理者的关系,保障双方的权益。

由于工程项目组织的特殊性,项目组织中的人力资源管理存在一些问题。

1) 人力资源管理的六大职能在项目组织中不能完全体现。

(1) 招聘与配置这一职能中,招聘在工程项目组织中是不能直接体现的,由于工程项目组织是由合同形成的组织关系,组织成员是由合同双方企业提供的,即由项目组织参与单位提供的,项目组织成员是与参与单位签约的,而不是与项目组织签订劳动合同的。对于工程项目组织而言,缺乏直接的招聘环节。

(2) 薪酬管理:工程项目组织缺乏直接发放个人激励(如工资、奖金等)的主体,一般是由业主在合同中约定的激励管理方式对承包商等群体进行激励,缺乏直接针对个人的激励管理方法。项目组织成员的工资是由参与单位发放的,而不是项目组织这一多个参与单位组成的多群体组织。当然,如果合同有约定,业主这一群体可以对承包商等群体进行激励,发放奖金等。

(3) 劳动关系:工程项目组织中的个人是与参与单位有劳动关系,签订劳动合同的,而一个工程项目组织是多个单位组成的,和项目组织成员之间缺乏劳动关系,其劳动关系是分散在参与单位中的,这也使得工程项目组织的人力资源管理更为困难。

2) 对于工程项目组织成员来说,他们一般来自不同的参与单位,如承包商、设计单位、供货商等。他们参与工程项目组织,承担项目组织工作,但是也存在一定的利益冲突。由于工程项目组织的一次性,这些项目组织成员最终会回到原单位工作,所以仍会关注原单位对自己的要求。

这与工程项目组织形式是相关的。独立式组织中,这一利益冲突基本不存在。在矩阵式组织中比较明显。在工程项目组织中,项目组织成员对项目负责,同时他们还承担原单位的职能工作,而项目工作同职能部门的关注点不一样,两者之间必然发生冲突,并且,由于上级对于两者的考核标准不同,也容易导致他们目标不一致,会对项目组织企业总的绩效产生不良的影响。

3) 对于工程项目参与单位而言,一个参与单位可能会同时参与多个项目,这些项目人员都是从企业派出的。由于项目部每个人都会看重自己的项目,结果造成企业对项目的轻重缓急理解不一致,最后的结果甚至有可能是谁的任务也没有完成。上述种种矛盾,如果解决不好,将不利于参与单位的发展,甚至会成为企业发展的新障碍。

7.4 工程项目团队建设

7.4.1 工程项目团队的特征

关于团队(Team)的定义很多,工程项目团队是为了实现工程项目目标,由相互协作的工程项目组织成员所组成的正式群体。工程项目团队和一般的组织群体不同,具有如下特征:

1) 工程项目团队是为了实现工程项目目标而存在的,这里的目标可以是工程项目的总目标,也可以是子目标。根据目标的不同,团队的组成等会有所区别。工程项目团队成员是为了共同的目标才组合在一起的。

2) 工程项目团队具有共同的目标,并围绕该目标进行项目工作,通过目标和工作把所有团队成员团结和凝聚在一起。一个好的工程项目团队应具有高度的凝聚力。

3) 工程项目团队一旦形成,就具有自身的相对独立性,不会因为个别组织成员的流动而解体。这就意味着,在工程项目组织中,虽然项目组织成员是流动的,但是团队是相对稳定的。这也使得团队建设更为重要。

4) 一个良好运行的工程项目团队不论其规模大小,应该在一开始就建立一套规章制度,对成员的加入和审核进行规范,最好具备批准和审核成员加入的具体步骤。对于流动性强的工程项目组织而言,这一点很重要。

5) 工程项目团队成员能够清楚认识到自己是团队的一员,并且在行为上相互作用,心理上相互影响,彼此之间都能意识到对方的存在。团队的规模应控制在每个成员都能彼此熟悉、相互了解的程度。

6) 工程项目团队不是个体的简单叠加,而是一个有机的整体,每个人都在其中担当一定的职务,承担有一定的责任。

7) 工程项目团队是一个正式群体,是正式的项目组织的一个组成部分,以工程项目任务为目的,重视成员的共同努力并产生积极协同作用。

总之,工程项目团队是一个弹性的组织形式,这些特征是相互关联的。

7.4.2 工程项目团队的类型

工程项目团队可以分为以下四类:

1) 问题解决型团队

这是一种初始的团队类型,往往是由同一项目部门的人员组成,一般每周开会一次,其工作核心是如何提高工程项目质量、如何提高工作效率及如何改善工程项目的作业环境等一些专业型问题。团队成员在会议中就如何改变工作程序和工作方法相互交流,提出一些建议,形成解决问题的方案,但是不负责方案的执行。

这种团队和寄生式组织类似,不同的是其成员一般是由同一项目部门的人员组成,这里的同一部门可以是项目经理部的某一个下属部门。在实际运用时,也可以是参与单位和项目经理部具有相同职能的部门人员组成的,如参与单位的工程部和项目经理部下属的工程部,参与单位可以是业主,也可以是承包商,这其实也是对问题解决型团队的一个拓展。一般问题解决型团队的人数在 8~10 人。根据工程项目规模大小,可以适当进行调整。

2) 自我管理型团队

这是真正独立自主的团队类型,不仅提出解决问题的方案,还负责方案的执行,并对执行结果承担全部责任。自我管理型团队一般由 10~115 人组成,承担一部分决策的责任。这一类型的团队可以自己控制工作节奏、分配工作任务、检查工作程序。

在工程项目组织中,可以考虑将小型工程的项目经理部或者大中型工程的项目经理部的某一个下属部门建成一个自我管理型团队。

3) 多功能型团队

多功能型团队由来自同一等级、不同工作范围的人员组成,他们以完成某项具体任务为目的,其主要特点在于内部跨越横向部门之间的界限。这一类型的团队是在20世纪80年代末为完成复杂项目而组建起来的,其优势在于可以实现不同领域员工之间的信息交换。

工程项目组织中的独立式组织和矩阵式组织可以考虑建设成多功能型团队,这样可以更好地激发成员的工作能力和信任度,提高工作效率,但是其成员要求学会如何把不同的意见整合到一起。

4) 虚拟型团队

虚拟型团队和传统团队的区别在于:其成员在空间上是分散的,利用高科技媒体进行交流。因此,在虚拟型团队中,成员与其他人的交流依靠电子工具,如电子信箱、传真、语音信箱、视频会议等。尽管虚拟型团队给处于不同地理位置和时区的项目成员提供了一起工作的机会,但比起之前三种类型的团队,会缺乏必要的信息共享,更容易产生冲突,更缺少分享背景信息的机会,而背景信息往往是相互信任的先决条件。

工程项目组织有虚拟组织这一组织结构,可以将其建设成虚拟型团队,符合团队的特征。

7.4.3 工程项目团队的生命周期

工程项目团队也有自己的生命周期,这和其目标、规模、工程项目组织的生命周期有一定的相关性。

1) 形成阶段

这个阶段是团队的初始阶段,在这一阶段,团队的领导者广招贤才,根据团队目标和类型吸纳团队成员。团队成员第一次被告知,他们的团队成立了,但是彼此之间的关系还尚未建立起来,团队成员之间的了解与信赖不足,尚在磨合之中,整个团队还没建立规范,或者对于规矩尚未形成共同看法,这时矛盾很多,内耗很多,一致性很少。因此,团队的领导者应立即掌握团队,快速让成员进入状态。

此阶段的领导风格要采取控制型,不能放任,目标由领导者设立(但要合理),清晰直接地告知想法与目的,不能让成员自己想象或猜测,否则容易走样。成员的关系方面要强调互相支持,互相帮忙。此时期也要快速建立必要的规范,不需要完美,但需要能尽快让团队进入轨道,这时规定不能太多太繁琐,否则不易理解,又会导致绊手绊脚。

在团队组建的初期,工程项目参与单位内部的职能部门、工程项目组织的各项目部门与团队的关系是非常重要的。当然,根据不同的团队类型,所涉及的部门数量和类型会有所不同。

2) 锤炼阶段

锤炼阶段也称为探索阶段。在该阶段,团队成员在不断冲撞、磨合,矛盾会层出不穷,主要包括团队成员之间的矛盾,团队规则与企业规则之间的矛盾等。而这时候最好让矛盾和分歧充分地暴露,将各种冲突公开化,团队领导者要引导成员公开发表意见和只对事不对人的争论,坚持正确的导向。这一阶段,安抚人心和调节组织关系是最重要的任务,成员之间要学会倾听、理解和调整,彼此适应,开始逐步熟悉和适应团队工作的方式。

3) 凝聚阶段

凝聚阶段也称为规范阶段、稳定阶段。经过锤炼阶段后,团队成员逐渐了解了领导者的想法与组织的目标,互相之间也经由熟悉而产生默契,对于组织的规矩也渐渐了解,违规的事项逐渐减少。这时日常项目工作都能正常运作,领导者不必特别费心,也能维持一定的工作能力。但是团队对领导者的依赖很重,主要的决策与问题,需要领导者的指示才能进行,领导者一般非常辛苦,如果其他事务繁忙,极有可能耽误决策的进度。

这个阶段领导者的主要任务就是协调成员之间的矛盾和竞争关系,建立起流畅的合作模式。在可掌握的情况下,对于较为短期的目标与日常事务,可以授权成员直接进行,只要定期检查,与维持必要的监督。在成员能接受的范围内,提出善意的建议,如果有新成员进入,必须尽快使其融入团队之中,部分规范成员可以参与决策。但在逐渐授权的过程中,要同时维持控制,不能一下子放太多,否则回收权力时会导致士气受挫,配合培训是此时期很重要的事情。要让成员们意识到,团队的决策过程是大家共同参与的,应当充分尊重各自的差异,重视互相之间的依赖关系。合作成为团队合作的基本规范,而这时团队应该不断充实自我,努力让团队成为学习型团队。

4) 运作阶段

运作阶段也称为奋进阶段、激化阶段。根据之前的努力,建立开放的氛围,允许成员提出不同的意见与看法,甚至鼓励建设性的冲突,目标由领导者制定转变为团队成员的共同愿景,团队关系从保持距离、客客气气变成互相信赖,坦诚相见,规范由外在限制,变成内在承诺,此时期团队成员成为一体,愿意为团队奉献,智慧与创意源源不断。

团队成员们开始忠实于自己的团队,并且减少了对上级领导的依赖。成员们相互鼓励,积极提出自己的意见和建议,也对别人提出的意见和建议给出积极评价和迅速反馈。这时团队的领导者必须创造参与的环境,并以身作则,容许差异与不同的声音出现。初期会有一阵子的混乱,许多领导者害怕混乱,又重新加以控制,会导致不良的后果,借助第五项修炼中的建立共同愿景与团队学习的方法可以有效地渡过难关。此时期是否转型成功,是团队能否成功的关键。领导者在取得一定成效后,要稳定已完成的工作,集中团队的注意力,奖赏团队成员,鼓励他们承担更大的责任。

5)成功阶段

成功阶段也叫收割阶段。这一阶段,已经形成强而有力的团队,所有成员都有强烈的一体感,团队爆发前所未有的潜能,创造出非凡的成果。这一阶段要注意保持成长的动力,避免团队老化。团队的领导者要运用系统思考,综观全局,并保持危机意识,持续学习,持续成长。同时,要善于关心团队成员,鼓励沟通,提供资源和奖励,促进个人发展,激发成员发挥更大的作用。

6)终止阶段

团队的生命是有限的,这是团队发展的必然。一个团队在生命周期中,其构架基本稳定,但是成员的变化也是不可避免的。团队结束时要进行总结、分析和回忆,坦诚交流和分析,在规定的时间内为团队画上圆满的句号。

在团队的整个生命周期中,不能把每个阶段分裂开来看。要建造一个高效的团队,作为一个领导者,在每个阶段都不能掉以轻心。只有在整个过程中抓好每一个环节的工作,才有可能建立起一个好的工程项目团队。

7.4.4 高效的工程项目团队建设

组织行为学家对于高绩效团队的实证研究表明,不同的高绩效团队具有一系列的共同特征:高绩效的团队一般比较小,团队成员一般具有不同类型的技能;高绩效的团队能使团队成员积极扮演自己的角色,能够献身于一个共同的目标;高绩效的团队能够时刻把握工作中的重点,为团队成员指明努力的方向;高绩效的团队有一套完整的评估系统和奖励机制,确保团队成员积极主动地开展工作;高绩效的团队成员之间高度信任。

高效的工程项目团队具有下述特征:

1)目标明确

一个高效的项目团队对所要达到的目标要有清楚的了解,并坚信这一目标蕴含着重大的意义和价值。而且,这种目标的重要性还激励着团队成员把个人目标升华到群体目标中去。在有效的团队中,成员愿意为团队目标作出承诺,清楚地知道希望他们做什么工作,以及他们怎样共同工作才能最后完成任务。

2) 互补的成员类型

要保证团队的高效,成员的组成非常关键,互补型的成员类型,才是"黏合"团队的基础。包括如下两点:

(1) 团队成员的个性互补,性格都较强,或者都较弱,会让团队成为"争吵"的平台,或者让团队成为"绵羊",而缺乏活力或者柔性,因此,团队的性格类型应该是强、弱、柔互补的。

(2) 能力互补。只有各类能力的人才组合在一起,才能更有力量。

高效的团队是由一群有能力的成员组成的。他们具备实现理想目标所必需的技术和能力,而且相互之间有能够良好合作的个性品质,从而出色地完成任务。后者尤其重要,却常常被人们忽视。有精湛技术能力的人并不一定就有处理群体内关系的高超技巧,高效团队的成员则往往兼而有之。

3) 成员之间相互信任

成员间相互信任是高效团队的显著特征,也是团队的特征之一。

4) 沟通良好

这是高效团队一个必不可少的特点。

(1) 团队成员通过畅通的渠道交流信息,包括各种语言和非语言信息。

(2) 团队领导与团队成员之间健康的信息反馈也是良好沟通的重要特征,它有助于指导团队成员的行动,消除误解。高效团队中的成员能迅速而准确地了解彼此的想法和情感。

(3) 工程项目组织内的其他成员、项目部门与团队的沟通良好。

5) 恰当的领导

优秀的领导者不一定非得指示或控制,高效团队的领导者往往担任的是教练和后盾的角色,他们对团队提供指导和支持,但并不试图去控制它。

对于那些习惯于传统方式的管理者来说,这种从上司到后盾的角色变换,即从发号施令到为团队服务是一种困难的转变。

6) 合理的激励考核

一个团队在从不稳定到稳定的发展过程中,必须通过激励考核,优胜劣汰,奖优罚劣。

(1) 建立合理而有挑战性的薪酬考核体系。在具备竞争力的前提下,按贡献大小予以合理分配,只有建立一套公平、公正、公开的薪酬体系,大家才能在同一套制度下,施展才华,建功立业。

(2) 在团队生命周期的不同阶段,激励考核方式要有所不同,如在其形成、锤炼阶段,要多正面激励,少惩治,不断树立榜样和标杆;而到了凝聚、运作阶段,要多规范,用制度进行管理和约束。

7) 系统的学习

一个团队要通过系统学习进行效率的提升。

(1) 创建学习型组织,这种学习型组织,一定是自上而下的,团队成员每一个人要有一种学习的动力与渴望,确保让学习成为企业的"驱动力"。

(2) 打造学习型个人,为团队成员提供学习和成长的平台,打造学习的良好氛围。

8) 内部支持和外部支持

从内部条件来看,项目团队应拥有一个合理的基础结构,包括:适当的培训,一套易于理解的用以评估员工总体绩效的测量系统,以及一个起支持作用的人力资源系统。从外部条件来看,工程项目组织内的其他成员和项目部门应给项目团队提供完成工作所必需的各种资源。

7.5 沟通管理

7.5.1 沟通的概念

沟通的本质是信息的交流和共享,是项目组织成员之间思想、观点、情感、态度等信息的相互交换和传递。不同学科对沟通的研究是不同的,从组织角度,沟通主要是指在组织中发生的、两个或两个以上的个人或群体,通过一定的信息传递渠道,交换、分享各自的观点、意见、思想、情感等的过程。工程项目组织是一个特殊的组织形式,因此,其沟通具有一定的特殊性。

1) 沟通过程是项目利益相关者和项目组织各方的利益的协调和平衡的过程。在工程项目中,大部分沟通障碍是由于利益冲突引起的。这是工程项目中的沟通与企业中的沟通的差异之一。

2) 由于工程项目组织参与单位较多,在沟通过程中只有确定项目组织各参与单位和其他项目利益相关者的信息需求,才能确保沟通顺畅。

3) 由于工程项目组织成员来自不同的参与单位,不同的企业组织文化会影响到项目人员的观点、意见等;不同的利益也会影响到项目人员的信息交换过程。

7.5.2 沟通的类型

沟通是一种信息的联络和交流,工程项目组织中的沟通一般包括人-机沟通和人-人沟通。其中人-机沟通是管理信息系统解决的问题,而人-人沟通是组织学解决的问题。根据不同的标准,沟通有不同的分类。

7.5.2.1 垂直沟通、平行沟通和网络沟通

这是按照沟通的流动方向进行的分类。

1) 垂直沟通

垂直沟通可分为上行沟通和下行沟通。下行沟通从组织的战略决策层向下传递给战略管理层,再传递给项目管理层,再向下到实施层,如图7-1所示。下行沟通中,上级处于主动沟通地位,因此,在工作指令中要做到全面、及时和准确,同时,在沟通时不要只顾"讲",还要讲究"听"。

上行沟通的方向则相反,可按照图7-1中逆箭头方向发生。上行沟通是指下级向上级提供信息,将下级的意见、情况、数据等向上级反映,便于上级进行正确的项目决策和控制。在上行沟通时要注意:一是沟通内容不能片面,隐藏对自己不利的信息;二是不能只报喜不报忧,挑选上级喜欢的信息进行传递。

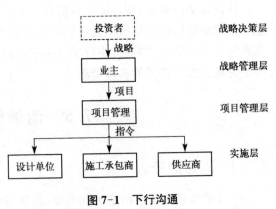

图7-1 下行沟通

无论是上行沟通还是下行沟通,在逐层传递过程中都会出现信息的增减,层级越多,失真的可能性越大。因此,要强调沟通的双向性,上行与下行并行才能构成一个完整的沟通循环。

2) 平行沟通

这是同一层级间的沟通,如图7-1中同处于实施层的设计单位、施工承包商和供应商之间的沟通属于平行沟通。

3) 网络沟通

网络沟通的信息流通是多个方向的,形成网络状。有时,网络沟通也指基于信息技术(IT)的计算机网络来实现信息沟通活动,如电子邮件、网络电话、即时通信等。在矩阵式项目组织甚至虚拟项目组织中,网络式信息流成为主要的信息流动方式。随着组织的扁平化发展,在现代高科技状态下,组织成员会越来越多地通过横向和网络状的沟通渠道获得信息。

7.5.2.2 语言沟通和非语言沟通

这是按照沟通的方式进行的分类。

1) 语言沟通,即通过口头面对面沟通,如交谈、会谈、报告或演讲。面对面的语言沟通是最客观的,也是最有效的沟通。因为语言沟通可以进行即时讨论、澄清问题、理解和反馈信息,项目组织成员可以更准确、便捷地获得信息,特别是软信息。

2) 非语言沟通,即书面沟通,包括项目手册、建议、报告、计划、政策、信件、备忘录以及其他形式。

7.5.2.3 单向沟通和双向沟通

这是按照信息是否反馈进行的分类。

1) 单向沟通

单向沟通是指一方只向另一方发送信息,发送者与接收者的地位不变,如作报告、发开工指令等。单向沟通的优点在于:速度快,信息发送者的压力小。缺点在于:接收者没有反馈意见的机会,不能产生平等和参与感,不利于增加接收者的自信心和责任心,不利于建立双方的感情。

2) 双向沟通

双向沟通是指双方互相发送、相互接收信息,二者地位不断变化,如对话、交谈、协商等。双向沟通的优点在于:接收者理解信息和发送信息者意图的准确程度大大提高。缺点在于:接收者和发送者都比较相信自己对信息的理解,双向沟通比单向沟通需要更多的时间。由于与问题无关的信息较易进入沟通过程,双向沟通的噪音比单向沟通要大得多。

对于工程项目组织而言,单向沟通和双向沟通都是存在的。如一些工作指令的发布,就是典型的单向沟通,而协调会议等就是双向沟通。如果项目组织重视工作的快速与成员的秩序,单向沟通是比较适宜的,但是由于工程项目组织是个多方参与的跨企业组织形式,有反馈的双向沟通的使用可以更好地协调多方关系,但是在时间上会有所耽误。

7.5.2.4 正式沟通和非正式沟通

这是按照沟通的组织系统进行的分类。

1) 正式沟通

正式沟通是按照正式组织结构,按照组织规定的渠道进行的信息传递。它由项目组织结构图、工作流程、项目管理流程、信息流程和确定的运行规则构成,并且采用正式的沟通方式。在工程项目组织中,正式沟通一般有固定的沟通方式、方法和过程,在合同中或在项目手册中被规定,作为项目组织成员的行为准则。这种沟通结果常常有法律效力,它不仅包括沟通的文件,而且包括沟通的过程。例如,会议纪要若超过答复期不作反驳,则形成一个合同文件,具有法律约束力;对业主下达的指令,承包商必须执行,但业主要承担相应的责任。

(1) 正式沟通的工具

① 项目手册。项目手册包括极其丰富的内容,它是项目和项目管理基本情况的集成,它的基本作用就是为了便于项目参加者之间的沟通。在其中应说明项目的沟通方法、管理程序,文档和信息应有统一的定义和说明,统一的 WBS 编码体

系,统一的组织编码、统一的信息编码、统一的工程成本分解方法和编码、统一的报告系统。在项目初期,项目经理应将项目手册的内容和规定向各参加者作介绍,使项目组织成员了解项目目标、参加单位和沟通机制,使大家明了遇到问题应该找谁,应按什么程序处理以及向谁提交什么文件。

② 各种书面文件,包括各种计划、政策、过程、目标、任务、战略、组织结构图、组织责任图、报告、请示、指令、协议。

主要的信息沟通工具是项目计划,项目经理制订项目的总体计划后应取得职能部门资源支持的承诺。这个职权说明应通报给整个组织,没有这样的说明,项目管理就很可能在资源分配、人力利用和进度方面与其他业务部门作持续的斗争。

③ 协调会议

协调会议是正规的沟通方式,其种类有以下两种:一是常规的协调会议,一般在项目手册中规定每周、每半月或每月举办一次,在规定的时间和地点举行,由规定的项目组织成员参加。二是非常规的协调会议,即在特殊情况下根据项目需要举行的会议,一般有:信息发布会,即解决专门问题的会议,即发生特殊的困难、事故、紧急情况时进行磋商;决策会议,即业主或项目经理对一些问题进行决策、讨论或磋商。

④ 通过各种工作检查,特别是工程成果的检查验收进行沟通。各种工作检查、质量检查、分项工程的验收等都是非常好的沟通方法。它们由项目过程或项目管理过程规定。通过这些工作不仅可以检查工作成果、了解实际情况,而且可以沟通各方面、各层次的关系。检查过程常常是解决存在问题、使组织成员之间互相了解的过程,同时又是协调新工作的起点,所以它不仅是技术性工作,而且是一项重要的管理工作。

⑤ 其他沟通方法,如建议制度、申诉制度、离职交谈等。有些沟通方式位于正式和非正式之间。

(2) 正式沟通的形态

一般包括以下五种:链式,轮式,环式,全通道式,Y式(图 7-2)。

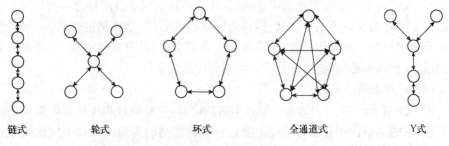

图 7-2 正式沟通的形态

① 链式

项目组织成员只能与直接上下级或有直属关系的某些成员进行沟通,起着承上启下的作用,但并不清楚信息的初始来源和最终接受者。由于一对一,沟通的速度较快。工程项目组织中的直线式组织中就是这种沟通居多。

② 轮式

轮式最大特点是中心明确,只有一个核心成员是各种信息的汇集点与传递中心,相当于一个项目经理直接管理几个项目部门的权威控制系统。此网络集中化程度高,解决问题的速度快。但其他成员只有与领导沟通这么一条沟通渠道,彼此间的沟通阻断,成员的满意程度低。适用于工作任务完成成员间相互依赖少,合作要求低的简单工作任务,但前提是核心成员的权威较高。

③ 环式

环式和链式沟通相似,不同的是环式首尾相接,最终形成一个通路,可以看成是链式形态的一个封闭式控制结构,每个项目组织成员都可同时与两侧的成员沟通信息,但谁是领导不明确。组织中成员地位平等,没有明显的上下级关系,具有比较一致的满意度。是委员会中常用的沟通方式。

④ 全通道式

这是一个开放式的网络系统,是指项目组织成员之间穷尽所有沟通渠道的全方位沟通,其中每个成员可与组织中其他任何成员进行沟通,是一种非等级式沟通,满意度高、失真度低。但是,由于这种网络沟通渠道太多,易造成混乱,且又费时,影响工作效率,不适用于大型项目组织。

⑤ Y式

Y式兼有轮式和链式的特点,是一个纵向沟通网络,表示4个层次的信息逐级传递的过程,只有一个成员处于沟通中心,成为沟通网络中拥有信息且具有权威和满足感的人。Y式可以看作是链式沟通中多了一个直接上级,如多头领导,关键是多头领导间的协调。也可以看作是轮式沟通的变形,如矩阵式组织中某成员在接受了项目经理和职能经理的指示后,再传递给直接下属就是这种形态。

2) 非正式沟通

非正式沟通是指正式沟通以外的所有信息传递。非正式沟通和正式沟通不同,它的沟通对象、时间及内容等各方面,都是未经计划和难以辨别的,是由于组织成员的感情和动机上的需要而形成的。

非正式沟通的作用有正面的,也有负面的。从正面来看,由于项目组织的暂时性和一次性,项目组织成员普遍没有归属感、组织安全感,会感到孤独。而通过非正式沟通,满足项目组织成员的感情和心理需要,使他们的关系更加和谐融洽,使弱势成员获得自豪感和组织的温暖。项目组织成员能够打成一片,会使他们对项目组织有认同感、满足感、安全感、归属感,对项目管理者有亲近感。项目管理者可以利用非正式沟通方式的正面作用达到更好的管理效果,支持组织目标的实现。

(1) 非正式沟通的类型

非正式沟通的类型如图 7-3 所示。

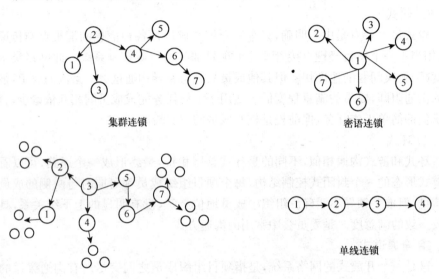

图 7-3 非正式沟通的类型

① 集群连锁

在沟通过程中,可能有几个中心人物,由他转告若干人,而且有某种程度的弹性。如图 7-3 中的 2 和 4 两人就是中心人物,代表两个集群的"转播站"。集群连锁中的中心人物一般会将信息有选择地进行传播,在四种类型中传播速度最快。

② 密语连锁

由一人告知所有其他人,犹如其独家新闻,是由这一人积极主动地寻找并传播信息的。

③ 随机连锁

碰到什么人就转告什么人,并无一定中心人物或选择性。这是一个不规则的沟通过程,按照一定的几率将信息传播给他人,别人同样以这种方式不经意地告诉其他人,但不如密语连锁那么主动。

④ 单线连锁

由一人转告另一人,他也只再转告一个人,一直传到最终的受讯者。这种情况比较少见。

（2）非正式沟通的管理

任何工程项目组织都或多或少地存在着非正式沟通途径。对于这种沟通方式，项目管理者既不能完全依赖用以获得必需的信息，也不能完全加以忽视，而是应当密切注意错误或不实信息发生的原因，设法提供给组织成员正确而清晰的事实。

① 非正式沟通的产生和蔓延，主要是因为项目组织成员得不到他们所关心的信息。因此，项目管理者应尽可能使组织内沟通系统较为开放或公开，让组织成员能通过正式沟通获得更多的信息，提高需要获得的信息的可能性。

② 闲散和单调是造谣生事的温床。项目管理者应注意项目任务的合理安排，不要使项目组织成员有过分闲散或过分单调枯燥的情形发生。

③ 培养组织成员对项目管理者的信任和好感，这样他们比较愿意相信项目组织所提供的正式渠道的消息。

④ 项目管理者可以提供一些正面的非正式沟通渠道，如工间接触、领导走访、节日慰问、班组活动等，使上下级之间、同级之间，有更多的机会了解、沟通，增加非正式沟通的正面效应。

7.5.3 项目组织中几种重要的人-人沟通

项目组织中的人-人沟通可以分为个人与个人的沟通以及个人与群体的沟通。在整个工程项目组织中，项目经理处于极为重要的地位，因此，几种重要的沟通形式都是和项目经理有关的。其中，项目经理和业主、承包商的沟通属于个人与群体的沟通，而项目经理与项目经理部内部人员的沟通、与参与企业职能经理的沟通属于个人与个人的沟通。

7.5.3.1 项目经理与业主的沟通

业主代表项目的所有者，在工程项目组织中处于重要的地位，但业主一般不直接具体地管理项目，仅作宏观的、总体的控制和决策。而项目经理为业主管理项目，必须服从业主的决策、指令和对工程项目的干预。项目经理与业主这一参与单位的沟通是项目组织中的一种重要的沟通形式。

1）在正式沟通之前，项目经理要理解项目总目标、理解业主的意图、反复阅读合同或项目任务文件。对于未能参加项目决策过程的项目经理，必须了解项目构思的起因、出发点，了解目标设计和决策背景。

同时，业主在委托项目管理任务后，应将项目前期策划和决策过程向项目经理进行全面的说明和解释，提供详细的资料。国际项目管理经验证明，在项目过程中，项目经理越早进入项目，项目实施越顺利，最好能让他参与目标设计和决策过程。在项目整个过程中应保持项目经理的稳定性和连续性。

2) 要让业主相关人员参与到工程项目组织中,并且在整个参与过程中,项目经理要保持和业主人员的良好沟通。

(1) 若业主缺乏项目管理知识,项目经理可以教他学会项目管理方法,使他成为工程管理专家,减少他非程序的干预和越级指挥。特别应防止业主企业内部其他部门人员随便干预和发出指令,或将企业内部矛盾、冲突带入到项目中。

(2) 项目经理作出项目决策时要考虑业主的期望、习惯和价值观念,以及业主对项目关注的焦点。

(3) 尊重业主,随时向业主报告项目情况。在业主进行决策时,向他提供充分的信息,让业主方人员了解项目的全貌、项目实施状况、方案的利弊得失及对目标的影响。

(4) 加强计划性和预见性,让业主了解承包商、了解其非程序干预的后果。

业主和项目经理双方沟通越好,项目组织的和谐性越高。

3) 项目经理有时会遇到业主所属企业的其他部门的干扰,这时,项目经理应很好地倾听这些人的建议,对他们进行耐心的解释和说明,并将这些情况反馈给业主。但不能让他们直接指导实施和指挥项目组织成员,否则会有严重损害整个工程的巨大危险。

7.5.3.2 项目经理与承包商的沟通

这里的承包商是广泛意义上的承包商,包括承包商、设计单位和供应商。他们与项目经理没有直接的合同关系,但必须接受项目经理的领导、组织、协调和监督。项目经理与承包商的沟通应注意以下五个方面的问题:

1) 在项目实施过程的各个阶段,项目经理应让各承包商理解总目标、阶段目标以及各自的目标、项目的实施方案、各自的工作任务及职责等,应向他们解释清楚,作详细说明,增加项目的透明度。

2) 指导和培训各承包商人员,使其适应项目工作,向他们解释项目管理程序、沟通渠道与方法,指导他们并与他们一起商量如何工作,如何把事情做得更好。经常解释目标、解释合同、解释计划。发布指令后要作出具体说明,防止产生对抗情绪。

3) 项目经理不能随便对承包商动用处罚权(如合同处罚),或经常以处罚相威胁(当然有时不得已必须动用处罚权)。应强调各方面利益的一致性和项目的总目标。

4) 在招标、商签合同、施工中应让承包商掌握信息、了解情况,以作出正确的决策。

5) 项目经理应欢迎并鼓励承包商将项目实施状况的信息、实施结果和遇到的困难,以及意见和建议向他作汇报,以寻找和发现对计划、对控制有误解,或有对立情绪的承包商,消除可能的干扰。各方面了解得越多、越深刻,项目中的争执就越少。

上述五个方面可以在项目组织中建立相应的制度,形成正式沟通渠道。

7.5.3.3　项目经理部内部的沟通

项目经理所领导的项目经理部是项目组织的领导核心。通常项目经理不直接控制资源和完成具体工作,而是由项目经理部成员具体实施,特别是在矩阵式项目组织中,项目经理和项目组织成员之间及各成员之间应有良好的工作关系,应当经常沟通。

在项目经理部内部的沟通中项目经理起着核心作用,如何协调各成员的项目工作,激励项目经理部成员,是项目经理的重要课题。项目经理部成员的来源与角色是复杂的,有不同的专业目标和兴趣,承担着不同的职能管理工作。有的专职为本项目工作,有的还同时承担多项目工作或原职能部门的工作。这使得项目经理部内部的沟通有一定的复杂性和特殊性。

1) 项目经理与技术专家的沟通

技术专家常常对基层的具体施工了解较少,只注意技术方案的优化,对技术的可行性过于乐观,而且不注重社会和心理方面的因素,项目经理应积极引导,发挥技术人员的作用,同时注重方案实施的可行性和专业协调。

2) 建立正式沟通渠道

构建完备的项目管理系统,明确划分各自的工作职责,设计比较完备的管理工作流程,明确规定项目中正式沟通的方式、渠道和时间,使成员按程序和规则办事。当然,这些正式沟通渠道的构建应该是与项目经理部成员一起设计的,这样的沟通渠道更有实用性。

3) 发挥非正式沟通的正面效应

由于项目和项目组织的特点,项目经理更应注意从心理学、行为科学的角度激励各个成员的积极性。虽然项目工作富有创造性和吸引力,但在有些企业(特别是采用矩阵式项目组织形式的企业)中,项目经理没有强制性的权利和奖励的权力,资源主要掌握在部门经理手中。项目经理一般没有对项目组织成员提升职位,甚至加薪的权力,这会影响他的权威和说服力。因此,要注重发挥非正式沟通的作用。

(1) 采用民主的工作作风,不独断专行。在项目经理部内放权,让项目经理部成员独立工作,充分发挥他们的积极性和创造性,通过让项目经理部成员自己制订方案,参与计划的编制,使他们对工作有成就感。项目经理应少用正式权威,多用他的专门知识、品格、忠诚和工作挑战精神影响成员。

项目经理应该能简明扼要地说明项目任务的性质,告知项目经理部成员去做什么,如何做,鼓励他们圆满完成任务,与他们一起探讨问题,听取他们的意见,了解他们的感情,有效地委托职责。

(2) 改进工作关系,关心各个项目经理部成员,礼貌待人。鼓励他们参与和协

作,与他们一起研究目标、制订计划,多倾听他们的意见、建议,鼓励他们提出建议、质疑、设想,建立互相信任、和谐的工作气氛。

（3）公开、公平、公正地处理事务。例如,合理地分配资源;公平地进行奖励;客观公正地接受反馈意见;对上层指令、决策应清楚快速地通知项目经理部成员和相关职能部门;应该经常召开会议,让项目经理部成员了解项目情况、遇到的问题或危机,鼓励他们同舟共济。

（4）在向上级和职能部门提交的报告中应包括对项目经理部成员和积极协助的职能部门好的评价和鉴定意见,项目结束时应对成绩显著的成员进行表彰,使他们有成就感。

7.5.3.4 项目经理与参与单位职能经理的沟通

项目经理与工程项目参与单位职能经理之间的沟通是十分重要的,同时又是十分复杂的,特别是在矩阵式项目组织中。职能部门必须为项目提供持续的资源和管理工作支持,项目才能够获得成功。他们之间有高度的相互依存性。

1) 项目经理必须发展与职能经理的良好工作关系,这是他顺利开展工作的保证。两个经理间有时会有不同意见,出现矛盾。职能经理常常不了解或不同情项目经理的紧迫感,会扩大自己的作用,以自己的观点来管理项目,有可能使项目经理陷入困境,受强有力的职能部门所左右。

当与职能经理不协调时,有的项目经理可能被迫到企业最高层处寻求解决,将矛盾上交,但这样常常会激化他们之间的矛盾,使以后的工作更难协调。所以,他们可以通过如下方式建立良好的工作关系:

（1）项目经理应该在计划制定的过程中与职能经理交换意见,就项目所需要的资源,或职能服务问题与职能经理取得一致的意见。

（2）职能经理在给项目分配人员与资源时应与项目经理商量。如果在资源分配过程中不让项目经理参与意见,必然会导致组织争执。

2) 项目经理与职能经理之间应有一个清楚的、便捷的信息沟通渠道。项目经理和职能经理不能发出相互矛盾的指令,两位经理必须每日互相交流。

3) 项目经理与职能经理之间基本沟通不顺畅的根源大部分是他们之间权力和地位的斗争。因此,要通过参与单位的相关计划、项目计划和项目手册对他们的权力、义务、责任进行规定,并对他们的沟通方式、流程进行明确。这也是沟通的基本前提。

7.6 工程项目组织中的激励

一般而言,受到激励的人员会比没有受到激励的人员表现出更大的努力。通过激励让项目组织成员为实现组织目标而积极行动,让项目组织成员看到个人需求和组织目标之间的关系,使他们在这种压力下所付出的努力不仅满足个人需求,同时也通过完成一定的工作绩效实现组织目标。

工程项目组织中常见的激励模式主要有两种:一是外在的激励模式,比如福利、晋升、表扬等;二是内在的激励模式,比如责任感、成就感等。外在激励模式虽然能明显提高效果,但不易持久,处理不好会降低工作积极性;而内在激励模式一般为精神激励,虽然激励过程较长,但一经激励,不仅可以提高效果,而且更为持久。

7.6.1 激励的基本原则

1) 目标结合原则

激励机制中,设置目标是一个关键环节。目标设置必须能体现组织目标的要求,否则激励将偏离实现组织目标的方向。目标设置必须满足项目组织成员的需求,只有将组织目标与个人目标相结合,才会收到良好的激励效果。

这一原则对于激励非常重要,但是对于工程项目组织而言,实施起来比较困难。虽然工程项目管理是目标管理方法,但是工程项目组织中各参与单位也有自己的组织目标,这个组织目标和项目组织目标之间存在一定的矛盾性。在激励目标设置时,组织目标是选择项目组织目标,还是选择参与单位的组织目标,会对激励的效果直接产生影响。

2) 物质激励与精神激励相结合的原则

项目组织成员存在着物质需求和精神需求,物质激励是基础,精神激励是根本。在物质激励的基础上,逐步过渡到以精神激励为主。

这一原则要求在物质激励的基础上,重视项目组织文化建设,以此为基础进行精神激励。

3) 公正原则

公正是激励的一个基本原则。如果不公正,激励不仅收不到预期效果,还会造成很多消极后果。所谓公正,就是奖惩分明,并且奖惩适度。

7.6.2 激励的主要方式

激励的主要方式,或者说手段,包括如下几个方面:

1) 金钱激励

金钱作为一种激励方式,在现实生活中是永远不能被忽视的。经济人假设认为,人们基本上是受经济性刺激物激励的,金钱及个人奖酬是使人们努力工作最重要的激励,组织要想提高项目组织成果的工作积极性,唯一的方法是用经济性报酬。虽然现在人们生活水平已经显著提高,金钱与激励之间的关系渐呈弱化趋势,然而,物质需要始终是人类的第一需要,是人们从事一切社会活动的基本动因。所以,物质激励仍是激励的主要形式。如采取工资、奖金、公司支付的保险金,或在做出成绩时给予奖励等。

虽然经济学家倾向于把金钱激励放在高于其他激励因素的地位,然而行为学家则倾向于把金钱放在次要地位。也许这两种观点都不是很准确。但如果要使金钱成为一种激励因素,必须记住下述几个注意事项:

(1) 对于不同的项目组织成员,金钱的价值不同。相同的金钱,对不同收入的项目组织成员有不同的价值;同时对于某些项目组织成员来说,金钱总是极端重要的,而对另外一些项目组织成员来说,可从来就没有那么重要。

(2) 金钱激励必须公正。一个人对他所得的报酬是否满意不是只看其绝对值,而要进行社会比较或历史比较,通过相对比较,判断自己是否受到了公平对待,从而影响自己的情绪和工作态度。

(3) 金钱激励必须反对平均主义,平均分配等于无激励。

2) 目标激励

工程项目组织中,目标激励就是通过目标的设置来激发项目组织成员的动机、引导其行为,使其个人目标与组织目标紧密地联系在一起,以激励他们的积极性、主动性和创造性。在进行目标激励的时候,要注意个人目标与组织目标的结合,这里的组织目标应该是工程项目组织的总体目标。当然,对于工程项目组织的某个参与单位,如承包商而言,可能会强调其人员的个人目标与承包商的组织目标的一致,这可能会导致与项目组织总体目标的差异。

3) 参与激励

项目组织成员一般都有参与管理的要求和愿望,创造和提供机会让项目组织成员参与管理是调动他们的积极性的有效方法。毫无疑问,很少有人参与商讨和自己有关的行为而不受激励的。因此,让项目组织成员恰当地参与管理,既能激励他们,又能为项目组织的成功获得有价值的支持。通过参与,形成项目组织成员对项目组织的归属感和认同感,可以进一步满足自尊和自我实现的需要。参与激励的实施,称为参与式激励计划。

项目组织中参与激励的主要形式包括:

(1) 员工代表参与

员工代表参与的含义是项目组织成员并不全部直接参与项目组织的管理决策,而是由一小群员工代表参与决策。这种形式在西方的企业中用得较多,很多国家都通过某种形式的立法,要求企业实行代表参与,最常见的代表参与方式是工作委员会和董事会代表。实践证明,代表参与对员工的整体影响是非常有限的。

同样,员工代表参与能否起到激励员工的目的,并非取决于这种形式,而在于这种形式能否发挥应有的作用,使员工受到激励。项目组织中,这种形式的运用要考虑选择不同参与单位的代表,参与业主的相关决策过程。

(2) 参与式管理

参与式管理从日本开始,经过各国各式组织的学习和创造,可以说已经是一种成熟的管理方法,它强调通过员工参与组织的管理决策,使员工改善人际关系,发挥聪明才智,实现自我价值;同时,达到提高组织效率,增长组织效益的目标。根据日本公司和美国公司的统计,实施参与管理可以大大提高经济效益,一般都可以提高50%以上,有的可以提高一倍至几倍。增加的效益一般有1/3作为奖励返还给员工,2/3成为组织增加的资产。对于工程项目组织而言,首先在各参与单位内部可以进行小范围的参与式管理,比如承包商的人员参与项目中承包商负责部分的管理决策,通过提供建议等方式皆可。同时,整个项目组织内部可以进行针对各参与单位的参与式管理,可以通过合同约定的方式,让各参与单位成员参与项目的整体管理决策,从而获得共赢。

(3) 质量圈

质量圈就是由8~110个项目组织成员和项目管理人员组成的共同承担责任的一个工作群体,他们定期会面(常常是一周一次)讨论质量问题,探讨问题的成因,提出解决建议以及实施纠正措施。他们承担着解决质量问题的责任,对工作进行反馈并对反馈进行评价,但项目管理层一般保留建议方案实施与否的最终决定权。当然,项目组织成员并不一定具有分析和解决质量问题的能力。因此,质量圈的思想也包含对参与的项目组织成员进行培训,向他们讲授群体沟通技巧、各种质量策略、测量和分析问题的技术等。

4) 内在激励

关于内在激励的定义很多,和外在激励相比,内在激励是指工作本身带给人员的激励,包括工作本身有趣味,工作具有挑战性和创造性,工作内容丰富多彩,工作能让人员有自尊和成就感等。而外在激励是指工作以外的奖赏,包括增加报酬、提升职务、改善人际关系,等等。相比之下,内在激励有更稳定、更持久、更强烈的效果。

做好内在激励,主要的方式是进行工作设计,使工作内容丰富化和扩大化,提高员工的劳动积极性,可以通过人员与工作岗位之间的双向选择,让员工找到自己满意的岗位。在工程项目组织中,内在激励适用于中高层人员,他们已经解决了温饱问题之后,会更关注工作本身的吸引力。

5) 形象激励

形象激励主要是利用视觉形象的作用,激发项目组织成员的荣誉感、光荣感、

成就感和自豪感,最常用的方法就是照片上光荣榜,用于表彰项目组织的标兵和模范。每天进入现场的时候,项目组织成员从光荣榜经过,不仅可以使本人感到鼓舞,而且可以使更多人员受到激励,产生"我的照片也上光荣榜"的想法。

此外,有些项目组织也可以通过内部期刊、内部表彰等形式,进行形象激励。

6) 兴趣激励

国内外有些组织允许甚至鼓励员工找到自己最感兴趣的工作,兴趣导致专注,这正是获得突出成就的重要动力,可以通过合理的轮岗制度、双向选择制度实现兴趣激励。

除了正式的项目工作之外,业余文化活动也是项目组织成员的兴趣得以施展的一个重要舞台。在一些大型的工程项目组织中,会由办公室出面组织舞蹈、书画、歌咏等兴趣小组或兴趣活动,使项目组织成员的业余爱好得到满足,增进项目组织成员之间的情感交流,增加他们的归属感。

7.6.3 激励的实施

工程项目组织中存在不同的群体,由于他们的需求情况以及自身的其他情况各不相同,激励的实施也不尽相同。

1) 项目管理人员的激励

项目管理人员一般处于组织的中高级管理层,他们大多接受过高等教育,具有大学文凭,并且受过专门的培训,如建造师等。对于这些人员,金钱和提升等外部激励是一个方面,另外,他们也很看重内在激励,想让其他人认为他们正在从事的工作很重要。由于项目管理人员的这些特点,如果要激励项目管理人员,就应该给他们提供不断发展的、有挑战性的工作;给他们一定的自主权去实现自己的兴趣;允许他们以自己认为有效的方式工作;给他们提供受教育的机会,如各种培训等,让他们有机会在专业上获得更好的发展。

当然,处于高层的项目管理人员,他们对金钱的欲望会更低,会更看重提升的机会和参与各种研讨会的机会。

2) 技术人员的激励

工程项目组织中有相当数量的技术人员,这些技术人员有些是经过高等教育、具有大学文凭的,对于这些人员,要和项目管理人员一样,除了金钱和提升之外,也要提供相应的技术方面的培训计划,同时,还要鼓励他们参加项目管理方面的培训和学习,以便今后的转岗和综合性发展。

对于有施工经验,但是缺乏高等教育的技术实施人员,激励方式以金钱和提升等外在激励为主。对于有兴趣参与培训的技术人员再给予培训机会,这要视其具体情况而定。

3) 多样化员工的激励

工程项目组织成员众多,来自不同的企业,处于不同的层次,每个人的具体情况不同,他们的需求各不相同。为了激励具有不同需求的多样化人员,并使他们发挥作用,就应该了解这些员工多样化的需求并对此做出反应,而这需要灵活性。如对偶尔想回家探亲的员工制定灵活的假期制度;允许那些进修的人员改变工作时间等。

有效地发挥激励的作用,必须以一种系统和随机制宜的观点来看待激励。因为激励工作是复杂的,它随项目组织成员个性和情况不同而变化。因此,在激励的实施过程中,要考虑很多变量的存在,否则就会导致激励的失败。项目组织中每个成员的行为都不是一件简单的事情,必须把它看作一个由许多变量和某些重要的激励因素相互作用的系统。

复习思考题

1. 请举例说明,在你所在的工程项目组织中,哪些行为属于个体行为。
2. 工程项目团队的生命周期和工程项目组织的生命周期之间有必然的联系吗?如果有,是如何联系的?
3. 在工程项目组织中,常见的正式沟通形式有哪些?
4. 如果你是项目经理,会对所管理的员工采取什么样的激励方式呢?
5. 如何引导和正确运用工程项目组织中的非正式沟通?
6. 除了人-人沟通外,还有人-机沟通,请问你觉得工程项目组织中存在人-机沟通吗?

第8章

中国传统文化下的工程项目组织

8.1 概述

关于文化与组织的关系,很多专家曾经研究过。首先是荷兰的霍夫斯坦德(Geert Hofstede)在《文化与组织——观念的软件》一书中提出四种文化因素,即"权力差距""防止不确定性""集体主义和个人主义""男性化与女性化",对于领导方式、激励方式和组织结构具有重大的影响,不同国家或民族,是各种组织模式得以形成的决定性根源。组织是由人所组成的,组织管理是对人的管理,而人是在一定的文化背景下成长起来的。

接着,丹尼尔·雷恩(Daniel A. Wren)在《管理思想的演变》中提出"管理是文化的产儿",他认为管理思想和理论是人们对人、管理和组织的思想认识,是根据历史中不同的文化道德准则和制度变化向前发展的,是根据文化中经济、政治和社会方面的变化而来的,因此,管理思想的发展就是文化改变的一个过程,又是文化环境的产物。另一方面,"管理人员往往会发现,他们的工作总是受到当前文化的影响",他们分配和利用资源的方式,也随着文化的缓慢变迁而发生变化。当代学者越来越清楚地认识到,作为人类一种最基本的有组织的活动或制度性安排,管理本身就是广义文化的一个构成部分,属于人们通常所说的文化的制度和观念层面,同时又是狭义文化——一个国家、民族共有的宗教、信仰、世界观、价值观以及行为准则的产物。一个民族的思想文化传统,是一种独具特色的管理模式的母模。项目管理虽然发展时间不长,但是和管理一样,也是文化的产儿。对于工程项目组织而言,任何一个工程项目组织都是处于一定的文化环境中,受文化的影响,工程项目组织成员会形成一定的行为准则和习惯的行为方式,这些行为对工程项目组织的管理会产生不同的影响。如:管理模式是集中式还是民主式的;领导方面是独断式的还是参与式的;激励方面是物质式的还是精神式的。更进一步探讨,会发现项目管理的理念背后,都反映了项目管理者对于被管理者的最基本的行为预期,而这一预期又是以一定的人性假设为假定前提的。

目前,我国的工程项目管理理论与国际上各国的工程项目管理理论基本接近,但有些时候,这些工程项目管理理论在实际应用中并不是很成功。究其原因,主要还是工程项目组织成员,也就是人的问题。而人的问题的根源就在于文化的影响。我国文化源远流长,和其他国家的文化有着本质的区别。用源于国外的工程项目管理理论来管理国内的工程项目,会存在一定的"水土不服"的情况,这就导致了问题的产生。

8.2 中西方文化的对比分析

要解决问题,首先要分析我国文化与西方文化的不同点,文化的差异可以分为宏观的社会文化差异和微观的管理文化差异,其中管理文化是和项目组织直接关联的。而管理文化差异的根源在于管理的前提,即人性假设。

8.2.1 文化差异

文化深深影响,甚至在一定程度上决定着工程项目组织成员的行为。从宏观的社会文化和微观的管理文化两个层次可以分析东西方文化之间的差异。

8.2.1.1 社会文化

社会文化的差异主要包括思维方式的差异、价值观的差异、社会关系的差异、语言的差异、宗教信念的差异、社交礼仪的差异等,其中,前三个部分的差异对于工程项目组织的影响较大,因此主要阐述这三个部分的差异。

1) 思维方式的差异

西方人一贯注重思辨理性,因此,形成了西方人的逻辑思维和实证分析的思维方式和方法,也形成了西方民族重理性、务实际的一贯作风。而中国人则善于直观领悟的思维方式,具体、形象地把握事物。中国人认识世界的方式是"体知",而不是"认知"。这在儒家、道家等学派中已体现得淋漓尽致。

2) 价值观的差异

中西方的价值观截然不同。

(1) 西方的个人荣誉感与东方的谦虚谨慎

西方人强调个体本位,尤其为个人取得的成就自豪,崇尚个人奋斗、自我价值,从不掩饰自己的自信心、荣誉感及在获得成就后的狂喜。

中国文化不主张炫耀个人荣誉,而是提倡谦虚。中国人反对王婆卖瓜式的自吹自擂,然而中国式的自我谦虚或自我否定却常常使西方人大为不满。这种谦虚,在西方人看来,不仅否定了自己,还否定了赞扬者的鉴赏力。这种中国式的谦虚在资本主义的竞争市场是行不通的。

(2) 西方的自我中心与东方的无私奉献

西方人的自我中心意识和独立意识很强，主要表现在：

① 自己为自己负责。在弱肉强食的社会，每个人的生存方式及生存质量都取决于自己的能力，因此，每个人都必须自我奋斗，把个人利益放在第一位。

② 不习惯关心他人，帮助他人，不过问他人的事情。

正由于以上两点，主动帮助别人或接受别人的帮助在西方常常是令人难堪的事。因为接受帮助只能证明自己无能，而主动帮助别人会被认为是干涉别人的私事。

中国人的行为准则是"我对他人、对社会是否有用"，个人的价值是在奉献中体现出来的。中国文化推崇一种高尚的情操——无私奉献。在中国，主动关心别人，给人以无微不至的体贴是一种美德，因此，中国人不论别人的大事小事，家事私事都愿主动关心，而这在西方会被视为"多管闲事"。

(3) 西方的创新精神与东方的中庸之道

西方文化鼓励人们开拓创新，做一番前人未做过的、杰出超凡的事业。创新的同时，也要求重契约、讲规则、重法律的实际主义。

而传统的中国文化则要求人们不偏不倚，走中庸之道，中国人善于预见未来的危险性，更愿意维护现状，保持和谐。

(4) 西方的个性自由与东方的团结协作

西方人十分珍视个人自由，喜欢随心所欲，独往独行，不愿受限制。中国文化则更多地强调集体主义，主张个人利益服从集体利益，主张同甘共苦，团结合作，步调一致。

3) 社会关系的差异

(1) 西方的平等意识与东方的等级观念

西方人的平等意识较强，无论贫富，人人都会尊重自己，不允许别人侵犯自己的权利。同时，人人都能充分地尊重他人。很少人以自己显赫的家庭背景为荣，也很少人以自己的贫寒出身为耻，因为他们都知道，只要自己努力，是一定能取得成功的。正如美国一句流行的谚语所言："只要努力，牛仔也能当总统。"

中国传统的君臣、父子等级观念在中国人的头脑中根深蒂固。家庭背景在人的成长中起着相当重要的作用。而且，宗族血缘关系渗透到社会的最深层，是维系人际关系的主要纽带。所有这些，不仅塑造了中华民族内倾的性格、直悟的思维以及重和谐的心理特征，并且使中国文化，无论是宗教、艺术还是哲学，都与伦理道德紧紧地纠缠在一起。

(2) 西方的核心家庭与东方的四代同堂

美国式的家庭结构比较简单：父母以及未成年孩子，称之为核心家庭。子女一旦结婚,就得搬出去住,经济上也必须独立。父母不再有义务资助子女。这种做法给年轻人提供最大限度的自由,并培养其独立生活的能力,但同时也疏远了亲属之间的关系。

中国式的家庭结构比较复杂,传统的幸福家庭是四代同堂。在这样的家庭中,老人帮助照看小孩,儿孙们长大后帮助赡养老人,家庭成员之间互相依赖,互相帮助,有着密切的亲情关系。然而,这种生活方式不利于培养年轻人的独立能力。

8.2.1.2 管理文化

Lessern的"管理文化的四个世界论"(The Four Worlds of Business)中,把整个世界分为东方、西方、北方和南方四个部分,其中关于东西方管理文化的比较如表8-1。

表8-1 东西方管理文化的比较

管理文化	西方	东方
总体哲学	经验主义	理想主义
类似哲学	实用主义、功利主义	浪漫主义、历史相对性
关注	企业家、企业	伙伴关系和相互依赖
交易观点	竞争、交易	协作、系统
管理倾向性	根据经验的	发展的
哲学类型	感觉	直觉
管理类型	行动导向、最初的	反省、发展的
积极面	先驱精神	整体和和谐
消极面	个人主义、物质主义	相对主义、极权主义
相反面	东方	西方

从表8-1可看出,东西方的文化是相对立的,西方更多关注的是经验和理性,而东方更多关注的是理想和人文。

具体来说,东方管理文化的主体是儒家文化,可以简要地归结为四个字:"以德为先"。东方管理文化强调道德伦理的作用。"修己安人"包含了根本性管理方法。"修己"就是让管理者做出道德示范,在无形中影响受管理者的行为,从而达到"安人"的目的。这种管理讲究的是管理者并不提出具体的管理要求,而被管理者在管理者的道德威望之下自然达到良好的状态。同时,中国的传统等级观念以及家庭观念对中方管理文化也有着深刻的影响,比如中方管理比较重视"人情"、"关系"等。由于东方追求伦理道德、人际关系,在管理上就旨在引导,讲求人性化,规

范程度不高。

西方传统文化比较重视理性存在，习惯于把事物从"物"的角度来看待，甚至在早期的管理中把人与机器同等看待，认为人与机器都是生产的工具。其管理是以目标为前提，以法治为手段，其管理方式表现为各种各样的管理规则的约束。西方管理理论已经形成了一整套比较完善的管理理论，在具体的管理活动中则表现为各种具体可见的指标，管理的最终绩效是以成果体现出来的，其具体表现包括：严格的规章制度；以契约关系组成公司，并用契约来明确各自的权利与义务关系。由于西方追求个性张扬、个人主义，不愿受限制，因此在管理上就重在防范，重视法律法规，讲求管理的规范化和科学化。

总体说来，东西方管理文化的差异主要表现在以下几个方面：

（1）东方宣扬集体主义和理想主义，西方崇尚个性张扬和经验主义；

（2）东方讲究人际关系，西方推崇科学管理；

（3）东方重伦理道德，西方重法律法规；

（4）东方管理旨在引导，西方管理重在防范；

（5）东方管理的方法论具有"混沌管理"、"集成管理"、"人为管理"的特点，强调自然、强调稳定、强调权威、强调得体、强调信义，西方管理追求规范化、最优化和数量化。

8.2.2 人性假设角度

上述文化的差异，归根结底是由东西方对于人性的不同认识所导致的。随着社会的不断进步，人们对人性的认识也不断深入。总体来说，古今中外的管理理论主要有"经济人"、"社会人"、"自我实现人"、"复杂人"、"道德人"、"人性好利"和"主观理性人"等几种假设，每一种假设都说明了人性的一个方面。

8.2.2.1 西方管理思想中的人性假设

西方从古代就看到了人性的本恶，也即自私，无论这种思想是由神话来表达（例如撒旦），还是作为宗教思想来阐述（例如基督教原罪说），或是由科学来说明（例如自私的基因）。正是由于这种基本的思想，促使西方人创造了基于人性本恶信念的约束一切人的自然法和契约法，促进了西方社会的发展，创造了系统严谨的近现代科学，包括科学求"真"的信仰精神。

在管理上，西方最早的人性假设就是泰罗的科学管理理论中所蕴含的"经济人"假设，即人是理性的、是具有利己本性的，人们从事经济活动无不以追求自己最大的经济利益为动机；人们在追求自己利益的同时，不仅会达到自身的最高目标，而且还有利于促进公共利益；在最理想的情况下，经济人的理性是以最小投入去寻求最大产出。"经济人"假设发现了工人工作积极性背后的经济动机，提出在企业管理中,通过制定一个比较先进的标准,施以一套合理的奖励方法,用经济的手段调动员工的工作热情,使其服从指挥,提高劳动生产效率。泰罗所处的时代是社会化大生产刚刚建立的时期,生产力水平相对低下,劳动成为谋生的第一手段,经济动机成为人们积极工作的重要动机,所以建立在"经济人"假设基础上的泰罗制管理模式取得了辉煌的成果,大大促进了生产的发展。但是,随着生产力的不断发展,员工的物质生活水平有了较大的提高,劳动者的主动性和创造性在生产经营活动中的作用越来越重要,管理学不得不从仅仅研究科学的生产方法和经济手段向强化人的管理,研究人的需要、动机、行为的方向发展,并由此产生了"社会人"、"自我实现人"、"复杂人"等人性假设。但不可否认的是,西方人性本恶的思想深入人心,因此,科学管理的思想一直贯彻在整个管理的发展过程中。在项目管理方面,首先是网络技术(CPM 和 PERT 网络)的应用开了现代项目管理的先河。到了 20 世纪 60 年代,利用计算机进行网络计划的分析计算已经成熟,开始用计算机进行工期的计划和控制。20 世纪 70 年代初,提出了项目管理信息系统模型。20 世纪 80 年代以来,项目管理的研究领域不断扩大,提出了合同管理、项目风险管理、工程项目组织行为和沟通的研究和应用,在计算机应用上则加强了决策支持系统、专家系统和互联网技术在项目管理中的应用的研究和开发。

从项目管理的发展可以看出,西方社会建立的项目管理一开始就注重一些偏技术的东西,如早期的网络技术(CPM 和 PERT 网络),工期的计划和控制等,并注重计算机的应用。后来才逐步发展一些偏软的管理理论,如工程项目组织行为等。对于工程项目组织的管理,也是强调制度的约束。而技术方面由于受文化影响不大,在西方和中国的应用是相同的。而偏软的管理理论,如工程项目组织理论,由于受文化影响较大,西方应用很好的模式,到了中国的应用可能就会出现问题。

8.2.2.2 中国古代管理思想中的人性假设

(1)"道德人"假设

"道德人"假设蕴含于先秦儒家古代管理思想中,其含义为:人或者可以依靠"存心养性"的内在道德修养,或者可借助于"化性起伪"的外部礼法强制而成为有道德的人。

成为道德人的两种途径分别来自于提出"性善论"的孟子和提出"性恶论"的荀子。孟子认为人天生具备向善的要求和为善的能力,这种内在要求及潜能是"人之所以异于禽兽"和使人对礼、义作出肯定性判断的依据。"由是观之,无恻隐之心,非人也;无羞恶之心,非人也;无辞让之心,非人也;无是非之心,非人也。恻隐之心,仁之端也;羞恶之心,义之端也;辞让之心,礼之端也;是非之心,智之端也。人之有四端也,犹其有四体也。"(《孟子·公孙丑章句上》)孟子认为,人人都有仁、义、礼、智"四端",只要好好体验、扩充,就能成为善人。从"性善论"出发,孟子提出存

心养性、反身而诚、养浩然之气等道德修身方法和仁政治国思想。荀子认为人性是恶的,他把人的各种生理器官本能及对衣食声色的情欲统称为"性",他的人性主要指目之好色、耳之好声、口之好味、心之欲求等生理与心理之本能。一个人若顺从自己的这些本性,就"必出于争斗,合于犯分乱理而归于暴"。所以,"今人之性恶,必将待圣王之治、礼仪化之,然后皆出于治、合于善也"(《荀子·性恶》)。荀子称这种由圣人用礼和法"矫饰"、"扰化"人的性情的修身、治国方法为"化性起伪"。

(2) "人性好利"假设

"人性好利"假设是法家韩非子提出的,他认为人与人之间普遍存在一种趋利避害、好利恶害的"自为心",获利是人们行为的真正动力,人"皆用计算之心相待",人与人之间的关系完全是利害关系。

君臣之间,"主卖官爵,臣卖智力"(《韩非子·外储说右下》)。父母与子女之间,"产男则相贺,产女则杀之。……虑其后便,计之长利也。故父母之于子也,犹用计算之心以相待也,而况无父子之泽乎"(《韩非子·六反》)。"医善吮人之伤,含人之血,非骨肉之亲也,利所加也。故舆人成舆,则欲人之富贵;匠人成棺,则欲人之夭死也。非舆人仁而匠人贼也,人不贵,则舆不售;人不死,则棺不买。"(《韩非子·备内》)于是,"安利者就之,危害者去之,此人之情也"(《韩非子·奸劫弑臣》)。既然人的本性是"自为"、"好利",君主治国就应从此出发,把全部活动自觉地建立在"利"的基础上,以促使各种"利"相互协调而为君主所用。因此,韩非子主张根据人情或人性来制定法,而法的实质就是赏与罚。

在上述两个人性假设方面,第一个人性假设中孟子的观点得到了很好的传播,影响深远。中国古代开始就把"人性本善"当成了金科玉律,以此为历代皇权统治者自私的极权专治欲贴上了"圣王"的标签。中国思想界两千多年来一直相信孔孟儒家的人性本善论,到了宋明理学时期,更是使这种观点的影响达到了极点。由于儒家思想长时期居于统治地位,"人性本善"成了中国人心中不可疑易的观念。这种观念在宋代之后经过儿童启蒙读物《三字经》广泛传播到民间。在中国,法律既是由帝王将相按照自己的意志制定出来的用以统治臣民的王法,实质上更主要的是刑法。在中国,大一统的、极权君主专治的郡县制国家形式延续了两千多年,这种儒家思想也统治了中国两千多年。因此,在管理上,中国讲求道德伦理的作用,讲求人治,旨在引导。而第一个人性假设中荀子的"性恶论"和第二个人性假设,却淹没在历史长河中。

8.2.2.3 中西方人性假设分析

在人性假设方面,中西方的论述迥然相异。

在中国,"人之初,性本善,性相近,习相远"更为妇孺皆知。所以管理重在教而习之,引导被管理者通过利人达到利己,相安而利。也就是说,管理是对人的管理。

由于人的主体性外化为各不同主体的创造性行为,而这种行为能力只有在人群中价值取向以"分(分工)、义(协作)、利(互利)"为核心内容。中国传统管理强调"教"的引导功能,使被管理者和管理者形成共同的价值观,从而主动接受管理。说到底,这种管理始终是在人-人系统中进行的,所以人治总是大于法治。

与东方民本管理观源远流长相比,西方管理则是从物本到人本到团队协作,是诸多因素使然而不得不变迁。西方古文明中的物本观念强于中国。在交换甚至掠夺中,个人就像其他物品一样成为管理者的财富和战利品。人只是"会说话的工具",西方管理以此为出发点,将人与物等同对待。在随后的基督教文化中,人虽生而平等,但却生而有罪即原罪说,故人的劳动是被迫无奈的,人的天性总是规避、厌恶劳动。这也是后来麦格雷戈的"X理论"的终极渊源:人性本恶。反映在组织管理中,以监督和控制为主。西方文化的物本思想和人性本恶论是西方物本管理观形成的文化基础,而科学管理的出现还有其社会现实基础,这就是资本主义机器大工业的诞生与发展。在工场手工业时期,生产规模较小,生产力水平较低,传统经验型管理尚未显露其低效弊端。到机器大工业诞生,随市场规模的扩张,专业化、标准化的流水线生产方式下,要求规范的组织管理、监理严格的管理秩序、科学管理的出现有其必然性。随着社会发展,国际竞争加剧,需求日益多样化,现实急需管理者提高对人的重视程序。梅奥的"霍桑试验",解开了从物到人的转化,提示了人不仅是"经济人",而且是"社会人",开创了管理的人际关系学派,突出了人的要求,开始了以人为对象的行为科学时代。随后出现的各个学派虽顺应了社会发展,但仍未摆脱只注重个人的局限。时光流逝,科技的发展使得社会生产高度自动化,强制、监督对脑力和智慧进行管理是失效的,而且日本及东亚儒家资本主义的崛起对西方管理理念造成强大冲击。西方管理开始强调人的创造性的发挥,强调教育的作用,西方管理有着向东方文化发展的趋向。但是在项目管理中,这一趋势还不明显。

无论是中国文化,还是西方文化,它们都是特定社会历史文化发展的产物,都具有二重性。如以中国文化为例,从积极方面看,它容易使人对世界、对事物形成整体、系统和有机的观念,便于对世界、对事物进行整体把握。从消极方面看,中国文化缺乏科学精神,不容易建立起对世界、对事物的有理有据的科学认识。显然中国近代科学不发达与此有密切联系。因此,比较理想的是中西方文化相互补充,并在工程项目组织管理中得到充分体现,只有这样才能促使中国项目管理的发展。

8.3 中国传统文化的特点

中国传统文化是历史上各个时期中国人民世代创造的物质和精神的成果,这

些成果以及由此形成的各种思想、观念等流传至今,在当今社会生活中还在发挥作用和影响,并为开创新文化提供历史的根据和基础。

中国传统文化的特点,可以从外部形态和内部精神两个方面进行概况。

8.3.1 外部形态特点

1) 相对独立性

中国传统文化的相对独立性源于其地域性,独立只是相对而言的,主要是针对古代交通不发达而言的。许多历史学家和文化学者都注意到中国的地理特征对中国传统文化形成和发展的影响。

2) 连续性

中国文化源远流长,在这块土地上,我国人民世世代代祖祖辈辈创造的文化,是历史悠久,世代延续,未曾间断的文化。这在世界上是独一无二的。

3) 多元统一

中国传统文化具有强大的包容性,在长期的发展过程中,能够兼收并蓄。中国传统文化是以汉族为主体的50多个民族参与创造的文化,许多民族如回族、藏族、蒙古族、维吾尔族等都有丰富的文化积累,都是中国文化的有机组成部分。中国文化是丰富多彩的,但同时又是一个坚强的统一体,即以华夏文化为中心,同时汇聚各民族文化的统一体,这个统一体是随着中华民族融合过程逐渐形成的,在历史上发挥了强有力的同化作用。"有容乃大",中国传统文化的博大精深,是接受各种异质文化并加以吸收的结果。

8.3.2 内部精神特点

1) 儒学为主,儒、释、道三家并存

中国传统文化是以儒学为主导因素,儒、释、道三家并存而多元互补的文化。中国儒学有一个长期发展的历程。起源于东周春秋时期,从汉朝汉武帝时期起成为中国社会的正统思想,如果从孔子算起,绵延至今已有两千五百余年的历史了。先秦儒家讲"仁"(孔子)、"仁政"(孟子)、"礼法并用"(荀子);汉代儒学独尊,董仲舒讲天人感应和君权神授,"三纲(君为臣纲,父为子纲,夫为妻纲)五常(仁义礼智信)",尊君重民。宋明理学提纲"存天理,灭人欲"。儒家是积极入世的,讲求"达则兼济天下,穷则独善其身"。儒学有时被称为儒教,是指儒家学说的教化功能,以儒家伦理道德学说作为治国教民的指导思想。

道家以老子和庄子为代表,主张听任自然,在政治上无为而治,在人生修养上追求"逍遥游"即精神上的绝对自由。道家是出世哲学,追求摆脱物累,超然独立。道家思想和儒学相对互补,成为中国古代知识分子政治示意时平衡心理的工具。

"道"还包括道教,作为一种土生土长的宗教,道家讲养生和长盛,但必须吸收儒家伦理纲常学说才能立足中国社会得以发展。

释是印度净饭王儿子乔达摩·悉达多创立的宗教,因悉达多为释迦牟尼佛,故又称释教,即佛教,是世界四大宗教之一。佛教是外来的宗教,认为世界上一切都是苦的,虚幻的,只有成佛才能摆脱烦恼和痛苦。

儒、道、佛三家思想共同支配了中国古代知识分子的精神生活。而在整个中国文化体系中,儒学始终占主导地位。

2) 中央集权和封建专制

中国传统文化是中央集权和封建专制制度长期占主导地位,而尊君重民是中国传统文化的中心思想,这是与儒学在中国文化领域占主导地位相联系的,是儒学君权至上的反映。中国是个王权强大的国家,一切必须为王权服务。中国历史上没有出现西方国家政教合一或一种宗教统治全民意识的局面,原因之一就是不论中国土生土长的道教,还是外来的佛教、伊斯兰教、基督教等,都必须屈服于王权,为王权服务才能生存发展。

同时,中国传统文化又强调民为邦本,或曰以民为本。春秋时已经产生民本思想。战国时孟子提出"民为贵,君为轻,社稷次之"。后代的帝王也意识到君为舟而民为水,水能载舟,亦能覆舟。因此重仁政德治。中国文化的人格理想是"内圣外王"。中国文化崇尚统一,追求思想和法度的统一,"普天之下,莫非王土,率土之滨,莫非王臣"。但是长期的封建专制制度过分强调了君王的权威,缺乏民主观念,人民的政治地位并不能得到保障。

3) 伦理主义

(1) 中国传统文化以伦理为中心,以人伦关系为基本,讲究父慈子孝、兄友弟恭、君贤臣忠等,追求群体互助。

(2) 中国传统文化强调道德,崇尚道德是中国古代各家各派的共同倾向,所谓道德,即君有君道,臣有臣道,民有民道,君爱民则为仁君,而君主至高无上,臣民事君则当忠心无二。

(3) 中国传统文化追求和谐,"和"即对立统一,和不要求同,允许各种不同的事物并存,但彼此和谐,这就叫"和而不同",宇宙、社会、人生都讲究和谐。中国人把最重要的人际关系称为五伦,即君臣、父子、夫妇、兄弟、朋友,实现人际关系的和谐,讲究仁义礼智信实现人际关系的和谐。

中国传统社会中,国家家族化、家族政治化,而沟通这种政治关系和家族关系的纽带是伦理道德,因此中国传统文化具有鲜明的伦理性特征,处理人与人之间关系的原则就是"伦常",即远之事君,迩之事父,虽事分忠孝,而原则却是一致的。君惠臣忠与父慈子孝、兄友弟恭的原则是一致的,都是人们共同遵守的行为准则。中

国伦理型文化培养了中华儿女"天下兴亡,匹夫有责"的高尚品格和思想境界,但报效国家与忠君事君不可分,也造成忠君就是爱国、爱国表现为忠君的愚忠观念和行为。

但不可否认,伦理主义的管理机制,可以把"齐家"的原理扩展到各种管理组织行为中,以"父义、母慈、兄友、子孝"为经纬,从纵横两个方面把血缘关系和等级制度联系起来。所谓"君子之事亲孝,古忠可以移于君;事兄悌,故顺可以移于长;居家理,故治可以移于君"说明这种伦理关系在管理行为之中起着关键性的调节机制的功能。

4) 注重实用,轻视理论探讨

中国传统文化以解决社会实际为出发点和归宿,执着于对政治、伦理等与国计民生密切相关的问题的探求,对于抽象的思辨则不感兴趣。如中国古代科学技术发达,但大多是实用技术,纯粹的理论自然科学不发达。这些实用技术大多是以具体科学的形式出现,缺乏对有关原理的精确阐述和公式公理系统。如天文学发达,是因为中国古人把天象的变化和人类社会的变化联系起来,因而诸如兵、农、医、艺四大实用文化非常发达。

传统文化流传至今,已融入中国人的人生观、价值观,对人们的行为有潜移默化的作用,直接影响中国人的思维方式和行为方式。传统文化对人们行为的影响不仅表现在日常生活行为中,还表现在组织行为中,在工程项目组织中也非常普遍。在工程项目组织中,由于工程项目组织的特点,使得传统文化对组织行为的负面影响扩大化。

8.4 中国传统文化与工程项目组织基本原则的冲突

我国经过了长达几千年的封建社会,封建文化对中国人的影响涉及人们工作和生活的方方面面,现代中国人的价值观、人生观、行为准则等都不同程度地带有封建文化的影子,对现代项目管理有明显的影响,与现代项目组织管理存在矛盾与冲突,这些矛盾和冲突主要表现在以下几个方面。

8.4.1 与管理跨度和管理层次适中的冲突

一般而言,工程项目组织的管理跨度和管理层次是根据工程项目需要而建立的,而且,目前工程项目组织的发展趋势是扁平化,也就意味着管理层次要尽可能少,管理跨度可以适当大一些。而管理跨度的扩大意味着组织中更多的平等关系。这和我国传统组织形式是冲突的。

8.4.1.1 我国传统组织模式——纵向组织

(1) 中国历史上,掌权者自己相信的是法家的"法、术、势",而要求别人相信仁义道德。但历史经验告诉人们:那些相信仁义道德的理想主义者如海瑞之类的下场使得人们越来越信奉"难得糊涂",于是一切仁义道德都化为虚无,在"重义轻利"的思想掩盖下对个人利益的追求一旦有条件就会恶性膨胀。受中国传统文化的影响,在我国项目组织中存在着"一管就死,一放就乱"的现象,为了实现项目组织的目标,许多项目组织采取的措施就是"集权",采用纵向的组织模式。

(2) 在中国传统文化中,儒家强调的"仁爱"是封建统治阶级强化手中权力的方法,儒家强调的"仁爱"的目的是通过"仁爱"强化封建统治、愚民,使得人们心甘情愿地忍受剥削阶级的剥削,是封建统治阶级占有财产、金钱的手段;法家的"法、术、势"更是封建统治阶级弄权的秘籍,于是在中国人的观念中,"权力"是至高无上的,有了权力就有了一切。受这种思想的影响,许多"领导"愿意控制权力,采用集权式的管理模式。

(3) 传统文化造就了中国人他律的人格,使得领导者不敢放权,只能事必躬亲,或严格控制权力的下放,另外,中国人对权力的特殊感情使得一旦授权就容易失控,避免有人请功、无人受过现象的发生。

8.4.1.2 纵向组织的根源——等级思想

传统的儒家文化强调"君君、臣臣、父父、子子"的等级,强调人们按照自己的"份"行事,行事时强调"礼"。加上深入骨髓的"权本位"、"官本位"形成了中国人对等级和权力的维护,使得等级成为人们普遍接受和自己维护的制度,人们在等级面前不敢越雷池一步,在上级面前甚至表现出一定程度的奴性。在传统儒家文化的这种等级观念的影响下,等级观念使权力绝对化、权力人格化,绝对化、人格化的权力必然成放纵状态,法律制度毫无约束力;绝对化的权力反过来又巩固了人们的等级观念,使其成为人们心理结构中超稳定系统。权力的绝对化和对权力的绝对服从导致对权力的绝对崇拜,对权力的绝对崇拜又导致对权力的绝对追求,也导致了人们对等级制的自觉不自觉地维护,平等在人们的心目中只是成为无法得到权力后的奢望。

传统的等级观念在现代人的心目中依然根深蒂固,这在现代社会中随处可见,人们不仅在工作单位表现出对上级的唯唯诺诺,而且在单位以外的环境里,在上级面前也是如此。这也是权力人格化的基础和人格化运作的条件,也是项目成为腐败的温床的根源。

8.4.1.3 传统层级式组织存在的问题

1) 信息管理的孤岛现象

传统的纵向管理组织,增加了各参与单位信息沟通的数量及组织协调的复杂

性,造成了信息管理的孤岛现象,使得各参与单位处于孤立的状态,项目组织实施过程中信息传递不畅、不及时、不全面,以及短缺、过载、扭曲甚至失真等现象,造成项目成本增加甚至项目失败。特别是对于远程项目这些现象更加普遍。

2) 各参与单位间的目标矛盾更为突出

传统的层级组织随着项目组织规模的增大,组织摩擦越来越大。从某种意义上看,层级组织具有信息独占特权,而且层级越高,其拥有的独占信息量就越大,形成人为的高度信息不对称状态。这就造成项目组织内部各层级、各参与单位之间难以协调。集权式管理强化了项目参与各方的不平等地位,使得各参与单位只是被动地执行任务,缺乏主动参与意识,信息沟通中的孤岛现象进一步加剧了各方之间的不信任;传统的趋利思想使得各参与单位只顾自己的目标和利益,忽视项目的目标和利益。因此,各参与单位之间的目标矛盾和利益冲突更加突出。

3) 难以完成国际型项目的管理

随着经济全球化,越来越多的企业参与国际竞争,跨国经营成为参与国际工程的一种主要方式,越来越多的国际合作项目,项目所涉及的领域也越来越多,不同国家、不同行业、不同企业和组织参与到同一个项目组织中来。这就使得项目的信息量成几何级数的增长,人们之间的沟通依靠传统的方式无法实现,传统的纵向组织模式无法完成国际型项目的管理。

4) 项目组织成本高

项目组织规模越来越大,项目组织成本越来越高。庞大的项目组织规模意味着高攀不下的巨大组织成本。这是因为,一方面,层级越多,各层级"附着累赘物"也越多,项目组织的实际运行开支将不断增加;另一方面,各级"官僚们对在政府中增加货币开支要比只让货币流经政府更感兴趣"。

5) 项目组织办事效率日益低下

一般说来,现代工业社会的分工日趋细密、管理任务日趋复杂和多变,信息社会更是变幻莫测。按照经典组织管理理论和原则建立起来的管理组织层级制,在既定的管理幅度和管理职能下,为应对这样的环境变化和管理要求,只能是不断增加管理层级。项目组织代理链条越长,也就越易于出现"秩序真空",其结果必然是组织效率日益低下。具体表现为:

(1) 信息向上多层过滤而失真,决策向下多层传递而失真;

(2) 对环境变化反应迟钝,行为迟缓;

(3) 对问题的识别、摄取与处理能力低下;

(4) 多头领导,政出多门,业务重叠,制度繁琐;

(5) 责权不明,职能紊乱,有成绩时层层争抢,有责任时级级推诿;

(6) 协调困难,运转不灵、尾大不掉;

(7) 管理不足与管理过度并存,能力低下,无所作为,敷衍塞责等。

6) 官僚化和程式化

官僚化阻碍创新,程式化降低士气。层级组织中内生的管理官僚化、工作程式化,使得墨守成规、因循守旧、阻碍创新、抵制冒尖成为必然选择。中层项目管理部门或下层实施人员凭借其私有信息或共同利益组成利益集团,对上层管理者的决策及其对下级绩效的评价产生影响,并且通过单边合约,形成共谋,共同操纵传递给上层管理者的信息,从而产生严重的阻碍创新效应。层级组织阻碍创新是因为:

(1) 官僚化运行要求组织成员的行为服从组织规则,表现出高度一致性,因此对组织成员的主观评价或监督标准的高度一致性,使得具有创新个性的组织成员被"筛选"掉。

(2) 程式化的提拔、晋升成为官僚组织中比现金激励更有效的一种激励方式。组织成员的行为特征趋于同质化,服从于机构的目标,形成共同的官僚文化,从而使得有关创新项目的主观评价没有机会得到考虑和认可。

(3) 资本预算程序官僚化。层级组织要求一项投资预算必须严格地经过每个层级的评估和识别,由高层管理者作出最终评估和识别。由于工程项目本身固有的一次性,再加上有关工程项目的信息比常规项目的信息更难以交流这种连续识别机制,降低了各层级决策者不熟悉的项目通过预算程序的可能性。

7) 容易滥用职权和滋生腐败

层级组织在某种意义上是滥用职权的土壤,滋生腐败的温床。日渐扩大的层级"金字塔"实际上意味着漫长的委托-代理组织链条,也就是信息不对称的程度不断扩大。一方面,分布于管理组织链条的各个环节中,具有专业知识的组织成员(代理人)有机会利用信息不对称的某种形式,追求诸如提高社会地位、改善职业机会、强化在职消费或寻取权力租金等自我目标。或者滥用职权谋取私利,或者渎职犯罪,甚至通过共谋造成组织的"内部人控制"局面。另一方面,随着层级的复杂化和管制规则的大量生成及广泛实施,使层级组织日益强化对社会资源或公共资源分配与使用的影响,甚至把这种影响渗透到传统的私有资源领域。这样一来,官僚群体利用复杂层级中不断强化的、高度的信息垄断和信息不对称,滥用其不断扩大的资源配置权利和范围,逐渐成为社会资源或公共资源的实际支配者,成为"无产的财产所有者",成为新的"统治阶级",甚至是"剥削阶级"。

一般而言,官僚体制越庞大,层级越多,透明度越低,外部人乃至专职监督人对组织活动的监督就越困难,越容易形成"监控真空",而致力于增加官僚体制规模、滥用职权的内部人就越多。此外,在金字塔状的多层级组织中,各层级的官僚们对相关信息的控制非常容易,这也极大地增强了官僚们扩张预算、中饱私囊,以及讨价还价的力量。

8.4.2 与合理授权的冲突

现代工程项目组织的设置应能达到合理授权。而在中国传统文化中,授权管理存在以下障碍:

(1) 中国人从古到今对权力情有独钟。几千年的封建专制使得中国人对"官"和"权"近乎达到了崇拜的地步,人们信奉"官本位"、"权本位",中国人的这种观念对管理制度的影响表现为权力的人格化。一个人一朝为官,就身价百倍。其原因就在于他掌握了集中起来的政治权力,他不再是一个人,而是政治权利的化身;他的言行已不是其个体人的言行,而是政治权利的体现。

(2) 法家的代表人物韩非认为:"万乘之主,千乘之君,所以治天下而征诸侯,以其威势也。""君执柄以处势,故令行禁止。柄者,生杀之制也;势者,胜众之资也。"掌握了生杀予夺之权势,就可以稳固专制独裁。他反复申明"权势不可以假人"的道理。他还指出"事在四方,要在中央,圣人执要,四方来效"的重要原则。韩非的这种思想,造成人们不愿意放权,希望独揽大权,以控制局面。在项目组织中表现为业主喜欢紧抓某些关键的权力,或对项目管理者已授的权力进行过多的干预等。

(3) 在组织机构中,占支配地位的权威体系是人情伦理;权力的效能视掌权者的感情、感性、良知而摇摆不定,由于权力所带来的权威会随着权力的转移而发生转移,这就使得掌权者拒绝授权。另外,中国人对权力的特殊感情使得一旦授权就容易失控,这也是授权效果差的一个重要原因,也是我国项目失控的主要原因,也是在我国推行授权管理的困难所在。

(4) 受中国传统文化的影响,中国人对权力有一种特殊的推崇,并且把它作为评价一个人能力的标准,因此授权管理是很多掌权者无法接受的理念。很多掌权者担心授权后,自己就会被架空甚至取而代之;另外由权力所带来的一切,授权后也会随之而去;更多的担心是授权后,对自己要承担别人的过错的担心,使得授权成为十分艰难的事情。

8.4.3 与沟通渠道畅通的冲突

沟通渠道畅通的基础是相互信任,信息公开和透明,而这些在中国传统文化中很难存在。

8.4.3.1 暗箱操作

在我国"暗箱操作"是众所周知的一个词汇,暗箱操作存在于各个领域。如工程领域招投标过程中的假招标、透漏标底等。暗箱操作与透明的管理是相悖的。在我国,暗箱操作有很深的历史渊源,众所周知的法家的"术"和谋略文化的"计"都是暗箱操作的根源,都讲究隐蔽和秘密行使,更是我国古代最有影响的官场运作规则。在古代人们讲究"弄权",权力不是公开行使的,是"弄"出来的,"弄"的意义之深远耐人寻味。另外,长期以来人们对权力的崇拜使得人们习惯于权力带来的单向义务,人们不愿或不能限制权力,在权力面前表现为一定的奴性,这也是暗箱操作成功的主要原因,也是透明管理的障碍。

8.4.3.2 信任和信用方面的冲突

尽管在中国古代就有"人无信不立"之说,但综观中国历史及现在的社会现状,就不难发现,中国的信用或信任有其独特之处。

1) 中国信任的特点

(1) 由"亲"而"信"

受传统文化的影响,中国是一个人情关系本位的社会,人们基本上生活在一个特定的生活圈子中,在这个圈子中,有固定的人,人与人之间有固定的关系,基本上在生活中没有陌生人。基于这种生活格局之上建立了中国人的信任模式——由亲而信。所谓亲是指一种牢固的人情关系,可以是血缘之亲,也可以不是血缘之亲。基于这种"亲"的关系上建立的"信任",不是取决于一个人的品德和能力,而是取决于这个人与自己的关系。中国人的信任带有浓重的人情色彩。人们可以通过人情运作来改善人们之间的信任关系,即可以通过已有的关系网或请客送礼等方法来建立与"陌生人"之间的信任。因此中国的信任是一种非理性的关系,带有很浓的人情色彩。

(2) 法制信任度低

在现代社会,特别是在市场经济条件下,一切经济活动都是在法律约束下进行的,人们之间依靠法律或制度建立或维持相互之间的信任。然而这种依靠法律建立的信任制度与中国传统文化之间存在着矛盾和冲突,受到中国传统文化的改造,中国人的人情关系对法律进行渗透,甚至于凌驾于法律之上。林语堂曾说:"中国人是把人情放在道理的上面的"。在情与理的关系中,中国人向来强调情先理后、情主理次,人情的意义、价值和作用都大于理、重于理、超越理。当出现法律纠纷时,人们首先想到的不是法律,也不是自己的行为正确与否,而是如何通过人情减轻对自己的处罚或使对方获得最重的处罚。由于传统与现实的结合,使得中国法律发挥作用有以下特点:

① 从属于权力,是权力的延伸、权力的特殊运用。

② 非理性的运作。中国的法律在运作时,人们最常见的是,先看看有没有上层领导的关系,如何处理这种关系,有时甚至是金钱,然后才是量刑。这样,人们期待中的公平就很难实现。

由于中国法律运作的以上特点,造成人们对法律的信任度降低。进而对由法

律建立的信任机制产生怀疑,信任度降低。

2) 中国信任的现状

由于受传统文化的影响,在中国人的心目中一直是君子不言利的,并且在传统的儒家的群体主义的观念影响下,个体一直是从属于群体的,在群体面前个体是没有独立性和利益的,由此形成了对个体人的需求和利益的极大压制。在市场经济条件下,人们抛弃传统文化对个性的压抑,抛弃传统的个体对群体的绝对服从的观念,随着个人利益的合法化,许多人认为对个体价值的评价实现是以物质的占有为标准的,这就造成了人们对个人的物质、经济追求越来越不择手段,于是人与人之间的信任度降低。随着社会流动性的增大,传统的"由亲而信"的模式被打破,加之人们对法律信任度不高,由此就产生了整个社会的信任危机。

中国目前的信用现状对于现代项目管理是非常不利的,与现代项目管理是相悖的,也是目前阻碍我国项目管理社会化进程的主要因素,也是造成我国目前项目成本普遍较高的原因。

8.5 传统文化对项目组织行为的影响

传统文化的影响不是单一的,传统文化的几个方面的影响是互相渗透,互相联系的。我国传统文化的主要影响是形成权力的人格化,再加上受谋略文化的影响,使得在组织中普遍存在弄权的现象,进而造成人们之间相互不信任。这也是我国项目管理失控的主要原因。下面就传统文化对组织行为的影响展开分析。

8.5.1 权力的人格化倾向

1) 官本位、权本位和法家的权术思想对项目组织成员的组织行为会产生不良影响,在这种思想的支配下,长期以来在中国管理制度存在权力的人格化,必然带来大量的管理行为的非理性化。中国传统的伦理性官僚制度不同于西方的法理性官僚制度,没有真正建立起理性的非人格化的权力和法律秩序。这种人格化的权力使得项目相关各方中有权力的参加者就会追逐权力,进而利用权力追逐金钱或个人利益。其表现有:

(1) 管理者与被管理者之间带有强烈的人伦色彩和人身依附关系;

(2) 人治重于法治;

(3) 项目组织成员的升迁主要注重其是否可信赖、人格修养等,而不看重其是否具有胜任工作的专业知识;

(4) 在实施权力时,将执法、行政、理财三权集于一身,缺少严格依法分权管理和明确专业分工的管理体制。

2) 虽然从形式上看,我国无论政府部门还是企业组织都已建立了完备的层级化和部门化机制,但实际上权力仍呈现出严重的人格化倾向。在组织机构中,占支配地位的权威体系是人情伦理;权力的效能视掌权者的感情、感性、良知而摇摆不定。这是滥用权力,情大于法,贪污腐败等恶劣现象的重要根源。在项目组织中,上述行为主要表现为:

(1) 许多业主希望或喜欢较多地、较深入地介入项目管理,将许多项目管理的权力集中在自己手中,例如明文限制项目管理者的权力,经常对项目管理者和承包商进行非程序干预和越级指挥,以显示自己的优越性。

(2) 在项目实施的过程中,经常盲目地行使权力,瞎指挥,甚至由于弄权的心理,往往违背项目管理的科学性,随便行使决策权,甚至以权谋私。

(3) 招标过程中,有些业主喜欢将一个工程肢解为许多小的工程进行发包,以便从中谋利,有的业主甚至规避招标,与承包商串通作弊。

(4) 与项目相关的政府部门也会借助手中的权力,对项目的实施进行非程序性干预,或利用职权干预招投标工作,以谋取私利。

(5) 承包商在招投标过程中,拉关系,走后门,贿赂有关负责人以期取得项目。

3) 非理性管理制度带来的权力人格化,不仅存在于各级政府部门中,而且在企业中大量存在,在项目组织中也有体现。这会使项目管理行为变得非理性,从而给项目管理制度带来危害。这在项目组织中主要表现为:

(1) 项目参与单位选择的主观性。例如在建筑工程领域,业主靠关系网、感情选择中标单位,甚至明知所选的单位不具备工程实施的资格,仍然选择该单位为中标单位或为指定分包单位,使得项目成为"垃圾工程"或"豆腐渣工程"。

(2) 对法规制度尊严的轻视。表现为对法律、规章、制度的"矮化"和"弱化",有法不依,执法不严或"上有政策,下有对策"。在项目实施过程中,主要表现为:招投标过程中,业主说了算,使得招投标只是成为逃避法律的形式,甚至将工程肢解以规避招投标。

(3) 权力行使的特殊化取向。血缘、地缘、人情支配着管理权行使的方向,以致法律、法规多变,因人而异,制度与政策缺乏稳定性和普遍性,小团体主义和裙带关系盛行。这种现象在项目的相关主管部门中比较普遍。对于有关系的单位,往往睁只眼闭只眼,使得不具备开工条件的项目开工,不该立项的项目立项,不符合规划的项目通过审批……有的甚至利用职权对项目横加干涉,干涉项目的设计、实施、采购招投标等。

(4) 传统思维与经验决策。决策者无详细的责任与约束,凭借自己的经历、经验、体验、主观意志,依靠习惯、传统"拍胸脯,拍脑袋"导致决策失误或无力执行。

(5) 领导者独断专行和神秘主义。领导者大权独揽,唯我独尊,权力成为贪污腐化、假公济私的手段。

(6) 管理责任的漠视或逃避。失职、越权、滥用职权时有发生；衙门作风，忽视被管理公众的实际需求，造成权力行使的目标移位。

8.5.2 传统的谋略文化和法家文化

受传统的谋略文化和法家文化的影响，中国人在交往的过程中，形成了一种算计和防范心态，这种心态对工程项目组织行为有很大的影响，主要表现为：

1) 项目参与单位互相不信任

项目参与单位和项目组织成员之间相互不信任主要表现为：

(1) 业主对项目管理者和监理工程师不信任，不得不将许多权力集中在自己的手中，以免项目失控。

(2) 业主对承包商不信任，这种不信任包括对承包商的资质、能力等，不得不深入考察每一个参与投标的承包商，造成招标成本大幅度提高，严重损害项目利益。

(3) 承包商对业主不信任，为了能够保证得到工程成本，不得不提高工程价格，有不少承包商在报价时，以工程款的百分之多少等于工程成本进行报价，有的甚至达到60%，这就造成工程价格远远高于成本。

(4) 承包商对业主不信任，在项目执行过程中，遇到属于业主的风险发生时，承包商不是积极采取措施保全项目，而是考虑如何保全自己的利益，使得项目的损失扩大化。

(5) 由于项目是一次性的，项目参与各方的合作也可能是一次性的，这就使得人们在合作时，不得不互相防范，以确保自己的利益。

(6) 项目参与单位的一些短期行为，如合同界面上的责任互相推诿，风险发生时的自保现象等。

(7) 在合同中设立"陷阱"，如采用模糊的语言描述合同内容，一旦出现问题，通过这些陷阱确保自己的利益。

2) 把项目作为权力的资本，弄权现象比较严重

项目中的弄权现象主要表现为：

(1) 业主作为项目的发包方应用手中的发包权力，向承包商索要回扣或谋取其他利益。

(2) 业主为了躲避招投标将项目肢解发包，谋取私利。

(3) 在合同实施过程中，业主利用手中的权力，随意修改合同，如果承包商不执行，业主就通过扣留工程款等方式迫使承包商就范。

(4) 政府的相关部门利用有关的审批或其他权利，向业主或承包商提出条件以谋私利。

(5) 企业内的工程项目组织中,工程项目组织与职能部门之间更容易出现弄权的现象,如职能部门控制项目所需的资源,会通过行使手中的权力,解决自己的私事。

8.5.3 传统文化下项目参与单位的企业文化

项目多是处于一定的组织环境中,大多数组织有自己独特的组织文化,这些文化反映在他们的价值观、标准规范、信仰和期望中,也反映在组织方针、工作程序、上下级关系及其他诸方面,组织文化对项目组织有很大的影响。如:在一个有创新和开拓意识的组织内,不同寻常和较高风险的方法可能得到批准。因此在改善项目管理时,必须重视组织文化对项目管理的影响。

我国项目组织的参与单位的企业文化受传统文化的影响,仍带有传统文化的影子,主要表现在:

(1) 重视伦理。这个特征是由民族传统文化的伦理特征——产品经济与集中管理模式造成的企业环境的封闭性,人际关系的亲缘化等发展而成的。它主要表现为:伦理问题是企业文化的中心内容,伦理道德被看成做人的本质,人的行为最高准则是道德的实现。在企业的生产活动中,干部的优劣,职工的优劣,行为的合理与否皆以道德是非为最高标准。从管理手段上看,德政为管理者进行管理的一种重要手段,强调干部以身作则、品德高尚、为政清廉等。视德治重于法治,精神疏导重于制度管理。这也导致了非理性的管理制度和管理手段。

(2) 重视人事轻技术。这个特征是由重视伦理特征派生出来的。它表现为:人事作为企业文化的中心和重心,未能将生产任务的完成、技术能力的发展和劳动效率的提高等放到首要位置。很容易形成不重视科学而迁就人事需要,造成人浮于事,使管理处于低效状态。

(3) 重视政治轻经济。这个特征在于部分企业人格的不独立。它主要表现为:企业的行为方式、价值取向、目标选择主要受国家上级行政主管部门的控制,强调政治动员、行政命令,轻视经济手段的应用,忽视经济管理的民主化。因而官位等级、权力崇拜、官僚主义等现象难以避免,机构庞大、人浮于事、效率低下成为企业的通病。

(4) 人格的企业文化。它是指企业在社会环境、群体实践等多种因素影响下的内在人格与外显言行相背离。

(5) 此外,封建家族意识,急功近利的短期行为思想,忽视企业间协作,逃避社会责任,安于继承而不善于创新等文化现象大量存在。

企业文化的上述特征对项目组织管理很不利,与项目管理的要求背道而驰,因此,必须通过改善组织文化,克服这些缺陷,为项目组织管理创造条件。这包括严格按规章制度办事,倡导创新、团结合作的精神,培养平等、诚信的合作理念,等等。用良好的企业文化弥补工程项目组织的不足,充分发挥工程项目组织的优势,可以

采取以下措施:

(1) 培养组织内的相互信任。组织文化和管理层的行为对形成相互信任的组织内氛围有很大的影响。如果组织崇尚开放、诚实、协作的办事原则,同时鼓励员工的参与和自主性,它就比较容易形成信任的环境。而信任是项目管理成功的关键。

(2) 倡导创新、团结合作的精神。不仅项目管理需要创新的理念,而且企业管理也需要创新的理念。企业的创新理念不仅为企业项目管理的成功创造条件,而且为企业参与的其他合作项目的成功创造条件,因此,在企业中必须形成一种创新的风气。要形成创新的风气,在企业内部首先必须鼓励创新,对好的创新理念加以奖励,对不现实的新的想法和建议加以引导而不是打击,这样就容易形成创新的风气。

(3) 培养平等、诚信的合作理念。培养平等、诚信的合作理念,上层领导的影响很大。只有上层领导以身作则,身体力行,并且对不符合这种理念的行为进行严肃的处理才能形成这种理念。

(4) 树立制度高于一切的观念。培养人们依法办事,按制度办事的习惯。

以上这些不仅是健康的企业文化所必需的,而且是企业生存的关键所在,还是企业参与合作项目成功的前提。只有良好的健康组织文化,人们在项目中才会自觉地履行自己的职责,精诚合作,确保项目的成功。

8.6 中国式工程项目组织的构建

中国传统文化除了有前面所述的缺陷以外,也有很多精华部分,对中国人的行为既有正面影响,又有反面影响。在分析传统文化时,我们应该辩证地看待它,既要看到它有利的一面,又要看到它消极的一面。我们在研究传统文化对项目管理的影响时,要关注它的消极影响,尽量消除它的消极影响,另一方面,也要积极发扬它的积极影响,使之为我们服务。对传统文化影响的分析见表8-2。

表8-2 传统文化的影响

序号	消极影响	积极影响
1	森严的家长制束缚了人的个性发展,个人作为主体存在毫无价值,不能主动有所好恶和选择。这些观念扩展到政治社会领域,使人过于崇拜权威、论资排辈、关系网和人身依附以及畏强凌弱、阿谀奉承,对上毕恭毕敬,对下蛮横苛刻。形成以官职作为社会中的一般等价物的"官本位"	孝敬父母,尊敬老人,以赡养父母为荣,成为传统的社会风尚。扩展到社会,容易形成民族的向心力,有利于形成管理的内聚力。严格的等级制及集权有利于处理突发事件,利于在紧急情况下迅速决策,并得到执行

续表 8-2

序号	消极影响	积极影响
2	重人情世故而重"人治"轻"法治"。以长官意志为准绳,以人情世故为处理公私关系的原则,造成管理原则的缺失。感情礼节过度,破坏了"不卑不亢"的原则,形成了带奴性的感情	形成了礼仪之邦,注重人际关系,注重人情,易于同情弱者,仇视横暴者。以仁爱为基本出发点,对家乡、祖国怀着深厚情感、爱国。如果加以合理的引导和利用,能提高工作的积极性和组织凝聚力
3	寡欲不求利的传统思想抑制了商品生产的发展,对当前企业的经营不利。许多企业领导对经济效益不敏感,除体制的弊病外,还有观念上的影响	无欲则刚,舍生取义。尊重重于财富,正义大于金钱。许多文人志士,为正义气节所鼓舞,不为五斗米折腰
4	易于形成权利集中于一人的权利平均、责任互相推诿而无人负责的责任平均、不容冒富的利益平均、自己不干也不让别人干的事业平均	人贵有强烈的上进心,自立于民族之林,遇难不退,勇于上进,自强不息
5	受谋略文化、官文化的影响,人们擅长"窝里斗",人们之间缺乏信任	谋略文化如果加以利用,对于战略管理等都有好处
6	视绝对统一为正常,视多样化为异常。各种选举和表决追求形式上的一致通过,生活习俗要求统一,形成表里不一的特点。只讲究整体利益,忽视和抹杀了人的个性和个人利益	从整体的观点看事物,讲究整体的和谐、统一。从整体的高度看待问题,权衡利弊。对统一的追求,使得人们容易行动一致,便于发挥组织文化的作用,正确加以利用会收到很好的管理效果
7	平等观发展到极端成了平均主义,"大锅饭"长期存在,奖金等分	对不平等、不平均现象十分敏感
8	过于稳重,有时圆滑而不可捉摸。稳而持重、优柔寡断,固执,是非面前环顾左右而言他。深谙"权变"之道,处事不能坚持原则	讲究"中庸"和"过犹不及",反对"冒进",也反对"冒退",随时"适中"。易于形成稳定的社会环境,对管理十分有利
9	追求封闭型的时空观,缺乏危机感,在封闭地域以老大自居。产生"阿Q精神",善于运用自我麻木的"精神胜利法"	生活安居乐业,有利于社会的稳定和经济发展
10	求异思维弱,认为历史只按一定"轨道"循环,善于因循守旧。热衷循规蹈矩,不敢"越雷池一步",不敢创新,一定程度上成了保守哲学	人们容易采取统一行动,集中力量办大事
11	崇尚道德的教化作用,忽视法制的作用,形成轻视法制、注重人治的社会风尚	提倡个人的道德修养,如果人人的修养都达到"内圣",那么整个社会就是大同社会
12	善于因情境改变原则,原则性差,处事往往因人而异,因事而异,因情境而异	能及时应变,适应能力强,处理问题能变通,有利于问题的解决

8.6.1 构建方法

在对工程项目组织体系进行重构时,不是直接按照"有用"、"有益"来判断精华与糟粕,再决定取舍,而是借助"长入"和"重组"创新出"有用"、"有益"的理论与实践,即先"拿来",再创新出"有用"、"有益"的东西。这里所指的"长入",是指以西方组织理论为主,辅助地吸收中国文化的精髓,融合而达到管理创新的方法,即用中国的历史语境来对组织理论进行阐述。这里所指的"重组",是一种通过不同管理知识要素的重新组合而进行的管理创新方法。文化差异使组织理论不能被简单地搬到中国,但把它们分割为各种基本要素后,不同知识中若干要素进行重组,往往可以创造出使用中国文化根基的工程项目组织力量方法和技术。

大致说来,要合理运用西方的项目管理体系,主要是对于项目管理体系中偏软的管理理论进行重构,结合中国文化,建构中国的项目管理体系,以适应中国项目管理的需要。西方注重理性,中国注重人文,中国的组织理论就应该加入人文的一些东西(如中国的传统文化、现代的社会环境)。将西方的项目管理结合中国的人文环境,才是适合中国的项目管理组织理论。

8.6.2 中国传统文化和现代项目组织的融合

1) 确立"人本思想"

现代工程项目组织面临越来越多的挑战和变化,传统的管理模式已无法应对现在和将来的挑战,要以市场需求和变化为导向进行转变。从根本上来说,就是以人和用户变化为根据进行根本性的转变。中国传统文化中的民本思想、"中庸观"和"权变管理"思想会对此有所启发。

人本管理的核心是调动项目组织中人的主人翁责任感,让他们积极参与到项目活动中去。同时,人在参与项目活动的过程中,能够逐渐实现自我价值,获得自我实现需求的满足。强调"人本管理"需要在更深入地研究项目组织管理过程的规律基础上,更好地对人进行管理。现代意义上的"人本管理"和传统文化中的人本管理不同,包含了更多科学管理的内涵。从历史发展趋势看,我国注重情感的组织管理具有未来管理的特点,而其制度稀缺最终会进入"制度效益递增期",从而会向制度管理的方向发展。

在不了解科学管理的情况下尊重人、理解人、信任人,是十分危险的,其可能的结果是项目组织中的每个人都享受主人翁的权力,却不愿意或没有能力承担自己的岗位责任,这也是我国传统文化中民本思想的缺陷。"人本管理"需要科学管理的辅助,更好地调动人的积极性和主动创造性,实现人的自我发展。而且,人本管理的一些有效的成果可以以制度的形式固定下来,以便更好地执行和贯彻。

目前，我国某些项目组织中推行人本管理出现的一些问题，如过分注重"人性化""血缘"关系，忽视理性意义上的"规范化"内容，是与中国传统文化中的重血缘、重亲情和人情等因素结合，偏离了现代人本管理的本义。造成这种现象的原因在于：

(1) 没有从根本上理解"人本管理"的内涵。"人本管理"是以追求规范化的科学管理为基础的，是一种内在科学管理的模式，是"人本"与"科学"的有机统一。

(2) 没有正确区分中国传统文化的精华和糟粕，长处与不足，错误地理解了将西方先进的项目管理模式与中国传统文化结合的含义。中国传统文化强调"家"本位、道德准则、"重义"，构成了以"情"为特质的东方管理的基本特点。这种以"情"为纽带的管理可以提高沟通频率，增加项目内部成员的认同效应，加强组织的整合功能，降低协调成本和费用，对于以合同为纽带的项目组织而言是有用的。但是，中国传统文化中缺乏科学主义文化的充分发展，在具体的管理中也忽略了制度管理，在工作任务分配方面，理性精神没有得到充分体现，而项目组织本身就很难建立制度，这一缺陷尤其明显。再加上传统文化中的宗法伦理关系，过于偏重血缘、亲情和人情的影响，使得组织管理更多地成了"关系学"。

2) 融理性精神与人文精神于一体

可以将中国传统文化中的"仁政""德治"与西方项目管理的规范管理有机结合起来，将"德治"与"法治"结合，将科学管理和人本管理很好地结合在一起。无论是"德治"还是"法治"，其根本都是围绕人的特点进行管理，目的是激励人更好地参与项目工作，完成项目目标。

科学管理从根本上说是一种他律，道德管理则是一种自律，科学管理是从外部入手，而道德管理则注重解决事物的内部矛盾，具有更大的内在自觉性。因此，古今中外的管理大师都很注重后者。司马光曾说过一个千古不灭的道理："德才兼备者重用，有才无德者慎用，有德无才者备用，无德无才者不用。孔孟之道，千年不衰，在于悟到了'仁'，'仁'者，人也。"以德立人，以德立组织，是同样的道理。

从现代项目管理发展看，东西方文化的互补已经成为一种趋势，引导着新的管理模式的形成和发展。

3) 用"和谐"建立项目组织文化

工程项目组织文化很难构建，而运用中国传统文化的"和谐"思想，强调工程项目组织的整体和谐，可以加强内部凝聚力，塑造团队精神。

凝聚力是组织工作效率得以发挥的前提，而良好的人际关系是组织凝聚力的基础。人际关系会影响组织成员的身心健康，良好的人际关系可以使人心情舒畅，生活和工作愉快。而"和谐"是指组织中人的和谐共处，是良好的人际关系的体现。这里的"和谐"，是存在差异的和谐共处。所谓的和为贵并不意味着取消竞争，而是在竞争环境下有差异的和谐共处。

当然,为了形成良好的人际关系,项目组织的领导,如项目经理,应注重自我的道德修养,严于律己,正确处理"义"和"利"的关系。

8.6.3 中国传统文化与学习型组织

麻省理工学院斯隆管理学院教授彼得·圣吉在1990年的《第五项修炼——学习型组织的艺术和实务》(The Fifth Discipline—The Art and Practice of The Learning Organization)中提出的,"学习型组织是一种更适合人性的组织模式,由伟大的学习团队形成社群,有着崇高正确的核心价值、信念与使命,具有强劲的生命力与实现梦想的共同力量,不断创造,持续蜕变。在其中,人们胸怀大志、心手相连,相互反省求真,脚踏实地,用于挑战极限及过去的成功模式,不为眼前近利所诱,同时以令成员振奋的远大共同愿景,以及与整体动态搭配的政策与行为,充分发挥生命的潜能,创造超乎寻常的成果,从而在真正学习中体悟工作的意义,追求心灵的成长与自我实现,并与周围的世界产生一体感。"

学习型组织的理念与中国传统文化有着至深的渊源和高度相通之处,正如彼得·圣吉自己在《第五项修炼》的中文版序中所指出:"就我的了解,中国传统文化的演进途径与西方文化的演进途径略有不同。你们的传统文化中,仍然保留了那些以生命一体的观念来了解万事万物运行的法则,以及对于奥秘的宇宙万有本原所体悟出极高明、精微和深广的古老智慧结晶。"

(1) 以人为本

学习型组织提出的前提是以人为核心。中国传统文化中,中国哲学有追求"天人合一"的传统,把发挥主体意识以便与"天"一致,看作精神境界的升华和完善。以人为核心,天地人相参是哲学家一贯的追求和理想。儒家的"三纲八目"修养论,"正己"就能"正人","成己"就能"成物"的言行,都是事在人为,以人为本的一种哲学体现。以人为本,是儒家思想最鲜明也是最重要的特色和标志。例如,"天地之性人为贵"是历代儒家奉行的基本信念。孟子也明确提出了"民为贵,社稷次之,君为轻"的论断。荀子又进一步从宇宙万物演化过程和人与万物的区别角度,充分肯定了人在宇宙中的特殊地位:"水火有气而无生,草木有生而无知,禽兽有知而无义,人有气有生有知,亦且有义,故最为天下贵也。"

(2) 注重个人的自我修炼和自我管理

学习型组织是组织中每一个人都在不断地自我修炼,自我管理,自我超越的组织;人们不断扩展他们创造生命中真正心之所向的能力,从个人追求不断学习为起点,从而形成学习型组织的精神。

把人看作主体,强调其内心的修炼、超越、升华,这在中国传统文化中也占有重要地位。孔子有云:"君子务本",这里"本"就是要充实个体修养。"克己复礼为仁","克己"就是自我克制,也就是自我管理;"复礼",履行礼节,同样代表自我修炼和自我约束。孔子对这种自我修炼和自我管理的境界,用"仁"来称许,证明了这种自我修炼在孔子思想中占有根本性的重要地位。《大学》中开宗明义地提出:"大学之道,在明明德,……古之欲明明德于天下者,先治其国;欲治其国者,先齐其家;欲齐其家者,先修其身;欲修其身者,先正其心;欲正其心者,先诚其意;欲诚其意者,先致其知。致知在格物。"其中格物、致知、诚意、正心、修身就是自我修炼的方式和途径。儒家认为,只有加强自我修炼和自我超越,才能达到"内圣"进而"外王"境界,从而对他人实行有效的管理。

(3) 注重整体观念和系统思考

系统思考是学习型组织的五项修炼中的核心法则。而中国传统文化的系统思想可以追溯到诞生于两千多年前的《周易》。《周易》将六十四卦视为一个统一有机的整体,分层次构成一个完整的系统。

系统思考、整体观念始终是中国传统文化的根本所在。中国传统哲学孜孜不倦地追求人与人的和谐、人与自然的和谐,把天、地、人看作一个统一的整体,以"人与天地万物一体""天人合一"为最高境界,整体观念表现于政治领域,是春秋大一统的观念,表现于社会领域,是个人、家庭、国家不可分割的情感,表现在伦理领域,为顾全大局、维护整体利益的价值取向。

(4) 注重协作精神

学习型组织认为组织竞争能力的提高,关键在于团队智慧的提高。特别强调团队学习的修炼,要求通过不断演练,提高团队学习技巧,提高整个组织的智商。

中国传统文化中不乏诸如此类的思想。《周易》中就有"天地交而万物通也;上下交而其志同也。"只有上下沟通,才可能达到目标和思想的相通。建立共同愿景的修炼,也就是要通过管理者和组织人员的上下沟通来达到这样一种目的。在《淮南子》中,也有"上下一心,君臣同志"的论断。儒家思想也十分强调团队协作。《论语》说:"礼之用,和为贵。"《孟子》中则说:"君子和而不同,小人同而不和。"其中的"和",是在追求和谐一致的基础上,还应该承认和允许个人之见存在一定的差异。五项修炼中共同愿景和个人愿景之见的关系与这一思想是相当一致的。荀子也指出:"上不失天时,下不失地利,中得人和,而百事不废。"中国传统文化不仅对团队协作关系有着深刻阐释,而且还有一整套协调团队关系的规范与方法。古代管理者提出以"礼仪"的方式来规范人的行为,人们应该"克己复礼",进而达到"义"。人与人之间应该"仁",即相互之间交往应该"仁德待人""谦虚礼让",倡导"和为贵""交相爱"。领导者对人际关系的协调应该"不偏不倚""中庸平和"。

(5) 强调"无为而治"

学习型组织明确提出"无为而治的有机管理"。中国道家思想的一个核心命题就是"无为而治"。有关"无为"的论述在《道德经》中俯拾皆是:"为无为,则无不治","为无为,事无争"。老子所讲的"无为"是达到"为无为"、"无不治"这一目的的手段。"无为而治"的思想体现为:"我无为而民自化,我好静而民自正,我无事而民自富,我无欲而民自朴"。汉初秉承黄老道家思想,出现了"文景之治"的盛世,是"无为而治"的典范。他们继承先秦道家"无为而治"的思想,摒弃其消极的成分,强调"无为"不是拱手默坐,无所作为,而是循道而为,发挥人的主观努力,达到无不为的目的。

复习思考题

1. 工程项目组织管理的相关理论来源于西方,那么,对于中国的工程项目组织,你觉得如果照搬西方的管理理论,会出现哪些问题呢?
2. 请举例说明我国传统文化与工程项目组织基本原则的不相符之处。
3. 我国传统文化存在很多精华,这些精华能给工程项目组织带来哪些好处呢?
4. 我国工程项目组织如果要建立学习型组织,有哪些优势和劣势?请你分析一下。
5. 对于中国式工程项目组织的构建,你有何看法?

参考文献

[1] 成虎,陈群. 工程项目管理[M]. 北京:中国建筑工业出版社,2009

[2] 成虎. 工程全寿命期管理[M]. 北京:中国建筑工业出版社,2011

[3] 林基础. 建设工程项目全寿命期组织变迁机制研究[D]. 南京:东南大学,2008

[4] 纪凡荣. 大型建设项目组织的生命机制研究[D]. 南京:东南大学,2008

[5] 陆彦. 工程项目组织的制度结构研究[D]. 南京:东南大学,2007

[6] Robert L. Working Towards Best Practices in Project Management: A Canadian Study [J]. International Journal of Project Management, 2002, 20:93-98

[7] Turner J R, Müller R. On the Nature of the Project as a Temporary Organization [J]. International Journal of Project Management, 2003, 21(1):1-8

[8] Crawford L. Developing Organizational Project Management Capability: Theory and Practice [J]. Project Management Journal, 2006, 37(3):74-97

[9] Bredin K. People Capability of Project-based Organizations: A Conceptual Framework [J]. International Journal of Project Management, 2008, 26(5):566-576

[10] 李圣鑫. 两种组织形式的生命周期及其研究意义[J]. 南京师大学报(社会科学版),2006(5):49-56

[11] 姚凯. 国有企业生命周期决定因素及其理论模型的构建[J]. 生产力研究,2007(8):93-97

[12] 王华,尹贻林,吕文学. 现代建设项目全寿命期组织集成的实现问题[J]. 工业工程,2005,8(2):39-42

[13] 李蔚. 建设项目集成的组织设计与管理[J]. 华中科技大学学报(城市科学版),2005,22(2):78-82

[14] Jaafari A. Concurrent Construction and Life Cycle Project Management [J]. Journal of Engineering Construction and Management, 1997, 123(4):427-436

[15] 王孟钧. 工程项目组织[M]. 北京:中国建筑工业出版社,2011

[16] Wofford T D. A Study of Worker Demographics and Workplace Job Satisfaction for Employees in a Global Engineering and Construction Organization [D]. Nova Southeastern University, 2003

[17] Jin Xiaohua, Ling F Y. Constructing a Framework for Building Relationships and Trust in Project Organizations: Two Case Studies of Building Projects in China [J]. Construction Management and Economics, 2005, 23(7): 685-696

[18] Hobbs B, Aubry M, Thuillier D. The Project Management Office as an Organizational Innovation [J]. International Journal of Project Management, 2008, 26(5): 547-555

[19] Tilk D. Increase Project Value by Rightsizing Your Project Management Office[EB/OL]. http://www.pwc.com/rebusiness. 2003

[20] Dai C X Y, Wells W G. An Exploration of Project Management Office Features and Their Relationship to Project Performance [J]. International Journal of Project Management, 2004, 22(7): 523-532

[21] Rad P F. Is Your Organization a Candidate for Project Management Office (PMO)? [J]. AACE International Transactions, 2001, 1: 1-4

[22] 蒋先旺. 一种基于多项目管理的组织结构模式[J]. 导弹与航天运载技术, 2007(1): 54-56

[23] 王盛文. 大型项目组织改进与组织变革管理的研究[D]. 上海:同济大学,2005

[24] 马少慧. 建筑项目组织问题研究[D]. 北京:北京科技大学,2005

[25] Lindkvist L. Project Organization: Exploring its Adaptation Properties [J]. International Journal of Project Management, 2008, 26(1): 13-20

[26] Engineering, Management & Integration, Inc. IT "Owes" Much to PMOs [EB/OL]. http://www.em-i.com. 2002

[27] Gary J E. Creating a PMO Charter [EB/OL]. http://www.cvr-it.com. 2004

[28] Tilk D. Increase Project Value by Rightsizing Your Project Management Office[EB/OL]. http://www.pwcglobal.com. 2003

[29] 天津大学管理学院国际工程管理研究所. 工程项目管理的国际惯例课题研究报告[R]. 1997

[30] Hill L, Farkas M. A Note on Team Process [M]. Harvard Business School, 2001

[31] Jarvenpaa,S L,Knoll K,Leidner D E. Is Anybody Out There? Antercedents of Trust in Global Virtual Teams[J]. Journal of Management Information Systems,1998,14(4),29-64

[32] Katzenbach J R,Smith D K. The Discipline of Teams[J]. Harvard Business Review,March April 1993,111-124

[33] [美]德博拉·安科纳,等.组织行为学[M].王迎军,汪建新,周博文,译.北京:机械工业出版社,2006

[34] 赵敏,王成科.从组织行为学视角看项目管理中的人力资源管理[J].项目管理技术,2008(6):65-68

[35] 郑丽萍.人力资源管理的组织行为学分析[J].中国管理信息化,2011(22):65-66

[36] 王翠英.组织行为学与人力资源管理六大职能的联想[J].人力资源管理,2011(10):95-96

[37] 曹修涛.人力资源管理在项目管理中的有效应用[J].现代经济(现代物业下半月刊),2008(9):75-76

[38] 苏列英,李广义.人力资源管理[M].西安:西北工业大学出版社,2003

[39] [美]诺思.经济史中的结构与变迁[M].上海:上海三联书店,1991

[40] 盛洪.寻求中华民族新的制度结构[EB/OL]. http://www.unirule.org.cn/symposium/c211zongshu.htm,2002-02-22

[41] Guetari. Formal Techniques for Design of an Information and Lifecycle Management System[J]. Integrated Computer-aided Engineering,1997,4(2):137-156

[42] Esselman,Eissa,McBrine. Structural Condition Monitoring in a Life Cycle Management Program[J]. Nuclear Engineering and Design,1998,181(1-3):163-173

[43] Lehner. Software Life-cycle Management Based on a Phase Distinction Method[J]. Microprocessing and Microprogramming,1991,32(1-5):603-608

[44] 石云涛.中国传统文化概论[M].北京:学苑出版社,2004

[45] 李东.中国传统文化与人本管理[D].西安:西安交通大学,2001

[46] 吴位刚.东西方管理的文化冲突及其整合道路[D].福州:福建农业大学,2000

[47] 中国项目管理研究委员会.中国项目管理知识体系与国际项目管理专业资质认证标准[M].北京:机械工业出版社,2001

[48] [美]杰克·吉多,詹姆斯·P.克莱门斯.成功的项目管理[M].张金成,译.

北京:机械工业出版社,2004
- [49] 李路路,李汉林.中国的单位组织:资源、权力与交换[M].杭州:浙江人民出版社,2000
- [50] 胡如雷.中国封建社会形态研究[M].北京:三联书店,1979
- [51] 颜世富.东方管理学[M].北京:中国国际广播出版社,2000
- [52] [美]迈克尔·T.麦特森,[美]约翰·M.伊万舍维奇.管理与组织行为经典文选[M].李国洁,王毅,李国隆,译.北京:机械工业出版社,2000
- [53] 毕星,翟丽.项目管理[M].上海:复旦大学出版社,2000
- [54] 闫波.工程项目管理中的"关系"研究[D].南京:东南大学,2004
- [55] 张双甜.中国传统文化对项目组织行为的影响[D].南京:东南大学,2002
- [56] [美]哈罗德·孔茨,海因茨·韦里克.管理学[M].北京:经济科学出版社,1998
- [57] 黄培伦.组织行为学[M].广州:华南理工大学出版社,2001
- [58] 张分田.亦主亦奴——中国古代官僚的社会人格[M].杭州:浙江人民出版社,2000
- [59] 翟学伟.中国人行动的逻辑[M].北京:社会科学文献出版社,2001
- [60] [美]查尔斯·M.萨维奇.第5代管理[M].谢强华,译.珠海:珠海出版社,1998
- [61] 苏勇.管理伦理学[M].上海:东方出版中心,1998
- [62] 特莱沃·L.扬.成功的项目管理[M].严鸿鹄,译.长春:长春出版社,2001
- [63] 吴兴明.谋智、圣智、知智:谋略与中国观念文化形态[M].上海:上海三联书店,1993
- [64] 刘永佶.中国官文化批判[M].北京:中国经济出版社,2000
- [65] 商聚德,等.中国传统文化导论[M].保定:河北大学出版社,1996
- [66] 常兆玉.中国传统文化要略[M].北京:法律出版社,1999
- [67] 黄钊,等.中国道德文化[M].武汉:湖北人民出版社,2000
- [68] 冉斌.工作分析与组织设计[M].深圳:海天出版社,2002
- [69] 阎海峰,王端旭.现代组织理论与组织创新[M].北京:人民邮电出版社,2003
- [70] 黄必清,等.虚拟企业系统的理论与技术[M].北京:机械工业出版社,2004
- [71] 竺乾威,邱柏生,顾丽梅.组织行为学[M].上海:复旦大学出版社,2002
- [72] [美]詹姆斯·W.沃克.人力资源战略[M].吴雯芳,译.北京:中国人民大学出版社,2001
- [73] Kenneth J Hasten,Stephen R Rosenthal. Managing the Process-center Enterprise[J]. Long Range Planing,1999(3):158-168

[74] 余志峰,胡文发,陈建国.项目组织[M].北京:清华大学出版社,2000

[75] Patrick S F, Bobby W L. Interorganizational Teamwork in the Construction Industry [J]. Journal of Construction Engineering and Management, 2007, 133(2):157-168

[76] 辛鸣.制度论:关于制度哲学的理论建构[M].北京:人民出版社,2005

[77] 刘再春.论制度的本质、功能和创新[J].山西高等学校社会科学学报,2004, 16(8):21-23

[78] [日]青木昌彦.比较制度分析[M].周黎安,译.上海:上海远东出版社,2001

[79] 罗珉.论组织理论的新范式[J].科研管理,2006,27(2):145-152

[80] 张华明.项目型企业组织结构分析与设计[D].南京:东南大学,2004

[81] 成虎.建设项目全寿命期集成管理研究[D].哈尔滨:哈尔滨工业大学,2001

[82] 刘理晖,张德.组织文化度量:本土模型的构建与实证研究[J].南开管理评论,2007,10(2):19-24

[83] Anthony P A, Janet M D. Leadership, Team Building, and Team Member Characteristics in High Performance Project Teams [J]. Engineering Management Journal, 2002,14(4):3-11

[84] 张敏,陈传明.企业文化刚性的组织生命周期模型[J].科学学与科学技术管理,2006(2):150-155

[85] 李成彦.组织文化对组织效能影响的实证研究[D].上海:华东师范大学,2005

[86] Deal T, Kennedy A. Corporate Cultures:The Rites and Rituals of Corporate Life[M]. New York:Addison-Wesley,1982

[87] Kilmann R H, Saxton M J, Serpa R. Gaining Control of the Corporate Culture[M]. San Francisco:Jossey-Bass,1985

[88] Ouchi W G. Theory Z:How American Business Can Meet the Japanese Challenge[M]. New York:Addison-Wesley,1981

[89] Schneider B. Organizational Climate and Culture[M]. San Francisco:Jossey-Bass,1990

[90] Hofstede G. Culture's Consequences:International Differences in Work-related Values[M]. Beverly Hill's:SAGE,1980

[91] Hofstede G. Cultures and Organizations:Software of the Mind[M]. New York:McGraw-Hill,1991

[92] Schein E H. Organizational Culture and Leadership[M]. San Francisco:Jossey-Bass,1985

[93] Weick K E. Contradictions in a Community of Scholars:The Cohesion-ac-

curacy Tradeoff[J]. Review of Higher Education,1983(6):253-267

[94] Pettigrew A M. On Studying Organizational Cultures[J]. Administrative Science Quarterly,1979,24:570-581

[95] [德]韦伯.经济行动与社会团体[M].康乐,简惠美,译.桂林:广西师范大学出版社,2010

[96] North D C. Institutions, Institutional Change and Economic Performance [M]. New York:Cambridge University Press,1990

[97] Kast F E, Rosenzweig J E. Organization and Management:A Systems and Contingency Approach [M]. New York:Mcgraw-Hill,1979

[98] [荷]塞特斯·杜玛,[荷]海因·斯赖德.组织经济学[M].原磊,王磊,译.北京:华夏出版社,2006

[99] [英]亚当·斯密.国富论[M].孙善春,李春长,译.中国华侨出版社,2010

[100] [美]丹尼尔·雷恩.管理思想的演变[M].赵睿,等译.中国社会科学出版社,2004